CHRIS PAUL

Wir leben mit deiner Trauer

Das Kaleidoskop des Trauerns
für Freunde und Angehörige
von Trauernden

Inhalt

Die ersten Stunden

Die ersten Wochen

Das erste Trauerjahr

Todestage

Die weiteren Trauerjahre

Verzeichnis der Übungen

Diese Übungen und ergänzendes Material finden Sie unter: www.trauerkaleidoskop.de

Vorwort

Trauernde unterstützen ist ganz normal – und ganz schön anstrengend

Wir besuchen Menschen, die sich ein Bein gebrochen haben, ganz selbstverständlich mit Blumen und Hilfsangeboten. Warum ist das bei Menschen mit einem »gebrochenem Herzen« so viel schwieriger? Vielleicht weil wir das nicht gelernt haben? Oder weil wir meinen, es käme auf richtige Worte« an, die uns natürlich nicht einfallen, wenn es drauf ankommt? Dabei brauchen trauernde Menschen für den langen Trauerweg nichts so nötig wie: Mitmenschen! Trauerbegleitung oder Therapie, Trauergruppen und Selbsthilfeforen können wichtige Trittsteine auf Zeit sein, aber befreundete, verwandte oder benachbarte Menschen sind die, die bleiben. Oder – sind die, die bleiben sollten. Sie sind es, die einen trauernden Menschen in all seinen Lebenszeiten, Eigenheiten und Fähigkeiten kennen – auch jenseits des erlittenen Verlusts. Das ist eine der wichtigsten Kraftquellen, um sich im verstörend leeren Leben nach dem Tod eines geliebten Menschen neu zurechtzufinden.

Als Trauerbegleiterin gehöre ich zu den fachlichen UnterstützerInnen auf Zeit und weiß, wie wichtig SIE sind. Ich erfahre auch, wie schwer das werden kann, mit jemandem in Liebe und Freundschaft weiterzugehen, wenn tiefer Schmerz und unstillbare Sehnsucht, Gereiztheit und Konzentrationsschwierigkeiten den Alltag mitgestalten. Deshalb habe ich dieses Buch geschrieben, um SIE zu unterstützen beim Unterstützen.

In diesem Buch finden Sie viele Informationen über Trauerprozesse, denn ich bin überzeugt davon, dass es beim Aushalten und auch beim Gestalten hilft, etwas zu verstehen. Es gibt viele praktische Tipps und auch einige Male ein »Bitte nicht«. In zahlreichen Geschichten zeige ich Ihnen an erlebten Beispielen, wie die Unterstützung von Trauernden alltagsnah aussehen kann. Schließlich finden Sie sieben Übungen, um sich selbst zu entlasten und zu stabilisieren.

Das theoretische Gerüst der Informationen über Trauerprozesse ist das »Kaleidoskop des Trauerns«, eine integrative Trauertheorie, die ich über viele Jahre hinweg entwickelt habe. Zu meiner Freude und auch Überraschung hat sich das Kaleidoskop des Trauerns in kurzer Zeit zu einer allgemein akzeptierten Grundlage des Unterrichtens und Begleitens entwickelt.

Ich hoffe und wünsche, dass dieses Buch Ihnen Stütze und Inspiration sein kann bei der Unterstützung eines trauernden Menschen, der Ihnen viel bedeutet.

Chris Paul, Frühjahr 2021

Hier finden Sie ergänzendes Material zum Trauerkaleidoskop:
www.trauerkaleidoskop.de

Einleitung

Mitmenschlichkeit, Stabilität und praktische Unterstützung

Wenn jemand, den man sehr gern hat, einen Verlust durchlebt, beeinflusst das auch das eigene Leben. Rund 800.000 Menschen sterben jedes Jahr in Deutschland – jeder Tod verändert das Leben von durchschnittlich mindestens vier bis sechs Menschen, die dann »Hinterbliebene« oder »Trauernde« genannt werden. Diese Trauernden leben aber nicht in einem luftleeren Raum, sie haben jeweils wieder Angehörige und Freunde: Es kann sein, dass die Frau Ihres Bruders gestorben ist oder das Kind Ihrer besten Freundin. Vielleicht ist Ihr neuer Partner verwitwet oder Sie stehen ratlos vor dem Verlustschmerz Ihrer Mutter. Mindestens achtzig Prozent aller Trauernden kommen ohne fachliche Unterstützung aus. Aber nicht ohne andere Menschen! Alle Trauernden brauchen auf ihrem Trauerweg Mitgefühl und Ermutigung durch die Menschen, mit denen sie zusammenleben. Familienmitglieder, Partner und Freunde können vieles tun und sein, was Fachleuten nicht zur Verfügung steht: schon lange befreundet sein, eine gemeinsame Zukunft haben, das ganze Leben teilen. Auf der langen Reise durch den eigenen Trauerprozess brauchen Trauernde Menschen, die sie mit langem Atem unterstützen. Sie brauchen FreundInnen, die mit ihnen weinen, aber auch wieder lachen können. Sie brauchen Familienangehörige, die Feiertage so gestalten, dass Schmerz und Erinnerung darin einen Platz haben. Sie brauchen NachbarInnen und Bekannte, die weiterhin grüßen und die Blumen gießen und darüber hinaus vielleicht auch einen Kuchen vor die Tür stellen oder die Kinder zum Sport fahren. Praktische Unterstützung wie das Rausstellen der Mülltonnen für eine betagte Nachbarin, die vor einigen Monaten ihren Mann verloren hat, ist manchmal hilfreicher, als eine Frage nach Trauer und Befinden. Mitmenschliche Normalität in einem rücksichtsvollen Miteinander, das KollegInnen, MitschülerInnen und alle, die einem Trauernden begegnen, zeigen können, hilft mehr als ungebetene Ratschläge. Befangenheit und Abwehr, Pathologisierung und die Aufforderung »Sei doch wieder wie früher!« vertiefen Krisen und Leid. Geduld, Humor und Freundlichkeit helfen dabei, sie durchzustehen.

Dieses Buch ist für die, die bleiben möchten, wenn nahe Menschen durch einen tiefen Verlust durcheinandergeraten und in eine Lebenskrise kommen. Als Partnerin, Freund oder Angehöriger wissen Sie vieles über den Menschen, der trauert. Aber Sie werden ihn oder sie in den kommenden Wochen, vielleicht sogar Jahren auch von neuen Seiten kennen lernen. Sie werden sich daran gewöhnen müssen, dass nicht alles wird wie früher. Es wird anders, vielleicht nur ein bisschen anders, und es kann sogar besser werden als früher. Ich möchte Ihnen Mut machen, diesen Weg mitzugehen. Es ist ein kostbarer Weg für den anderen, aber auch für Sie selbst!

Trauern ist die Lösung, nicht das Problem

Ich glaube: Trauern ist die Lösung, nicht das Problem! Menschen wissen beim Tod eines sehr vertrauten Menschen nicht, wie es weitergehen soll. Doch die menschliche Seele hat eine Art Programm entwickelt, um das eigene Weiterleben zu ermöglichen – das ist der Trauerprozess. Er führt durch die Zeiten von einem Leben mit diesem Menschen, der gestorben ist, hin zu einem aushaltbaren Leben ohne ihn. Auch wenn Trauernde keine Ahnung haben, wie sie den Schmerz und die Unsicherheiten nach einem Tod überstehen sollen – in ihnen liegt die Fähigkeit, es zu tun. Vieles macht man automatisch »richtig«, wenn man auf sich selbst hört und wenn man daran nicht gehindert wird. Vertrauen ist ein guter Ratgeber, wenn es um trauernde Menschen geht! In diesem Buch erläutere ich die vielen Facetten eines Trauerprozesses und das, was

Sie tun können, um das Trauern zu unterstützen. Dabei sind SIE mir auch wichtig – niemand hat etwas davon, wenn Sie sich aufreiben!

Die vielen Facetten des Trauerns

Der Trauerprozess beinhaltet deutlich mehr als Vergessen und Weitermachen. Trauern, so wie ich es erfahren habe, ist auch deutlich mehr als das Gefühl »Traurigkeit«. Trauerprozesse enthalten viele starke Gefühle und gleichzeitig viele wirre Gedanken. Sie bringen die mühsame Gewöhnung an ein verändertes Leben mit sich und die Auseinandersetzung mit spirituellen Fragen. Vor allem bestehen Trauerprozesse aus Erinnerungen. Das menschliche Überlebensprogramm nach dem Tod von anderen Menschen ruft die vielen Erinnerungen an den Verstorbenen ins Gedächtnis und sortiert sie nach ihrer bleibenden Bedeutung. Es ist wie eine sehr große Kiste voller Fotos und Videos, die angesehen werden. Irgendwann ist klar, welches die wichtigsten und stimmigsten Bilder sind. Zu diesen Bildern gibt es Geschichten, die auf den Punkt bringen, wer dieser Mensch war und was er im Guten hinterlassen hat. Trauerprozesse enden nicht mit Vergessen, sie münden irgendwann in »leichtes Gepäck«. Keiner weiß im Voraus, wann das so weit sein wird. Es dauert aber auf jeden Fall länger als sechs Wochen. Für viele dauert es länger als das berühmte »erste Trauerjahr«. In diesem Buch habe ich die einzelnen Facetten des Trauerns mit feststehenden Begriffen benannt, die Sie immer wieder finden werden. Mitten in einem Trauerprozess fühlt es sich chaotisch und unübersichtlich an. Das löst Gefühle von Hilflosigkeit aus, die lähmend und entmutigend wirken können. Deshalb stelle ich Ihnen diese Struktur zur Verfügung, damit Sie ab und zu einen Blick auf die Situation werfen können und ein bisschen

Orientierung finden. Die sechs Facetten des Trauerprozesses sind von Anfang an alle zugleich präsent. Sie formen ein Kaleidoskop verschiedener Formen und Farben, die sich immer neu mischen. Anders als in einem Programm, das von Schritt eins bis Schritt sechs nacheinander abgearbeitet wird, beschäftigt sich Ihr trauernder Freund oder Angehöriger meistens mit mehreren Facetten gleichzeitig.

Trauerwege im Labyrinth

Wenn Sie bisher dachten, der Trauerweg sei wie ein schnurgerader Hürdenlauf, bei dem man vom einen Startpunkt aus in gerader Strecke auf ein Ziel losläuft, dann verabschieden Sie bitte dieses Bild. Der Trauerprozess ist kein geradeaus laufender Weg. Er ähnelt mehr einer Spirale (man läuft größer werdende Runden auf einem Sportplatz) oder einem Labyrinth (man läuft einen Marathon durch eine Stadt und wird in vielen Schleifen und Windungen immer wieder durch dieselben Gebiete geleitet). Jeder trauernde Mensch läuft zudem seinen eigenen Weg im eigenen Tempo, Trauerprozesse sind kein Massenlauf mit der gleichen abgesteckten Wegstrecke für alle. Jeder Trauerweg ist individuell, verschieden von anderen Trauerwegen und doch unterwegs auf denselben Themenfeldern. Trauern muss nicht »vorbeigehen«, da gibt es keine Ziellinie wie bei einem Marathon. Es ist eher, als würden die Kreise immer weiter und dabei kämen immer mehr Facetten hinzu: Facetten des Lebens, in denen der Verlust keine Rolle spielt. Und die Gangart ändert sich, wird weniger anstrengend, kann zunehmend wieder ins Schlendern oder auch mal Hüpfen übergehen. In diesen weiter werdenden Kreisen betreten Menschen in unterschiedlich großen Zeitabständen immer wieder auch eine oder mehrere Facetten des Trauerns. Die wiederkehrende Beschäftigung mit den verschiedenen Facetten des Trauerprozesses führt dazu, dass die meisten Menschen erleben, wie die Wucht des Seelenschmerzes und der Ratlosigkeit mit der Zeit nachlässt. Sie finden einen inneren Frieden mit dem, was geschehen ist, und sie haben hauptsächlich Erinnerungen, die sie genießen können. Das geschieht bei den meisten Trauernden fast von allein – die Unterstützung ihrer Freunde und Angehörigen reicht als Wegbegleitung.

Die eigene Rolle finden

Wie bei einem Marathon, den andere laufen, stehen Sie am Rand, bieten Stärkung und emotionale Wärme an, laufen vielleicht ein kleines Stück mit, aber niemals können Sie sich den Trauernden auf den Rücken laden, um ihm die Anstrengung zu ersparen. Dieses »nur Dabeisein« kann für Sie selbst ab und an anstrengend oder frustrierend sein, deshalb geht es in diesem Buch auch darum, wie Sie unterstützend sein und bleiben können. Ich ermutige zu einer Haltung, die Sie befähigen wird, weder entnervt zu gehen, noch sich selbst aufzugeben. Ich möchte Ihnen Wege aufzeigen, jenseits von Rat-Schlägen und Abwertungen, Ihre eigene Sicht zu äußern. Die ersten Stunden und Wochen erfordern eine andere Kraftanstrengung von Ihnen (und der Trauernden) als das erste Trauerjahr und die weiteren Trauerjahre. Zu Beginn sind Sie vielleicht noch ganz nah dran und tatsächlich unentbehrlich als »stabile Person« und Unterstützerin in allen praktischen Belangen rund um die Todesnachricht und die Organisation von Abschied und Bestattung. Mit jedem Monat, der vergeht, sollten Sie den Trauerweg mehr und mehr dem Trauernden selbst überlassen und sich in Vertrauen üben. Vertrauen ist ein gutes Stichwort, Vertrauen in die Fähigkeit eines Menschen, auch schwere Schicksalsschläge zu überleben, Vertrauen darin, dass die eigene Geduld und Liebe ausreichen. Die eigene Rolle muss sich im Lauf der Trauerjahre wandeln, sonst geht das eigene Leben verloren und Groll oder Abhängigkeit entstehen da, wo Zuneigung, Unterstützung und Anteilnahme waren.

Das Zusammenleben mit einem trauernden Menschen kann eine Herausforderung sein und für Jahre eine Herausforderung bleiben. Alles, was in Ihrer Beziehung vorher schwierig war, ist es nun noch mehr. Kompromisse, die lange Bestand hatten, sind jetzt gefährdet, denn die Unterschiedlichkeit von Bedürfnissen und Ausdrucksformen, die vorher schon bestand, wird deutlicher. Diesem Schärferwerden der Unterschiede steht ein mögliches Schwinden der Gemeinsamkeiten gegenüber. Vieles, was in Ihrer Beziehung schön und bereichernd war, könnte in Frage gestellt werden. Der oder die Trauernde empfindet für eine ganze Zeit weniger Freude, ist nicht mehr so begeisterungsfähig und lässt sich auch nicht mehr aufmuntern mit Themen, die bisher »garantiert« für bessere Laune gesorgt haben.

Vielleicht ist es das erste Mal, dass in Ihrer Beziehung Kummer, Schwere und Verzweiflung so viel Raum einnehmen wie jetzt gerade. Vielleicht kennen Sie diese Situation aber schon und können sich daran erinnern, wie Sie beide das bisher gemeistert haben. Vielleicht haben Sie selbst auch schon Krisen durchlebt und dabei den Trost und Halt eben dieses Menschen erfahren, der jetzt Sie braucht. Es kann auch sein, dass Sie angestrengt auf das reagieren, was durch den Tod einer dritten Person in Ihrer Beziehung geschieht. Gefühle wie die folgenden sind verständlich, machen aber Ihnen selbst und auch dem Trauernden das Leben schwer:

- *Überforderung durch all die starken Gefühle und den durcheinandergewirbelten Alltag.*

- *Hilflosigkeit, weil es kein Vorwissen gibt, um mit Tod und Trauer umzugehen.*

- *Angst vor den Themen Verlust und Tod.*

- *Einsamkeit, weil die andere so intensiv vom eigenen Trauerweg und vom Verstorbenen absorbiert wird.*

- *Befürchtungen, dass der/die Trauernde krank und verbittert wird.*

Gegen die Überforderung und die Unwissenheit gebe ich Ihnen in diesem Buch viele Tipps für konkrete Aktionen und viele Hinweise, wie Sie sich selbst stärken können. Die mögliche Angst vor den Themen Tod und Verlust werde ich immer wieder ansprechen – meiner Erfahrung nach ist es langfristig sehr bereichernd, sich mit dem Tod auseinanderzusetzen. Er ist nun mal ein Teil der menschlichen Existenz und begegnet uns immer wieder. Auch die eigene Einsamkeit und die Befürchtung, dass eine Freundschaft oder Beziehung enden könnte, sind wichtige Themen, bei denen ein bewusster Umgang mehr Sicherheit schafft.

Dasein statt Diagnosen

Sie machen sich vielleicht Sorgen, dass der Mensch, den Sie auf dem Trauerweg unterstützen, »es nicht schafft«. Es tut gut, darüber nachzudenken, was denn dieses »es schaffen« sein könnte. Dass alles wieder wird wie früher? Das kann gar nicht passieren. Der Tod eines nahen Menschen ist ein einschneidendes Lebensereignis und das lässt man nicht hinter sich wie einen Schnupfen. Dieser Mensch wird immer fehlen, und sein Fehlen wird auch in vielen Jahren noch ein gewisses Maß an Traurigkeit und Sehnsucht auslösen. Das ist normal, gesund und menschlich. In den über 20 Jahren, die ich mich jetzt praktisch, aber auch theoretisch und wissenschaftlich mit Trauerprozessen beschäftige, hat es verschiedene Vorstellungen davon gegeben, wann ein Trauerprozess als »falsch« oder sogar »krankhaft« betrachtet werden könnte. Ich bin daher sehr vorsichtig geworden, solche Begriffe zu verwenden. Meine Grundeinstellung ist, dass Trauern ein schmerzhafter und verwirrender, aber normaler und lebensfördernder Prozess ist. In diesem Prozess können Sie durch Ihr Dasein und Dableiben eine wertvolle Hilfe sein. Den Trauerweg geht der Trauernde aber selbst und selbstständig. Ob und wann neben ihrer Unterstützung auch fachliche Hilfe angebracht sein kann, beschreibe ich in den folgenden Kapiteln ausführlich. Überlassen Sie mögliche Diagnosen und Therapievorschläge den entsprechenden Fachleuten; versuchen Sie nicht, als »Hobbypsychologin« medizinische und psychotherapeutische Urteile zu fällen. Konzentrieren Sie sich auf Ihre Stärken und auf das, was Sie damit dem Trauernden geben können. Der/die Trauernde braucht Ihr offenes Ohr, Ihre Freundschaft, Liebe und vor allem Ihr Vertrauen. Unabhängig von möglichen Diagnosen und Behandlungsangeboten bleibt die mitmenschliche Unterstützung in einer Freundschaft oder in der Familie wichtig. Sie lassen ja jemanden, der eine OP und Reha durchlebt, auch nicht allein, weil im Krankenhaus genug Fachpersonal ist!

Tipp

- *Überprüfen Sie Ihren Wunsch, der/die Trauernde möge sich fachliche Unterstützung suchen. Sind Sie besorgt oder sind Sie überlastet? Wahrscheinlich ist es eine Mischung aus beidem. Es ist normal, sich irgendwann von den Sorgen des anderen überfordert zu fühlen, starke Gefühlsäußerungen nicht ständig auszuhalten, und dass Sie einfach mal wieder einen unbeschwerten Tag haben möchten. Es stimmt: eine Trauergruppe, eine Psychotherapeutin oder ein Trauerbe-*

gleiter für die Trauernde können Sie entlasten – aber Sie werden dadurch nicht überflüssig.

- *Denken Sie darüber nach, ob Ihre eigene Erschöpfung auch etwas mit den Ansprüchen zu tun hat, die Sie an sich selbst stellen. Vielleicht verlangen Sie zu viel Selbstaufgabe von sich? Daran können (nur) Sie selbst etwas ändern, und in den kommenden Kapiteln gebe ich Ihnen immer wieder Hinweise, wie Sie sich mit Ihren Ansprüchen an sich selbst auseinandersetzen können.*

Begleiten statt Bedauern

Es ist ein schmaler Grat zwischen Unterstützung und Entmündigung. Entmündigung macht das Gegenüber kleiner, als es ist. Unterstützung ist buchstäblich eine Stütze, hilft beim Aufrichten, stützt ab, wenn die eigenen Kräfte versagen. Unterstützung ist ein Übergangshelfer beim Großwerden, und es gibt keinen einzigen Zeitabschnitt, in dem Unterstützung den anderen kleinmacht, um ihn am Ende wiederaufzurichten. Trauernde suchen Unterstützung, aber sie weichen dem Bedauern aus. Vielleicht haben Sie eine eigene Erinnerung an eine Situation, in der Sie z. B. einen Arbeitsplatz verloren hatten oder in einer Trennung steckten. Erinnern Sie sich daran, wie es war, bedauert zu werden? Es ist demütigend, weil es den, der in einer Krise steckt, auf sein Unglück reduziert. Es vermittelt dem krisengeschüttelten Menschen, er sei nur noch ein »Häufchen Elend« ohne all die Kompetenzen und liebenswerten Seiten, die ja weiterhin da sind. Das ist Gift für den Selbstwert eines trauernden Menschen!

Ich werde oft gefragt, wie ich das aushalte, so vielen trauernden Menschen zu begegnen. Meine Antwort ist: der »ressourcenorientierte Blick«. Ich sehe natürlich den tiefen Schmerz und die Ratlosigkeit der Menschen, die ich berate, aber ich konzentriere mich auf etwas anderes. Ich sehe Menschen, die um ihre Lebensqualität kämpfen, die unbedingt eine neue Perspektive entwickeln möchten und die dabei nicht aufgeben, egal wie lange es dauert und wie schwer es ihnen fällt. So begegne ich diesen trauernden Menschen mit Respekt und sogar Hochachtung. Ich möchte sie an ihre innere »Größe« erinnern und begleite sie auf dem Weg, bis sie diese wieder selbst spüren können. Dabei rede ich nicht so viel darüber, sondern bleibe im Tun und Dasein zuverlässig respektvoll. Auch und gerade dann, wenn Trauernde sich selbst verachten für die Dauer ihres Weges und die Heftigkeit ihrer Reaktionen – ich mache das nicht mit. Ich möchte Sie ermutigen, es auch nicht zu tun. Bedauern kommt von oben herab. Begleiten ist ein »Seite an Seite gehen«, auf Augenhöhe. Das macht es auch für Sie leichter, einen langen Unterstützungsweg zu gehen. Auf Augenhöhe dürfen Sie auch Schwächen haben, Fehler in der Begleitung machen, müde und überfordert sein. Sie dürfen sich um sich selbst kümmern und anderer Meinung sein, genau wie der/die Trauernde.

Tipp

- *Überprüfen Sie sich immer wieder selbst – fühlen Sie sich der/dem Trauernden überlegen? Empfinden Sie sich als jemand, der besser weiß, was jetzt nötig wäre? Damit machen Sie Ihr Gegenüber klein, und das ist das Gegenteil von Unterstützen.*

- *Schließen Sie einen Moment die Augen. Wenn Sie sie wieder öffnen, konzentrieren Sie sich bitte darauf, etwas zu sehen, was der trauernde Mensch schafft.*

- *Verweigern Sie den kritischen Stimmen, die gern auf Defizite hinweisen, Ihre Aufmerksamkeit.*

- *Sehen Sie die Trauernde mit wachen Augen und offenem Herzen und stärken Sie Ihren Respekt vor dem Lebensweg, den Sie begleiten.*

Struktur und Selbstsorge

Trauernde Menschen haben mit dem Verlust eines nahen Menschen auch ganz viel Alltagsstruktur verloren. Gewohnte Wege und Arbeitsverteilungen sind nicht mehr da, der bisherige Ansprechpartner fehlt. Das Zusammenleben oder die geteilte Liebe als das, was dem eigenen Leben Sinn gibt, ist plötzlich weg. Es ist wie ein Umzug in ein anderes Leben. Das ist an sich schon verwirrend und kraftzehrend. Dazu kommen die für Trauer typischen Konzentrationsschwierigkeiten und die Zeit, die Gedanken und Gefühle des Trauerns neu beanspruchen. Trauernde können über lange Zeit durcheinander und unzuverlässig wirken. Sie durchleben starke Emotionen und sind schnell überreizt, so dass einmal getroffene Entscheidungen wieder zurückgenommen werden, weil »es einfach nicht geht« oder sie »Ruhe brauchen«. Das kann für Unterstützende zur Herausforderung werden. Das eigene Bedürfnis nach einem planbaren Alltag und verlässlichen Absprachen über gemeinsame Unternehmungen sind nicht immer erfüllbar von dem Menschen in einer Trauerkrise. Auch der Wunsch nach regelmäßigen innigen Gesprächen lässt sich eventuell nicht verwirklichen angesichts der vielen Gedanken, die der Trauernden im Kopf herumgehen. UnterstützerInnen sehen sich unerwartet vor der Aufgabe, nicht nur den Trauernden zu unterstützen, sondern ganz intensiv auch sich selbst. Selbstsorge, Fürsorge für sich selbst, Mitgefühl mit sich selbst sind Stichworte, die umschreiben, wie wichtig es ist, sich um sich selbst zu kümmern, wenn man für andere da sein möchte.

Tipp

- *Behalten Sie ein eigenes Leben! Bei der Sicherheitseinführung im Flugzeug gibt es stets den Hinweis auf möglichen Druckabfall und das Herabfallen von Sauerstoffmasken. Erinnern Sie sich, was dann gesagt wird? »Nehmen Sie erst die eigene Maske, streifen Sie sie über Mund und Nase, dann helfen Sie Mitreisenden.« Nur so kann es funktionieren – nur, wenn Sie für sich selbst sorgen, können Sie auf Dauer für einen anderen Menschen da sein. Dieser Mensch kann ihre Wünsche und Bedürfnisse nicht so erfüllen, wie Sie sich das vielleicht wünschen oder wie Sie es gewohnt sind. Das können Sie der/dem anderen aber nicht zum Vorwurf machen.*

- *Sorgen Sie selbst dafür, dass Sie genug Gespräche mit nahen Menschen haben, genug Sport, Musik, Theater, Natur erleben. Planen und gestalten Sie Ihren Tag so strukturiert, wie Sie es brauchen. Nur auf der Grundlage Ihrer eigenen Absicherung und Selbstsorge können Sie auf Dauer flexibel und kompromissbereit sein, wenn der/die Trauernde das von Ihnen braucht.*

Aktives Zuhören statt perfekter Worte

Die Suche nach den richtigen Worten blockiert vieles, was an Unterstützungsangeboten eigentlich möglich wäre. Man ist so damit beschäftigt, nach einem perfekten Ausdruck von Beileid oder Interesse zu suchen, dass der trauernde Mensch längst wieder verschwunden ist, bis etwas annähernd brauchbares im Kopf entstanden ist. Oder die Beisetzung ist seit Wochen vorbei, wenn endlich die richtige Karte gefunden wurde.

All dem liegt ein Missverständnis zugrunde – Trauernde wollen nicht belehrt werden und sie brauchen keine stetigen Ermunterungen. Was Trauernde brauchen, ist ein offenes Ohr, sie brauchen, dass Ihnen zugehört wird! Suchen Sie weniger nach richtigen Worten als vielmehr nach Ihrer Fähigkeit, geduldig und aktiv zuzuhören.

Tipp

Verzichten auf das Ideal der »richtigen Worte«. Es gibt Menschen, die haben eine Begabung und sogar eine Ausbildung für schöne, tröstende, stimmige Worte und Sätze – aber die meisten Menschen sprechen, »wie ihnen der Schnabel gewachsen ist«. Das sollten Sie einem Trauernden gegenüber auch weiterhin tun! Sagen Sie lieber »Mir fehlen die Worte« als gar nichts! Verlassen Sie sich darauf, dass Kommunikation IMMER auch nonverbale, wortfreie Anteile hat. Ihr Blick, eine Hand auf dem Arm, Ihr Zugewandtsein sagen mehr als verkrampfte Formulierungen.

Aktives Zuhören bezeichnet eine Haltung, die dem anderen durch den Gesichtsausdruck, die Kopfbewegungen und durch kleine Worte signalisiert: ich bin da, ich höre aufmerksam zu, ich nehme Anteil! Man ist dazu mit allen Sinnen beim Gegenüber, hört die Worte, sieht das Gesicht und die Haltung und spürt nach, welche Gefühle mitschwingen. Das führt dazu, dass der/die andere sich entfalten kann; verworrene Gedanken entwirren sich oft beim Aussprechen. Anstelle von eigenen Meinungen und Lösungsvorschlägen kann man beim Aktiven Zuhören üben, den Eindruck wiederzugeben, den man gewonnen hat, das wird »Spiegeln« genannt. Hier zwei Beispiele: »Ich habe das Gefühl, dass es dich fast verrückt macht, mit so vielen offenen Fragen dazustehen« – »Ich kann deine zerreißende Sehnsucht beinahe selber spüren«. Für den Zuhörenden ist das tatsächlich (nach ein bisschen Üben) eine sehr angenehme Art des Zuhörens, weil man nichts lösen und niemanden retten muss, stattdessen stellt man sich selbst wie einen Spiegel zur Verfügung. In diesem Spiegel kann der/die Trauernde sich selbst ein bisschen klarer fühlen und sehen, und das ist auf dem Trauerweg eine der wichtigsten Unterstützungen!

Bitte nicht

Es liegt nahe, sich Worte aus Ratgebern und Kalendern zu Hilfe zu nehmen, wenn die eigenen Worte fehlen. Bitte tun Sie das nicht. Trauernde sind allergisch gegen Spruchweisheiten und Ratschläge. Die werden als Rat-Schläge wahrgenommen. Selbst wenn Ihnen ein solcher Satz schon einmal selbst geholfen hat, bitte respektieren Sie die Individualität von Trauerwegen! Es ist wie auf allen Wegen – es passt nicht jedem derselbe Schuh, und es schmeckt nicht jedem derselbe Proviant!

Hier eine kleine Sammlung von Sätzen und Apellen, die nicht helfen, sondern deprimieren: Das wird schon wieder – Irgendwann weißt du, wozu es gut war – er war ja schon alt, da musst du nicht trauern – du bist ja noch jung und kannst wieder … – sei stark – reiß dich mal zusammen – jetzt muss es aber mal gut sein – meinst du nicht, es ist jetzt genug Zeit vergangen – du solltest endlich loslassen – wenn du nur wütend sein könntest – du musst nach vorn sehen – lass dich nicht so hängen – usw.

Stabile Personen und mitmenschliche Normalität

Private UnterstützerInnen aus der Familie, dem Freundes- und Bekanntenkreis können auf viele verschiedene Arten für Trauernde da sein. Ich nenne Ihnen drei Unterstützungsvarianten:

(1) Stabile Person, (2) AnbieterIn von praktischer Unterstützung, (3) AnbieterIn von mitmenschlicher Normalität.

Stabile Person

Die »stabile Person« ist für eine begrenzte Zeit ein »Fels in der Brandung«: jemand, der für Minuten oder Stunden gelassen bleibt, egal wie hoch die Wogen der Emotionen um ihn oder sie herum gehen. Eine »stabile Person« kann die eigenen Gefühle und Gedanken ruhig halten und als Ruhepol und stützender Arm einfach da sein. Ich selbst fühle mich, als würde ein Schalter in mir umgelegt, wenn ich diese Rolle für andere einnehme. Plötzlich sind alle eigenen Sorgen und Ängste vergessen, ich habe weder Hunger noch Schmerzen, sondern spüre innere Ruhe und Kraft. In dieser Rolle können wir mehr aushalten und mittragen als zu anderen Zeiten. Es ist eine Ausnahme-Rolle für eine Ausnahmesituation, z. B. in den Sterbestunden und in den ersten Wochen oder am Jahrestag. Die »stabile Person« kann auch gut den Überblick behalten. Sie kann Aufgaben sortieren und andere um Hilfe bitten.

Achtung

Es ist verführerisch, den Trauernden in dieser Rolle so viel wie möglich abzunehmen – das ist aber nicht hilfreich. Genauso wenig ist es nützlich, Rat-Schläge und Lösungsvorschläge zu überbringen, bevor der/die Trauernde sich selbst Gedanken machen und etwas entscheiden konnte.

Auf dem Trauerweg tauchen zu bestimmten Zeitpunkten berufliche HelferInnen als »stabile Personen« auf, vom Notfallseelsorger über die Bestatterin bis zum Trauerbegleiter. Diese beruflichen Stabilen Personen haben das in ihren Ausbildungen gelernt. Wenn Sie als Freund und Verwandte diese Rolle einnehmen, entwickeln Sie wie aus dem Nichts enorme Kräfte. Sie erschöpfen sich möglicherweise aber auch sehr stark. »Stabile Personen« sind in der Situation stabil, in der andere so durcheinander und vom Schmerz gezeichnet sind, dass es jemanden zum Ausgleich braucht. Wenn diese Situation vorbei ist, werden auch »Stabile Personen« traurig und bedürftig. Der Körper fängt dann manchmal an zu zittern, oder es kommen unvermittelt die Tränen, vielleicht spürt man plötzlich Wut oder den Wunsch, wegzulaufen. Auch »Stabile Personen« brauchen dieses »aus der Rolle fallen«, und zwar am besten, wenn dann jemand für sie da ist. Wenn das nicht möglich ist, dann wenigstens mit sich allein, mit einem Musikstück, beim Tagebuchschreiben oder mit einem Kissen auf dem Bauch (oder einem Bier in der Hand) im Lieblingssessel. Niemand kann ohne diese Auszeiten für sich allein auf Dauer stabil für andere da sein! Für Eltern mit trauernden Kindern ist es besonders schwer, die Balance zwischen Selbstfürsorge und Stabilität für andere zu halten.

Achtung

In der Beziehung zu trauernden Erwachsenen gilt: Bitte zwingen Sie sich nicht dazu, pausenlos eine »stabile Person« für andere zu sein! Und bitte flüchten Sie sich auch nicht dauerhaft in diese Rolle, weil Ihnen das einfacher erscheint, als Ihre eigene Hilflosigkeit zu spüren. Es presst Sie in einen Zustand, aus dem Sie irgendwann voller Zorn ausbrechen werden. Auch Ihre Beziehung nimmt großen Schaden, wenn auf Dauer ein ungleiches Kräfteverhältnis entsteht. Wenn Sie immerzu eine »stabile Person« sind und keine eigenen Bedürfnisse haben, dann bleibt für den anderen auf lange Sicht nur eine sehr demütigende Rolle übrig: immerzu schwach und bedürftig zu sein.

Praktische UnterstützerInnen

Der Trauerweg ist lang und er stellt Trauernde vor eine Vielzahl von alltäglichen praktischen Herausforderungen. Die handfeste Unterstützung dabei ist eine unterschätzte Leistung. Trauerprozesse sind eben viel mehr als Gefühlsausdruck, und daher sind Menschen, die nicht so gut mit Gefühlen umgehen können, manchmal trotzdem hervorragende Trauer-HelferInnen. Praktische UnterstützerInnen brauchen Tatkraft, verfügbare Zeit und ein Talent für Alltagsbewältigung. So eine konkrete Unterstützung kann z. B. sein: jemanden anrufen, etwas zu trinken besorgen, jemanden fahren, Informationen einholen und weitergeben, für ein Gespräch zur Verfügung stehen, im Haushalt und Garten helfen, anwesende Kinder beschäftigen und versorgen usw. Praktische Unterstützung ist zeitlich begrenzt und bezieht sich auf konkrete Aspekte der veränderten Lebenssituation. Sie sollte zuverlässig und ohne Erwartung an großen Dank erfolgen. Auch in der praktischen Unterstützung stellen Sie Ihre eigenen Bedürfnisse und Gefühle zurück – aber nur für einen begrenzten Zeitraum (!), und den können Sie weitgehend selbst bestimmen. Praktische Unterstützung sollte immer ein Angebot sein. Sie müssen mit den Trauernden darüber ins Gespräch kommen, was Sie anbieten können und was der andere gebrauchen kann.

Tipp

- *Bitte verzichten Sie auf Floskeln wie »Ruf mich an, wenn du mich brauchst!« Oder: »Du weißt, wir sind immer für dich da.« Aus eigenen Krisen wissen Sie, dass solche unkonkreten Angebote nichts nützen.*

- *Machen Sie es lieber konkret. In den ersten Wochen kann das heißen: »Wir kochen ohnehin immer zu viel, ich würde dir gern in den nächsten Tagen mittags etwas vorbeibringen.« Ein Haushalt mit Kindern, mit pflegebedürftigen Angehörigen, sogar mit Haustieren stellt Trauernde vor eine Dauerherausforderung. Jedes Angebot zur Entlastung z. B. bei Fahrdiensten schafft eine Entlastung.*

- *Ergreifen Sie die Initiative mit einem Angebot, seien Sie aber auch darauf gefasst, dass gerade das jetzt nicht gebraucht wird.*

- *Seien Sie dann bitte nicht gekränkt! Hören Sie lieber auf die Zwischentöne – ist jemand zu stolz oder zu bescheiden, Hilfe anzunehmen? Oder braucht er schlicht eine ganz andere praktische Unterstützung, die Sie oder jemand, den Sie kennen, anbieten könnte?*

Achtung

- *Tun Sie nichts, was Sie auf Dauer auslaugt oder von Ihrem eigenen Lebensweg wegführt. Überlegen Sie vor einem Angebot, was Sie wirklich anbieten und tun können.*
- *Suchen Sie sich etwas aus, was Ihnen leicht von der Hand geht, woran Sie vielleicht sogar Spaß haben. Wenn Sie gern spazieren gehen, dann bieten Sie an, den Hund mit rauszunehmen. Wenn Sie schon immer mal die örtliche Fußballmannschaft kennen lernen wollten, übernehmen Sie den Fahrdienst für die Kinder zum Training.*
- *Machen Sie es erst mal lieber eine Nummer kleiner, aber dafür wirklich durchführbar!*
- *Eine tatkräftige Unterstützung, die von mitleidigen Blicken und dramatischen Appellen begleitet wird, nützt aber gar nichts. Die Haltung der mitmenschlichen Normalität muss auch für die Praktische Unterstützung selbstverständlich sein!*

Mitmenschliche Normalität

Nach ungefähr einem halben Jahr höre ich die meisten Trauernden das erste Mal sagen »ich wünschte, die würden mich mal wieder normal behandeln«. Manche Trauernde, auch Kinder, Jugendliche und junge Erwachsene, sehnen sich so sehr nach Normalität, dass sie nur ihren allerengsten Freunden erzählen, dass jemand gestorben ist. Sie ertragen die merkwürdigen Blicke, das verklemmte Fragen und die ungewollten Ratschläge nicht. Normalität heißt hier mitmenschliche

Normalität, weil es um eine Normalität geht, die gesteigerte Rücksichtnahme und Behutsamkeit im Umgang beinhaltet. Hier geht es um die mitmenschliche Beziehungsebene, die Sie und der andere aufgebaut haben mit allen Gewohnheiten und Schwierigkeiten, so wie Sie eben »normal« miteinander umgegangen sind. Als Mitmensch nehmen Sie wahr, dass der Trauernde in vielen Lebensbereichen vor großen Veränderungen steht, aber das bestimmt nicht Ihr gesamtes Handeln. Sie sind mehr für die unveränderten Lebensanteile da, für die Normalität des Alltags und der alltäglichen oder auch lebenslangen Beziehungen. Als Mitmensch gehen Sie mit kleinen Zeichen des Mitgefühls auf die Trauer des anderen ein, aber alles in allem benehmen Sie sich weiter »normal«, spüren Ihre eigenen Bedürfnisse und kümmern sich in erster Linie um sich selbst.

Tipp

Zur mitmenschlichen Normalität gehört auch eine gewisse Widerstandskraft angesichts von ungewöhnlichen Todesumständen oder Verlusten, die als besonders erschreckend wahrgenommen werden. Ein trauernder Mensch ist und bleibt ein trauernder Mensch und wird nicht zum Träger des Unglücks, bei dem jemand anderes gestorben ist. Auch wenn der Tod eines nahen Menschen z. B. durch Suizid zunächst irritiert und zu dramatischen Phantasien einlädt, kann die mitmenschliche Normalität sich auf die Trauer des Gegenübers konzentrieren. Voyeurismus und Dramatisierung passen nicht zu mitmenschlicher Normalität.

Wohlwollender Blick

In allen drei Unterstützungsarten geben Sie einem trauernden Menschen aus Ihrer Familie oder dem Freundeskreis, in der WG oder im Team Kraft und Halt. Damit legen Sie ihm verlässliche »Trittsteine«, wo der Trauerweg unsicher ist oder von »Stolpersteinen« behindert wird. Mit Ihrer Unterstützung sind Sie gleichzeitig eine Art »Spiegel« für den anderen. In Ihren Blicken und Worten sieht der andere, wie Sie ihn wahrnehmen. Ein unterstützender Blick ist wohlwollend. Er sucht nicht in erster Linie nach Fehlern beim Trauern oder sogar Anzeichen von Krankheit. Trauernde können sich selbst nicht leiden mit ihren unkontrollierbaren Gefühlsausbrüchen, den Konzentrationsschwierigkeiten und der unstillbaren Sehnsucht nach der Vergangenheit. Sie fühlen sich oft als die »schlechtere Version von sich selbst«. Wenn sie in den Spiegel sehen, erkennen sie sich in einem abgehärmten, müden Gesicht kaum wieder. Das nagt am Selbstwertgefühl und schwächt zusätzlich. Ein wohlwollender Blick von außen kann da sehr gut tun. Er lässt spüren, dass man immer noch liebenswert ist in all dem empfundenen Zerbrochensein. Vielleicht noch wichtiger ist für viele Trauernde das Bewusstsein, dass ihnen noch etwas zugetraut wird. Der wohlwollende Blick von Unterstützenden ist eine kleine, aber wirksame Unterstützung, damit Trauernde sich selbst immer mehr »mit annehmenden Augen« sehen können.

Bitte nicht

Wenn Sie einer trauernden Freundin nur mit Angst und Sorge begegnen, dann werden Sie zu einem »Zerr-Spiegel« – wie in einem alten Spiegelkabinett. Jede Eigenschaft und jede Handlung sieht plötzlich hässlich und grotesk aus. Das ist das Gegenteil der ersehnten Normalität und hilft nicht dabei, einen kraftzehrenden Trauerweg zu gehen! Überprüfen Sie sich: sind Sie grundsätzlich sehr kritisch und eher pessimistisch? Dann haben Sie eine besondere Aufgabe, während Sie diesen Trauerweg begleiten. Üben Sie sich in Geduld und in Vertrauen! Lernen Sie, die kleinen positiven Zeichen und Entwicklungen wichtiger zu nehmen als schwere Tage und scheinbares »Steckenbleiben«.

Die Unzufriedenheit der Trauernden

Auch die Trauernde selbst kann zum Zerrspiegel werden: »Ich bin wie ein rohes Ei«, sagte eine Klientin. »Mir kann es wirklich niemand recht machen.« Woran liegt das? Da ist auf der einen Seite eine große Bedürftigkeit: Trost, Verständnis und tatkräftige Unterstützung werden dringend gebraucht – das ist nicht so leicht zuzugeben. Auf der anderen Seite steht die überwältigende Sehnsucht nach dem »Davor« und nach dem Menschen, der gestorben ist und so sehr fehlt. Natürlich ist im Vergleich dazu alles, was im »Danach« passiert, unbefriedigend. In dem Spannungsfeld zwischen Sehnsucht nach einer unwiederbringlich verlorenen Zeit und der eigenen Bedürftigkeit entsteht Frustration! Es ist anstrengend und scheint manchmal unmöglich, sich in ein so verändertes Leben einzufügen. Unzufriedenheit, Ratlosigkeit und Erschöpfung können zu Missverständnissen und harschen Reaktionen führen.

Tipp

- *Nehmen Sie nicht alles persönlich!*

- *Sehen Sie den/die Trauernde als einen Menschen in einer Ausnahmesituation. Machen Sie sich klar: Sie sind im Moment die Person mit mehr Ressourcen und mehr Normalität im Hintergrund. Ihr Leben ist berührt, aber nicht komplett durcheinandergewirbelt.*

- *Manche UnterstützerInnen sind gleichzeitig auch selbst Trauernde. Wenn z. B. Ihre Mutter gestorben ist und Sie sich als UnterstützerIn Ihres Vaters fühlen. Dann werden Sie beim Lesen öfter zwischen zwei Rollen hin- und herspringen. Sie werden den Menschen, den Sie unterstützen möchten, besser verstehen lernen, aber Sie werden auch Ihrem eigenen*

Trauerprozess ein bisschen näherkommen. Wenn Sie merken, dass Ihr eigener Trauerprozess mehr Aufmerksamkeit braucht, können Sie auch das Buch »Ich lebe mit meiner Trauer« lesen; es spricht mehr über Ihre eigene Trauer und das, was Sie dabei für sich selbst tun können!

Die Zeiten ändern sich

Nein, die Zeit heilt nicht alle Wunden. Aber Zeit, die vergeht, verändert Zustände und Gefühle. Deshalb ist dieses Buch nach Zeitabschnitten gegliedert. Von den Sterbestunden über die ersten Wochen und das erste Trauerjahr bis zu den weiteren Trauerjahren. Vielleicht sind Sie nun verwundert – ist denn Trauer nicht nach spätestens einem Jahr vorbei? Forschungsergebnisse haben gezeigt, dass nach einem einschneidenden Verlust eher drei bis fünf Jahre der realistischere Zeitraum sind. In diesen Jahren spielen verschiedene Facetten des Trauerns weiter eine Rolle und beanspruchen Energie. Richten Sie sich also auf eine lange Wegstrecke ein. Aber ich kann Sie auch beruhigen: die Intensität der Verwirrung und des Schmerzes bleibt nicht über Jahre hinweg gleich. Auch das, was als Unterstützung durch Sie hilfreich ist, verändert sich. Der Trauerweg ist wie ein sehr langer Marathon, vielleicht sogar ein »Iron Man«, der durch viele unterschiedliche Landschaften verläuft. Sie gehen den Weg stückweise mit, können Proviant und Pausen anbieten, Mut machen und sogar Hindernisse aus dem Weg räumen. Den Rest muss und wird der/die Trauernde selbst tun.

Tipp

Für alle Zeitabschnitte Ihres Mitgehens gilt:

- *Zuhören ist wichtiger als Reden!*

- *Ermutigung hilft mehr als Besorgnis!*
- *Selbstsorge ist die Voraussetzung für die Unterstützung eines anderen!*

Wer bin ich?

Den langen Weg eines Trauerprozesses gehen nur ganz bestimmt Menschen mit. Die meisten davon kennen sich schon sehr intensiv aus einer Zeit vor dem Verlust, der jetzt betrauert wird. Jede dieser Beziehungen hat eine eigene Geschichte und eine eigene Dynamik. Die gemeinsame Vorgeschichte beeinflusst das, was an Unterstützung gegeben, und das, was an Unterstützung angenommen werden kann. Bevor ich auf die für alle gleichermaßen gültigen Informationen zum hilfreichen Mitgehen eines Trauerweges eingehe, beschreibe ich zunächst einige Besonderheiten auf, die sich aus der jeweiligen Beziehungsebene ergeben. Diese Beziehungsebene existiert auch außerhalb des Trauerwegs; das ist die Stärke, aber auch die Schwäche von privater Unterstützung. Sie vermengt sich mit den Informationen und Bedürfnissen, den Erinnerungen und Rollen, die auch schon vorher gegolten haben. Die gemeinsame Vergangenheit beeinflusst die Unterstützung, die in der Gegenwart möglich ist. Und auch die Zukunft spielt eine Rolle – Trauernde möchten es sich »nicht verderben« mit nahen Menschen, möchten sie nicht überlasten und möchten auch nicht »immer nur die Arme« sein.

Unterstützung als Elternteil

Hier spreche ich von allen Beziehungen, die von langfristiger elterlicher Verantwortung und Liebe geprägt sind: leibliche, Adoptiv- und Co-Eltern, aber auch Großeltern, Paten und Mitglieder eines Wohnprojekts, die ein Kind mit aufgezogen haben.

Das ist die älteste Beziehung, die wir alle haben – die Beziehung zu unseren Eltern. Elterliche Verantwortung und Liebe sind tief verankert, Eltern möchten ihr Kind beschützen und nur das Beste soll ihm im Leben geschehen! Aber auch Hoffnungen und eigene Zukunftsperspektiven sind mit einem »Kind« verbunden. Und ein »Kind« wird selbst, wenn es bereits graue Haare hat, immer noch in dieser Rolle wahrgenommen. Wenn Sie als Elternteil Ihr »Kind« auf einem Trauerweg unterstützen, sollten Sie drei Dinge beachten: erstens die Entwicklungsaufgaben, die mit dem aktuellen Lebensalter dieses Kindes verbunden sind; zweitens die eigene Bedürftigkeit, die aus dem »Kind« eine BeraterIn machen kann; drittens das bisherige Verhältnis mit allen positiven und belastenden Faktoren. Die altersgemäßen Entwicklungsaufgaben in Bezug auf das Verhältnis zu den eigenen Eltern verschieben sich von Abhängigkeit zu Autonomie. Spätestens in der Pubertät ist es für die persönliche Entwicklung eines Menschen wichtig, sich von Eltern »abzunabeln« und sich mit Gleichaltrigen zusammenzutun. Diese sind dann die regelmäßigen AustauschpartnerInnen, auch in Krise und Trauer! Wer von uns hat mit 17 (oder mit 12?) noch alle persönlichen Gedanken ausschließlich mit den eigenen Eltern geteilt? Elternteile sind wichtig als »stabiler Heimathafen« und als Vorbild, wie Trauer und Krise zu gestalten sind; sie sind aber nicht erster Ansprechpartner! Das gilt noch mehr für Junge Erwachsene. Sie sind schon ein Stück weitergekommen auf dem Weg in ein neues, eigenständiges, selbstbestimmtes Leben. Sie haben bereits Meinungen, Freundschaften, PartnerInnen, Jobs, Berufungen, Engagements, über die sie sich unabhängig von Ihrer Herkunftsfamilie definieren. Aus Ihrer Sicht sollen Elternteile sich raushalten aus ihren Entscheidungen. Elternteile sollen positive Rückmeldung geben. Elternteile sollen im Hintergrund bereitstehen als Auffangnetz, wenn etwas schiefgeht. Danach sollen Sie sich wieder raushalten aus dem eigenen Leben. Es ist für die persönliche Entwicklung hin zu einem eigenständigen und selbstbewussten Menschen wichtig, dass Eltern das unterstützen. In einer Krise verschieben sich die Bedürfnisse, das Auffangnetz wird wichtiger. Aber das Bedürfnis nach Respekt und Autonomie bleibt, und Eltern müssen ihren Wunsch unterdrücken, das krisengeschüttelte »Kind« – wie früher auf dem Spielplatz – vor allen Fallstricken und Schlägen zu schützen. Wie zu allen Zeiten ist Vertrauen in die Fähigkeiten dieses Menschenkindes nötig, um es mit Rückhalt zu versehen und gleichzeitig eigene Wege gehen zu lassen!

Bitte nicht

- *Vermeiden Sie gut gemeinte, aber nicht gut gemachte Bevormundung! Jüngere Menschen brauchen in der Regel sehr viel Normalität, um sich zu stabilisieren, und fühlen sich schnell überfordert mit emotionalen Trauerangeboten. (Beispiele für »gut gemeinte« Bevormundung: Die Mutter, die ihrer 26-jährigen Tochter einen Tag nach dem Unfalltod ihres frisch angetrauten Ehemanns ungefragt eine große Kerze auf den Tisch stellte. Der Vater, der seinen 19-jährigen Sohn nach dem Suizid des Bruders mit Adressen von Psychotherapeuten versorgte, bevor der überhaupt sagen konnte, wie es ihm geht.)*

- *Hören Sie zu, sehen Sie hin und finden Sie zusammen mit Ihrem »Kind«, wenn es das möchte, heraus, was es aushält.*

Tipp

Die eigene Bedürftigkeit kann sich mit der Fürsorge für das Kind mischen. Dann werden (halb)erwachsene Kinder zu Ratgebern oder Gesprächspartnern über die eigene Sinnkrise.

- *Achten Sie auf die Unterschiede zwischen dem, was Sie selbst brauchen, und was Ihr »Kind« braucht. Halten Sie die beiden Dinge auseinander und suchen Sie für Ihre eigenen Bedürfnisse erwachsene GesprächspartnerInnen oder erfahrene BeraterInnen.*

- *Stabilisieren Sie sich selbst, um den Blick und das Herz freizubekommen für das, was Ihr Kind von Ihnen braucht – und was nicht. Meistens ist das mitmenschliche Normalität in der Elternschaft und manchmal, aber nur manchmal, kommt ein Moment, in dem Sie als »stabile Person« gebraucht werden.*

Unterstützung als (erwachsene) Geschwister

Leibliche Geschwister, Adoptiv- und Patchworkfamilien-Geschwister sind hier gemeint, auch Kinder, die in enger Nachbarschaft oder in einem Wohnprojekt zusammen aufgewachsen sind. Seelenverwandte FreundInnen finden sich hier vielleicht auch wieder.

Geschwister sind etwas Besonderes – sie kennen sich länger, als die bewusste Erinnerung reicht. Sie haben um die Aufmerksamkeit von Eltern konkurriert und sich gegen Schwierigkeiten in der Familie zusammengetan. Die Kleinen haben die Großen bewundert und beneidet. Die Großen haben die Kleinen versorgt, beschützt, auch beneidet, links liegen lassen und ihnen manchen Weg freigemacht. Geschwister teilen manchmal Geheimnisse, immer teilen Sie Erinnerungen und ein Wissen über die Familienregeln und das Klima, in dem sie gemeinsam aufgewachsen sind. Geschwister sind oft sehr loyal zueinander, sie wahren die gegenseitigen Geheimnisse und schützen sie vor den neugierigen Augen der Eltern oder PartnerInnen. Geschwister haben oft auch Konflikte, die in der Konkurrenz um Anerkennung und Unterstützung in der Familie wurzeln. Sie können ein schlechtes Gewissen haben, einander nicht genug beschützt oder geliebt zu haben, sie können wütend aufeinander sein, aber sie sind ganz tief miteinander verbunden, ob sie das wollen oder nicht. Die Unterstützung eines Geschwisters findet auf diesem Hintergrund der tiefen Verbundenheit statt und gleichzeitig mit dem Wunsch, nicht nur als »Geschwister von« zu existieren, sondern abgegrenzt ein ganz eigenes Leben zu leben. Verpflichtung, Solidarität und alte Spannungen können die Unterstützung eines Geschwisters anstrengend machen. Aber es ist auch wichtig für die Zukunft, in dieser Situation »Flagge zu zeigen«. Geschwister- und Familienbande sind und bleiben bis ins hohe Alter innerlich bedeutsam. Was jetzt in der akuten Trauerkrise als große Verletzung erlebt wird, prägt das ganze weitere Leben. Es lohnt sich, über den eigenen Schatten zu springen, auch wenn es bisher vor allem eine Selbstverständlichkeit im Berühren und Herumbalgen gab, aber noch keine Sprache für emotionale Unterstützung.

Tipp

Als Geschwister sind Sie Teil eines größeren Netzwerks, Sie müssen nicht »die Welt retten« für Ihr Geschwister, Sie müssen auch nicht permanent ansprechbar sein. Aber die alte familiäre Vertrautheit kann Balsam für die Seele sein. Ihre Schwester/Ihr Bruder ist in einer schweren Lebenskrise und hat ein sehr schweres und gleichzeig leeres Herz. Spüren Sie nach, ob Ihr eigenes Herz groß genug ist, über alte Verletzungen und Rivalitäten hinwegzugehen und an alte Bande anzuknüpfen.

Unterstützung als (erwachsenes) Kind

Beim Heranwachsen sind Kinder auf die Fürsorge ihrer Eltern bzw. Bezugspersonen angewiesen. Sie entwickeln ausgezeichnete Sensoren für die Stimmungslage und die Bedürfnisse der Erwachsenen. Diese Sensoren ermöglichen es ihnen, Stress in der Familie wahrzunehmen und mit ihren eigenen Aktionen auszugleichen – damit die Versorgung und Zuwendung, von der sie als kleine Kinder abhängig sind, weiter gewährleistet ist. Sie werden so quasi automatisch zu »Stressmanagern« der Familie, die in konflikthaften und angespannten Situationen Ausgleich und gute Laune produzieren können.

Wenn Eltern einen Trauerweg beginnen, dann aktiviert sich diese alte Kompetenz zum familiären Stressmanagement in ihren erwachsenen Kindern (und auch in denen aller anderen Altersstufen) auf Kosten ihrer eigenen erwachsenen Bedürfnisse. Vor allem junge Erwachsene, die noch oder wieder im Elternhaus wohnen, können in eine Art Sog geraten, das Wohlbefinden des trauernden Elternteils in den Mittelpunkt des eigenen Lebens zu stellen. Gleichzeitig entsteht ein starker innerer Widerstand dagegen, und das dringende Bedürfnis, das eigene Leben zu leben. Verstärkt wird dieser innere Konflikt, wenn ein trauerndes Elternteil die intensive und dauerhafte Unterstützung des »Kindes« einfordert.

Bitte nicht

- *Machen Sie Ihre Eltern nicht kleiner und unfähiger, als sie sind. Diese Menschen gehen durch eine tiefe Krise, aber sie sind alt genug, um auf die Mittel zurückzugreifen, die zur Bewältigung früherer Krisen geholfen haben. Solange Ihre Mutter oder Ihr Vater nicht demenziell erkrankt ist, sind Sie NICHT verantwortlich für sie!*

- *Lassen Sie älteren Menschen ihre Würde, geben Sie ihnen das Gefühl, geliebt und gebraucht zu werden, das hilft beim Weiterleben. Das häufige Äußern von Kritik und Besorgtheit machen Ihre trauernde Mutter bzw. Ihren trauernden Vater nur noch müder und ratloser.*

Tipp

- *Erinnern Sie sich an die Eigenschaften Ihrer Mutter oder Ihres Vaters vor dieser Trauerkrise und überprüfen Sie, ob die Reaktionen auf dem Trauerweg dazu passen.*

- *Akzeptieren Sie Trauerverhalten, dass Ihnen selbst fremd, übertrieben oder sogar schädlich erschient: sozialer Rückzug, tägliche Friedhofsbesuche, sogar anhaltendes Unglück sind normale Trauerreaktionen!*

- *Konzentrieren Sie sich auf mitmenschliche Normalität und praktische Unterstützung.*

Unterstützung in einer Partnerschaft

Entweder leben Sie schon länger in einer Partnerschaft, kennen einander, haben bereits schwierigere Zeiten durchgestanden und wissen, wie Sie stärken, aufbauen, trösten können. Oder Sie lernen einen neuen Menschen kennen, und der ist mitten in einem Trauerprozess, Sie kennen ihn oder sie nicht ohne Trauer.

Wenn Sie ein vertrautes Paar sind, liegen die Stolpersteine in der Veränderung dieser Vertrautheit – Sie erkennen den/die andere vielleicht nicht wieder. Ein Mensch, der bisher als Energiebündel mit meistens guter Laune auftrat, kann auf dem Trauerweg oft müde und frustriert sein. Die eingespielten Trost- und Ablenkungsangebote funktionieren nicht mehr so gut wie vorher oder gar nicht. Unternehmungen fühlen sich häufig anstrengend an. Sexualität kann als überfordernd empfunden werden. Vieles, was vorher die Qualität der Beziehung ausgemacht hat, gerät in den Hintergrund. Stattdessen sind Sie gefordert, über Wochen und Monate hinweg tröstend und geduldig auf Tränen, tiefen Seelenschmerz und verzweifelte Sinnfragen zu reagieren. Auch die eigene Lebensfreude bekommt einen Dämpfer, denn es hat ja Spaß gemacht, viele schöne Dinge mit dem geliebten Menschen zu teilen. Wahrscheinlich ist er als Kraftquelle und Ratgeberin für Sie nicht mehr so greifbar wie bisher, und damit fehlt Ihnen noch etwas, was Ihr Leben reich gemacht hat. Mit einem trauernden Menschen zusammenzuleben bedeutet, an einer Ausnahmesituation teilzuhaben. Niemand teilt das Leben so nah wie Sie. Schlaflosigkeit, Entmutigung, Überforderung, Wutanfälle, Tränenströme, Momente der plötzlichen Traurigkeit angesichts einer Erinnerung, unstillbare Sehnsucht, Erschöpfung, Verschlossenheit, neue Rituale zum Gedenken – all das ist im Alltag nicht zu verbergen und Sie werden Zeuge.

Tipp

- *Achten Sie auf Balance! Reduzieren Sie den Menschen, den Sie lieben, nicht auf seinen Trauerprozess, egal wie dominant der sein mag. Wenn Sie sich nur auf die Bedürftigkeit und Verwirrtheit beziehen, gerät Ihre Beziehung langfristig in Schieflage.*

- *Üben Sie den »wohlwollenden Blick« (S. 32) und spüren Sie die Momente, wo Ihr Partner/ Ihre Partnerin auch für Sie da ist oder etwas Schönes mit Ihnen teilen kann.*

- *Übernehmen Sie Verantwortung für sich selbst! Frischen Sie Kontakte auf, verabreden Sie sich auch mal wieder allein. Erinnern Sie sich an ein Hobby, das Ihnen Spaß gemacht hat, wie wäre es, wieder damit anzufangen?*

Wenn Sie jemanden erst auf seinem Trauerweg kennenlernen und eine Beziehung beginnen, kann eine Stolperfalle in übergroßem Mitleid und »Helfenwollen« liegen, die sich über alle anderen Gefühle legen und die Beziehung zu einem Therapieersatz macht. Das ist auf Dauer für keinen von Ihnen beiden befriedigend – der/die Trauernde wird sich nicht so schnell in einen rundum glücklichen Menschen verwandeln, wie Sie es sich wünschen. Und Sie werden es müde sein, immer wieder auf Romantik, auf eine Stütze für sich selbst und auf ganz normale Paar-Aktivitäten zu verzichten, weil sie sich in die Rolle der Dauertrösterin manövriert haben. Ein anderer Stolperstein kann Ihre Überforderung mit Tod und Trauer sein. Dann wünschen Sie sich einen unbelasteten Beziehungsstart und fordern ungeteilte Aufmerksamkeit und »Glückseligkeit«, ohne sich auf den inneren Konflikt Ihrer neuen Liebe einlassen zu können. Verständlicherweise ist das kein guter Start für eine dauerhafte Beziehung.

Tipp

Überprüfen Sie, ob Sie sich in die ganze Person verliebt haben mit allen Stärken, aber auch mit Trauer, Sehnsucht, innerem Konflikt. Überprüfen Sie ebenfalls, ob Sie der verstorbenen Liebe des neuen Partners einen Platz in Ihrem Leben geben können. Gedanken wie »wenn nur die Trauer nicht wäre, wäre das der perfekte Mensch für mich« sind ein Zeichen dafür, dass Sie sich mehr in eine Illusion verliebt haben als in einen realen Menschen. Nur in der »friedlichen Koexistenz« von Vergangenheit und Gegenwart, alter und neuer Liebe hat der Aufbau einer ernsthaften Beziehung zu einem trauenden Partner eine Chance.

Unterstützung in einer Freundschaft

FreundInnen haben ein Stück gemeinsame Vergangenheit wie Geschwister und PartnerInnen, aber die Ansprüche und auch Abhängigkeiten sind in der Regel kleiner. Die Toleranz Fehlern und Eigenheiten gegenüber ist oft groß, man kann leben und leben lassen und fühlt sich trotzdem tief verbunden. Für Jugendliche und junge Erwachsene sind FreundInnen mindestens so wichtig wie Familienangehörige. Sich anfreunden heißt immer auch: den Kreis der Bezugspersonen erweitern. Oft tun wir das mit Menschen, die uns ähnlich sind, aber es kann auch bedeuten, neue Menschen ins eigene Leben zu lassen, neue Meinungen, Einflüsse und Lebensentwürfe kennenzulernen.

Ein Mensch, der bisher wie die anderen in seinem Freundeskreis war, wird durch seinen Trauerweg zu jemandem, der sich von den anderen unterscheidet. Dieses prägende Lebensereignis und die Reaktionen darauf können die anderen in der Clique nicht mehr nachempfinden, weil sie etwas Vergleichbares noch nicht erlebt haben. Darauf reagieren manche der bisherigen FreundInnen mit Rückzug: wer nicht mehr in den Konsens des Freundeskreises passt, wird als Störfaktor empfunden und gemieden. Das ist für Trauernde eine sehr verletzende Erfahrung: »Das waren keine echten Freunde«, sagen sie dann.

Andere der »alten Freunde« reagieren mit Geduld und Freundlichkeit. Mitmenschliche Normalität ist auf Dauer gefragt, aber auch praktische Unterstützung bei der Bewältigung von praktischen Problemen. FreundInnen können auch als »stabile Person« wichtig sein, z. B. wenn sie nachts angerufen werden, weil die Angst oder die Verzweiflung einer Trauernden übermächtig ist. Doch auch FreundInnen, die Trauernden lange verständnisvoll zur Seite stehen, können nach einigen Monaten die Geduld verlieren. Eine junge Klientin erzählte ein halbes Jahr nach dem Tod ihres Vaters: »Meine Freundinnen, die mich total unterstützt haben, fragen jetzt schon mal, bist du immer noch traurig?« Nach einigem Nachdenken ergänzte sie: »Das sind alles Leute, die so was noch nicht erlebt haben!«

Tipp

- *Überprüfen Sie ihre Motivation: Möchten Sie, dass alles wieder wird wie früher? Dann werden Sie enttäuscht sein. Sie brauchen eine Bereitschaft, Veränderungen auch in der Freundschaft zuzulassen.*

- *Sind Sie überfordert und erschöpft von der Traurigkeit und Verzweiflung Ihrer Freundin? Dann machen Sie das nicht dem trauernden Freund zum Vorwurf, sondern sorgen Sie besser für sich selbst!*

- *Überprüfen Sie, wieweit Ihre Zuneigung und Treue zu diesem Menschen gehen möchte. Innere Werte in Bezug auf Kontakte und Freundschaften spielen eine wichtige Rolle in unseren Entscheidungen und geben Kraft, wenn man sich erschöpft fühlt.*

- *Spüren Sie nicht mehr, was die Basis dieser Freundschaft ist? Gestehen Sie sich ein, dass sie irritiert und überfordert sind. Suchen Sie die weiterbestehenden Gemeinsamkeiten, reflektieren Sie das, was sich bereits verändert hat.*

Kinder und Jugendliche unterstützen

In den meisten Familiensystemen gibt es Kinder, die den Verlustschmerz und die Trauer der Erwachsenen miterleben und auch selbst trauern. Die Trauer von Kindern wird von manchen geleugnet, die meinen, Kinder hätten gar kein Bewusstsein für einen Verlust. Andere halten Kinder für zu schwach, um ihnen die Wahrheit über ein Sterben zuzumuten. Mein Eindruck ist, dass zwar niemand versucht, den Trauerprozessen von Kindern und Jugendlichen zu schaden, aber aus Unwissenheit, weil man »es« so gelernt hat und aus eigenen schlechten Erfahrungen wird vielen trauernden Kindern zu wenig Aufmerksamkeit geschenkt und nicht genug Unterstützung gewährt. Deshalb ist es mir ein Anliegen, in diesem Kapitel einige wichtige Informationen über die Trauerwege von Kindern und Jugendlichen darzustellen.

Trauerpfützen und Lebensspuren

Erwachsene sind oft irritiert darüber, dass Kinder und Jugendliche in anderen Intervallen trauern als sie selbst. Während erwachsene Menschen sich viele Stunden, sogar tagelang in einem intensiven Trauergefühl aufhalten können, begeben sich Kindergarten- und Schulkinder nur auf Stippvisiten in Gefühle und Gedanken ihres Trauerprozesses. Sie können intensiv weinen und kurz darauf wieder fröhlich mit ihrem Kaufladen spielen. Sie können unvorbereitet Fragen nach dem Tod stellen und genauso plötzlich dieses Gespräch wieder beenden. Bei der Beerdigung versuchen sie, mit einem Eichhörnchen zu spielen, und sie fordern auch unverblümt: »Hörst du jetzt mal auf zu weinen!« Ein oft benutztes Bild für die Unterschiede zwischen der Trauer von Kindern und Erwachsenen sagt, dass Erwachsene in einem See von Trauer schwimmen, während Kinder in Trauerpfützen hinein und wieder herausspringen. Sie brauchen immer wieder den festen Boden des Alltags und der unveränderten Lebensteile, bevor sie sich für kurze Zeit wieder auf die schwierigen Themen Sterblichkeit, Verlassensein und Umwälzungen in der Familienstruktur begeben können. Unter der Oberfläche dieser spielerisch erscheinenden Beschäftigung mit Tod und Trauer sind Kinder diejenigen, deren Leben am stärksten vom Tod eines Familienmitglieds geprägt wird. Tiefe Trauergefühle und einschneidende Umwälzungen im Familiensystem gehören zu den Grunderfahrungen ihres Heranwachsens wie Weihnachtsfeste und Strandurlaube. Sie wachsen mit einem verstorbenen Elternteil oder Geschwisterkind auf und integrieren sie in ihr Erwachsenenwerden. Sie ziehen ihre eigenen Schlüsse aus dem Vorkommen des Todes und den Reaktionen ihrer Familie darauf. Falls Ihnen das Angst macht, weil Sie sich nur negative Folgen vorstellen können – das ist nicht so. Trauernde Kinder und Jugendliche werden zu Erwachsenen, die in der Regel mitfühlender und für ihre Umwelt engagierter sind als andere Menschen. Sie sind oft auch verletzlicher und haben verständlicherweise mehr Angst vor Verlust und Scheitern. Aber wenn sie gute Erfahrungen mit unterstützenden Freunden und Verwandten gemacht haben, sind sie auch geübt darin, um Hilfe zu bitten, und das ist eine Fähigkeit, die das Weiterleben sehr erleichtert und sogar bereichert.

Tipp

- *Lassen Sie Kindern ihren Rhythmus bei der Annäherung an Gefühle und Gedanken zum Tod eines Familienmitglieds.*

- *Bieten Sie in dem Rahmen Ihrer Rolle vor allem Stabilität und Alltag an.*

- *Seien Sie offen für Fragen, aber setzen Sie die Kinder nicht unter Druck.*

- *Versuchen Sie, dem Kind zu vertrauen.*

Tipp für die späteren Trauerjahre

- *Rechnen Sie damit, dass Kinder im Laufe des Älterwerdens in jedem Lebensalter neue Fragen in Bezug auf den Verstorbene haben. Ein Teenager wird sieben Jahre nach dem Tod der Mutter etwas anderes über sie wissen wollen als das sechsjährige Mädchen zum Zeitpunkt des Sterbens.*

- *Beantworten Sie Fragen geduldig, halten Sie Fotoalben oder Erinnerungsgegenstände bereit.*

- *Machen Sie Kindern und Jugendlichen bitte niemals Vorwürfe, dass sie »erst jetzt« oder »immer noch« fragen! Sie stellen ihre Fragen, wenn es für sie möglich und notwendig ist, das ist kein Fehler.*

Sicherheit schaffen

Kinder, die sich auch angesichts eines Verlustes sicher fühlen, sind die besten Lehrmeister für einen unverkrampften Umgang mit Tod und Trauer. Mit Kindern über Tod und Trauer zu sprechen ist nicht nur eine Sache der Worte. Kindern teilt sich vieles über Gesten, Blicke und Handlungen mit. Über ihre Gefühle können sie noch kaum sprechen, aber sie drücken sie unmittelbar aus. Ihre Wut auf das Alleingelassensein und all die Veränderungen im Alltag zeigen sie in Geschrei und im Kaputtmachen von Dingen. Ihre Angst vor dem Alleinsein und davor, dass noch mehr geschehen könnte, äußert sich in Schlafproblemen, Ängsten vor dem Rausgehen und »Klammern«, manchmal sogar durch Bettnässen. Ihr Bedürfnis nach Sicherheit und Trost zeigen sie mit jedem Ankuscheln. Ihr Wunsch, dass nichts mehr passieren soll, kann sich in besonders folgsamem und heiterem Verhalten ausdrücken.

Ohne Worte

Kinder drücken die vielen Gefühle, die sie noch gar nicht genau auseinanderhalten können, oft unbewusst über den Körper aus. Dann bekommen sie Kopfschmerzen und Bauchweh, der Schmerz ihrer Kinderseele zeigt sich an ihrem Körper. Das ist kein Grund, panisch zu werden, denn das verwirrte, ängstliche und trauernde Kind teilt sich mit und wartet auf eine Antwort. Diese Antwort kann am besten ruhig und ohne Vorwürfe gegeben werden. Jenseits der Worte sind das Angebote an Wärme, körperlichem Halt und gemeinsamer Zeit. Am nötigsten brauchen Kinder das alles von ihren Eltern und Geschwistern. Doch sind Eltern nach dem Tod eines ihrer Kinder oft so betäubt oder überwältigt von Schmerz, dass die lebenden Kinder eventuell eine Zeitlang weniger Aufmerksamkeit erhalten, als sie brauchen. Die Eltern deswegen anzugreifen ist nutzlos. Vorwürfe und Aggressionen schwächen sie zusätzlich, und es bleibt noch weniger für die lebenden Kinder übrig. Denken Sie um und stützen Sie die verzweifelten Eltern, wenn Sie etwas für die trauernden Kinder tun möchten. Alles, was trauernden Eltern guttut, kommt auch ihren lebenden Kindern zugute! Wenn die Kinder Sie bereits gut kennen und Ihnen vertrauen, weil Sie z. B. Großeltern, Paten oder enge Freunde der Familie sind, dann können Sie den Kindern direkt Trost und Nähe anbieten und einen Teil der elterlichen Fürsorge übernehmen. Bitte tun Sie das sehr vorsichtig, um die Kinder nicht zusätzlich in einen Loyalitätskonflikt zu verwickeln. Egal, wie eng Sie in das Familiensystem eingebunden sind, vermitteln Sie den Kindern möglichst viel Akzeptanz – auch für das Verhalten ihrer Eltern. Denken Sie daran, dass für Kinder Stabilität und ein Gefühl von Zuverlässigkeit wichtiger sind, als dass Erwachsene alles richtigmachen.

Altersgerechte Worte und Bilder

Erst wenn der Alltag sicher ist, kommen Stück für Stück sehr viele Fragen: wie und wo jemand gestorben ist und woran? Wieso Menschen sterben, ob das allen Menschen passiert? Was Tod überhaupt ist? Ob es einen Himmel gibt? Ob der Verstorbene uns sehen kann? Wieso ein Kreuz auf dem Grab steht? Warum Oma immer weint? Und viele weitere Fragen. Je nach Lebensalter sind die Fragen unterschiedlich; und auch die Fähigkeit, Antworten zu verstehen, wächst mit.

- *Babys verstehen noch nicht, was Sterben ist, aber sie nehmen die Gefühle ihrer Umwelt deutlich wahr und brauchen beruhigende Zuwendung. Sie nehmen auch wahr, wenn ihre Bezugspersonen sich verkrampfen, um ihnen ein Glück vorzuspielen, das nicht mehr da ist. Es ist sinnvoller, wenn trauernde Erwachsene dem heranwachsenden Menschenkind durch ihr Beispiel zeigen, dass auch Krisen und intensive Gefühle aushaltbar sind.*

- *Kindergartenkinder reagieren auf das, was sie direkt sehen und hören. Sie lernen etwas darüber, was »Tod« bedeutet, wenn sie die kalten Hände der aufgebahrten Oma berühren können. Die Erwachsenen müssen ihnen durch deutliche Sprache nahebringen, dass »tot« nicht dasselbe ist wie »schlafen« oder »heimgehen«. Kindergartenkinder sind sehr offen für phantasievolle Vorstellungen. Sie glauben an manche Märchen- und Bilderbuchfiguren, und bildliche Vorstellungen von einem »Himmel«, in dem die Verstorbenen auf sie heruntersehen oder als Schutzengel über sie wachen, kommen ihnen selbstverständlich vor. Bilderbücher, die sie mit einem Erwachsenen zusammen ansehen, und auch das Nachspielen von Krankheits- und Sterbesituationen sind der Weg, wie Kindergartenkinder etwas begreifen. Auch kleine Rituale und Grabbesuche, bei denen sie etwas mitgestalten dürfen, gefallen ihnen gut. Die Teilnahme an der Beerdigung und das persönliche Abschiednehmen sind für sie eher hilfreich als schädlich – solange sie das tun möchten und zuverlässige Erwachsene sie begleiten.*

- *Grundschulkinder gehen mit nicht endendem Interesse durch die Welt. Sie wollen wissen »Warum ist die Banane krumm?« und natürlich auch, warum und wie Menschen sterben. Begriffe wie »Gehirnschlag« regen ihr Nachdenken an, »Krebs« als Krankheitsbezeichnung kann für sie ein verwirrender Begriff sein, weil er eigentlich ein Tier bezeichnet. Es interessiert sie, wie jemand aussieht, der gestorben ist, welche Verletzungen jemand nach einem Unfall hatte, und ob es wirklich Würmer gibt da unten im Grab. Es tut ihnen gut, wenn ihre Fragen in einfachen Sätzen und verständlicher Sprache beantwortet werden. Bei Themen, von denen Sie als Erwachsener befürchten, sie könnten das Kind überfordern, hat sich eine Taktik der kleinen Schritte bewährt (das kennen Sie von anderen »heiklen« Themen, vielleicht in der Sexualaufklärung): Geben Sie erst eine allgemeine Information zur gestellten Frage; wenn das Kind weiterfragt, werden Sie etwas genauer und so fort. Kinder schützen sich vor überfordernden Informationen, sie fragen nicht weiter oder gehen sogar weg, wenn ihnen etwas zu viel wird. Wenn das Kind zu einem anderen Zeitpunkt neu fragt, beginnen Sie wieder mit einer allgemeinen Information und warten ab, wie weit das Kind dieses Mal gehen möchte. Auch Grundschulkinder profitieren von Bilderbüchern zum Thema vor allem, wenn Erwachsene diese Bücher mit ihnen gemeinsam anschauen und die aufkommenden Fragen beantworten.*

- *Jugendliche interessieren sich für Sterblichkeit auch als allgemeines, sie selbst betreffendes Thema. Philosophie, Religion und Spiritualität werden interessant mit ihren Aussagen zu Tod und Sterben. Ängste vor der eigenen Sterblichkeit entstehen, der Tod wird aber auch als faszinierend wahrgenommen, als eine Grenzerfahrung, die zu den anderen Grenzerfahrungen der Pubertät gehört. Popsongs, Jugendbücher und Mangas sprechen die Sprache, in der Jugendliche sich über Tod und Trauer austauschen. Trotzdem brauchen sie wie ihre jüngeren Geschwister grundlegende Sicherheit im Alltag und durch ihre Bezugspersonen. Auch wenn es mit 14 oder 16 nicht mehr so üblich ist, sich von einem Erwachsenen tröstend in den Arm nehmen zu lassen: manchmal tut das auch einem Heranwachsenden gut.*

Die Aufrechterhaltung des Kinder- und Familienalltags ist die Voraussetzung für eine kind- und jugendgemäße Konfrontation mit dem Tod. Ein Kinderpsychologe sagte zu mir: »Was soll ein Kind mit einem Gespräch über den Tod anfangen, solange es nicht weiß, woher sein Mittagessen kommen wird?« Kinder und Jugendliche brauchen Zuwendung, Stabilität und Normalität. Ihr Sicherheitsgefühl entsteht durch zuverlässigen Kontakt und durch die Einhaltung von Routinen: z. B. jeden Tag ein Kuss und ein Nasenstüber vor dem Weg zum Schulbus, jeden Sonntag eine halbe Stunde Kuscheln im Elternbett vor dem Aufstehen. Wenn ein Elternteil gestorben ist, kann ein anderer Erwachsener manche dieser vertrauten ritualisierten Alltagshandlungen übernehmen und dem Kind damit signalisieren, dass ein Teil des Lebens noch sicher und vertraut ist Das Morgenritual vor dem Aufbruch in die Schule, könnte auch durch eine vertraute Nachbarin, den großen Bruder oder den überlebenden Elternteil durchgeführt werden. Als Freundin oder Nachbar können Sie bei der Aufrechterhaltung des Familienalltags Unterstützung geben. Kleine, alltägliche Dinge sind dabei nützlicher als große kostspielige Angebote. Sie möchten die trauernde Familie nicht beschämen, sondern sie unterstützen! In Absprache mit den Familienangehörigen können z. B. Patentanten, Eltern des besten Freundes oder langjährige Nachbarinnen eine große Hilfe bei der Gestaltung des Kinder- und Familienalltags sein. Jemand, der das Abholen vom Fußball übernimmt, der regelmäßig auf die Kinder aufpasst oder bei den Hausaufgaben hilft, ist Gold wert in Trauerzeiten.

Tipp:

Überlegen Sie, wozu Sie Zeit und Lust haben:

- *Was könnten Sie anbieten, um die Erwachsenen zu entlasten?*
- *Was könnten Sie anbieten, was den Kindern Freude macht?*

Familienzusammenhalt

Manche Kinder sind vater- und mutterlos, bevor sie erwachsen sind. Vielleicht ist die Mutter eines Jungen bei seiner Geburt gestorben und sein Vater zehn Jahre später bei einem Verkehrsunfall. Oder der Vater eines Mädchens hat sich das Leben genommen, als sie drei Jahre alt war, und ihre Mutter stirbt vierzehn Jahre später an einer Krebserkrankung. Dann kommen die Kinder in die Obhut von Wohnheimen oder Pflegeeltern und sind angewiesen auf die Zuneigung und Liebe von zunächst unvertrauten Menschen. Die meisten trauernden Kinder haben aber einen Rest ihrer langjährig vertrauten Kernfamilie. Das können die Großeltern oder neuen Lebenspartner der Verstorbenen sein. Meist sind es wenigstens ein (leiblicher) Elternteil und die lebenden Geschwister. Alle diese trauernden Familien leisten Schwerstarbeit, um sich an die veränderte Lebenssituation anzupassen. Jedes einzelne Familienmitglied stellt die eigenen Bedürfnisse so weit wie möglich zurück, um die anderen zu schonen. Jeder für sich und alle gemeinsam bemühen sich mit allen Kräften, diese Familie weiterbestehen zu lassen. Sie möchten um jeden Preis verhindern, noch ein Familienmitglied oder den gesamten Familienzusammenhalt zu verlieren. Außenstehende sehen diese große Anstrengung in der Regel nicht, sie konzentrieren ihren Blick vielmehr darauf, was sich Eltern und Geschwister gegenseitig zumuten oder vorenthalten.

Tipp

- *Zeigen Sie Sympathie und Anerkennung für alle Mitglieder einer trauernden Familie, auch wenn sie dort mit Emotionen und Reaktionen konfrontiert sind, die Sie selbst noch nicht erlebt haben.*

- *Akzeptieren Sie das Erziehungsmonopol des Elternteils oder Elternpaares, wie Sie es sonst auch tun.*

- *Versuchen Sie nicht, die »besseren Erwachsenen« zu sein, wenn Eltern oder erwachsene Geschwister in ihrer Trauer wenig für die jüngeren Kinder der trauernden Familie da sein können. Damit bringen Sie die Kinder in einen starken Loyalitätskonflikt. Es ist ein größeres Geschenk an diese Kinder, wenn Sie in Ihrer Rolle z. B. als Oma oder Patenonkel bleiben und mit allem, was Sie in dieser Rolle auch zuvor getan haben, einfach weiter da sind.*

Bin ich schuld?

Kinder glauben schnell, dass ihr Verhalten die Ursache für den Tod eines vertrauten Menschen sei. In ihrem »magisch« genannten Denken können sie die ganze Welt beeinflussen, sogar das Weiterleben oder Sterben. Unabhängig von der Todesursache ist es wichtig, Kindern zu versichern:

- *Dass sie nicht die Ursache für den Tod des Elternteils oder Geschwisterkinds sind.*

- *Dass es nicht möglich ist, jemanden tot zu wünschen oder durch neidische und wütende Gedanken zu seinem Sterben beizutragen.*

Nach einem Suizid oder beim Tod eines Familienmitglieds, das suchtkrank, psychisch gestört oder gewalttätig war, ist es besonders wichtig, diese Zusicherungen zu machen. Wenn viele belastende Erinnerungen an das verstorbene Familienmitglied da sind, existieren längst Vorwürfe, demjenigen nicht genug geholfen zu haben oder schon immer Ursache seines Verhaltens gewesen zu sein. Der Tod kann diese Selbstbezichtigungen, aber auch die Vorwürfe untereinander noch vertiefen. Erwachsene lassen sich in diese Schuldkreisläufe nicht hineinreden, aber Kinder sind noch offen für eine klare Aussage, die ihnen die Verantwortung für das Geschehen nimmt. Es reicht aber nicht zu sagen: »Du bist nicht schuld«; im Anschluss daran braucht ein Kind eine andere Idee, wie es das Geschehen einordnen könnte. Das kann z. B. die Erklärung des Krankheitsbildes des/der Verstorbenen sein oder der Hinweis auf die Eigenverantwortung des Menschen, der gestorben ist. Auf der rationalen Ebene ist das für Kinder sehr hilfreich, aber das Ausmaß der Orientierungslosigkeit und auch die Einsamkeit nach dem Tod eines Familienmitglieds kann so groß sein, dass der Griff zu Schuldvorwürfen als Erklärung immer wieder naheliegt. Solange Kinder meinen, dass sie durch ihr Verhalten, ihre Gedanken und Wünsche oder einfach durch ihr Dasein am Tod eines Familienmitglieds mitgewirkt haben, werden sie deswegen ein schlechtes Gewissen haben. So ein schlechtes Gewissen mindert das Selbstwertgefühl und führt zu Rückzug. Abfällige Bemerkungen oder Zurücksetzungen vertiefen diese Tendenzen. Achten Sie darauf, trauernden Kindern immer wieder positiv und stärkend zu begegnen; es kann sein, dass sie nun mehr Lob und Ermunterung brauchen als andere Kinder.

Tipp

Kindern (und Jugendlichen und Erwachsenen auch) tun diese Versicherungen gut:

- *Dass der Verstorbene sein Kind/sein Geschwisterkind geliebt hat.*
- *Dass der Verstorbene seinem Kind/Geschwisterkind nur das Beste für sein Weiterleben wünscht.*
- *Dass das Kind den Verstorbenen geliebt hat und er das genau wusste.*

Die Zusicherung, dass der Verstorbene das Kind geliebt hat, ist sehr wichtig für den weiteren Lebensweg. Sie beugt dem schlechten Gewissen vor, von dem ich oben gesprochen habe – wenn Bruder oder Mutter das Kind bis zum Tod sehr geliebt haben, ist es sehr wahrscheinlich, dass sie ihm keine Mitschuld am eigenen Sterben vorwerfen. Ohne die Bürde eines solchen Vorwurfs »aus dem Jenseits« ist es leichter, sich mit den positiven, lebensfördernden Anteilen des Verstorbenen zu identifizieren. Diese Zusicherung von positiven Gefühlen und Zukunftswünschen sind so gleichzeitig ein wichtiges Stück des »Erbes«, das ein Kind von seinen Eltern oder Geschwistern mitnimmt. Ein Kind erlebt es als Stärkung, wenn es sich den verstorbenen Elternteil oder das verstorbene Geschwisterkind als positive, unterstützende Kraft vorstellen kann. Dazu braucht ein Kind auch die Gewissheit, dass der verstorbene Vater oder die tote Schwester sich von ihm geliebt gefühlt hat. Schuldgefühle können entstehen, wenn ein Kind meint, es habe zu wenig gesagt und gezeigt, was der Elternteil oder das Geschwisterkind ihm bedeuten. Erinnern Sie sich mit dem Kind zusammen an Situationen, in denen es dem Verstorbenen etwas Besonderes geschenkt oder etwas Schönes gesagt hat. Verstärken Sie die Erinnerung an positive Reaktionen des Verstorbenen auf diese Aufmerksamkeiten.

Tipp: Geschwisterrollen

Geschwister teilen sich ihr Leben lang die Aufmerksamkeit und Zuwendung ihrer Eltern. Sie teilen sich auch die Forderungen ihrer Eltern. Dabei entstehen Rollen wie »Mamas oder Papas Liebling«, der »Überflieger, der immer alles richtigmacht und schafft«, aber auch das »Sorgenkind« und das »Schwarze Schaf«, oder »der, der irgendwie immer da war, aber nie besonders beachtet wurde«. – »Schattenkinder« nennt die Wissenschaft die Kinder, die neben schwerkranken Geschwistern oder nach deren Tod aufwachsen. Diese lebendigen Geschwister von verstorbenen Familienmitgliedern können das verstorbene Kind nicht ersetzen. Sie wissen selbst, was der Verstorbene besser konnte als sie selbst, aber sie können das nicht ändern. Sie brauchen Aufmerksamkeit und Zuwendung für ihre Einzigartigkeit. Abwertende Vergleiche mit den Verstorbenen, z. B. »Dein Bruder hätte das nicht getan.« oder »Wenn deine Schwester noch da wäre, wäre das nicht passiert.«, sind verletzend für sie. Zusätzlich zu ihrer eigenen Trauer müssen sie dann auch noch das erniedrigende Gefühl verarbeiten, es wäre besser gewesen, sie wären gestorben und nicht das Geschwisterkind.

Zum Weiterlesen:

Mechthild Schroeter-Rupieper: *Für immer anders – Das Hausbuch für Familien in Zeiten der Trauer und des Abschieds.* – In diesem Buch finden Sie anschauliche Gestaltungsmöglichkeiten für Trauer im Familienalltag mit Kindern und Jugendlichen.

Margit Franz: *Tabuthema Trauerarbeit. Kinder begleiten bei Abschied, Verlust und Tod.* – Dieses Buch regt zur Auseinandersetzung mit den eigenen Vorbehalten in Sachen Trauer an und gibt gut verständliche Basisinformationen zu Kindertrauer und ihrer Begleitung.

Petra Hinderer und Martina Kroth: *Kinder bei Tod und Trauer begleiten. Konkrete Hilfestellungen in Trauersituationen für Kindergarten, Grundschule und zu Hause.* – Dieses Buch ist genau das, was der Titel verspricht: praxisnah und gut verständlich. Kinder verstehen Tod und Trauer auch über Bilder und Geschichten.

Hier sind drei bewährte Bilderbücher, die mit Kindern gemeinsam betrachtet werden sollten.

Susanne Varley: *Leb wohl, lieber Dachs.* – Hier erinnern sich die Tiere an ihren Freund, den Dachs, und zeigen, wie durch Erinnerungen etwas in uns weiterlebt, auch wenn jemand gestorben ist.

Ulf Nilsson: *Adieu, Herr Muffin.* – Eine bezaubernde Geschichte über einen alten kranken Hamster und die Familie, bei der er lebt und stirbt. Mit einer Portion Humor und ganz viel Liebe erzählt und gezeichnet.

Ayse Bosse und Andreas Klammt: *Weil du mir so fehlst!* – Ein informatives und dabei interaktives Bilderbuch zum Mitgestalten.

Teenagertrauer

Der Übergang zwischen Kindheit und Erwachsensein dauert mehrere Jahre, und jeder heranwachsende Mensch hat darin sein ganz eigenes Tempo. Je älter ein Kind wird, desto mehr orientiert es sich an Altersgenossen und Autoritätspersonen außerhalb der eigenen Familie. Diese »Peergruppen« spielen deshalb in der Verlustbewältigung eine große Rolle. Mitschüler, Sportfreunde und Mitglieder der Clique sind für trauernde Jugendliche genauso wichtig wie ihre Familienmitglieder.

Teenager erleben die Achterbahnfahrt ihres Trauerprozesses bewusster als ihre jüngeren Geschwister; sie hinterfragen ihre eigenen Reaktionen und fällen Urteile über das, was sie an Trauerreaktionen bei anderen sehen. Ihre Kritik an anderen Familienmitgliedern kann aggressiv und vernichtend sein – wie es in diesem Alter auch bei anderen Themen üblich ist. Sie erleben schmerzhaft, dass sie mit ihren Gedanken und Gefühlen rund um den Tod eines Familienmitglieds ganz anders sind als ihre Altersgenossen. Stabile Freundschaften, in denen sie auch mit ihrer Trauer akzeptiert werden, Trost, Halt und Gespräche finden, sind wichtige Unterstützungsfaktoren. Auch das Verhalten z. B. von LehrerInnen, Trainern oder Gruppenleiterinnen hat Auswirkungen auf die Art und Weise, wie sie sich in ihrer Trauer zurechtfinden. Die Auseinandersetzung mit dem Verlust eines Familienmitglieds intensiviert bei Teenagern die Beschäftigung mit Tod und Sterblichkeit, die ohnehin zum Erwachsenwerden dazugehört. Dass wir alle sterblich sind, ist für die meisten jungen Menschen in diesem Alter eine abstrakte Erkenntnis, interessant und beängstigend zugleich. Für trauernde Teenager sind Sterblichkeit und Tod eine reale und überwältigende Erfahrung mit extremen Auswirkungen auf ihren Alltag und ihre Zukunftsplanung. Ängste können entstehen, die den weiteren Lebensweg beeinflussen. Es wird schwerer, sich wirklich auf Menschen einzulassen, wenn man weiß, wie schnell jeder Mensch sterben kann und wie weh das den Zurückbleibenden tut. Selbstvertrauen kann zerbrechen, wenn ein heranwachsender Mensch sich monatelang verwirrt und unkonzentriert in seiner Trauer erlebt, so dass die Leistungen in der Schule bzw. der Ausbildung nachlassen. Wer immer wieder so stark von den eigenen Gefühlen überwältigt wird, dass der Alltag darunter leidet, kann Lebensangst entwickeln und nicht mehr wagen, Lebensträume zu entwickeln. Die positive Bestätigung und verständnisvolle Ermutigung von guten Freunden ist ein wichtiges Gegengewicht gegen die tiefe Verunsicherung, die ein trauernder Jugendlicher durchlebt. Teenager sind hochsensibel in der Wahrnehmung der veränderten Familienstruktur. Es kann sein, dass sie jedes provozierende Verhalten einstellen und sich mit aller Kraft darauf konzentrieren, »keinen Ärger zu machen«. Dann bemühen sie sich um gute Schulnoten, übernehmen ungefragt Aufgaben im Haushalt und in der Versorgung jüngerer Geschwister. Genau wie trauernde Erwachsene nehmen sie dabei in Kauf, dass ihre eigenen Gefühle in den Hintergrund gedrängt werden. Manche Jugendlichen geben z. B. ihre Pläne für ein Auslandsstudium oder den Auszug von zuhause auf, um ihre Familie zu stabilisieren.

Tipps für Eltern

- *Lassen Sie Ihre pubertierenden Kinder nicht allein mit ihrer Verwirrung und ihrem Schmerz.*
- *Suchen Sie Wege der Verständigung, wie Sie es auch mit allen anderen Themen tun.*
- *Signalisieren Sie in regelmäßigen Abständen, dass Sie sich für ihre Gefühle und Gedanken interessieren.*
- *Beziehen Sie Ihre Teenagerkinder in die Gestaltung von Jahrestagen und Erinnerungsecken in der Wohnung mit ein.*
- *Lassen Sie sich nicht entmutigen, auf Unterstützungsangebote für junge Trauernde hinzuweisen.*
- *Ermutigen Sie Ihre heranwachsenden Kinder, Ihr eigenes Leben zu leben.*

Das Kaleidoskop des Trauerns in sechs Facetten

Überleben

Wirklichkeit begreifen

Gefühle

Sich anpassen

Verbunden bleiben

Einordnen

Ich habe bereits von den sechs Facetten des Trauerweges gesprochen. Diese sechs Facetten repräsentieren Themen, die Hinterbliebene auf ihrem Trauerweg immer wieder durchqueren. Wie in einem Kaleidoskop verschieben sich diese Facetten jeden Tag neu gegeneinander und bilden ständig neue Muster. Mal steht eine bestimmte Facette im Vordergrund und verhindert, dass die anderen zu sehen sind. Mal bilden alle miteinander ein stimmiges Bild aus hellen und dunklen Farben, weichen Formen und harten Schnittkanten. Wenn ein naher Mensch gestorben ist, dauert der Weg durch die verschiedenen Facetten eines Trauerprozesses oft mehrere Jahre. Als Freundin, Partner oder Familienmitglied gehen Sie diesen Weg mit. Aber keine Angst – das »normale Leben« ist Teil des Trauerprozesses, und der Trauerprozess ist Teil des normalen Lebens! Dieses Buch steht Ihnen mit Erklärungen und konkreten Tipps zur Seite durch alle Zeiten des Trauerns – von den Sterbestunden durch das ganze erste Trauerjahr bis zu den weiteren Trauerjahren. Die Facetten des Trauerns mischen sich auf diesem Weg immer neu. Deshalb beschreibe ich die einzelnen Trauerfacetten ausführlich in jedem Zeitabschnitt. Ich zeige Ihnen, wie vielfältig jede einzelne Trauerfacette ausgestaltet werden kann. Hinweise auf Stolpersteine, die den Trauerweg erschweren können, ergänze ich um viele verschiedene Trittsteine. Manche davon können Sie selbst schaffen, für andere müssen Sie auf ein größeres Netzwerk vertrauen. Dieses Buch ist für Sie geschrieben, für Ihren gemeinsamen Lebensweg mit jemandem, der trauert. Wenn Sie dem trauernden Menschen selbst das Kaleidoskop des Trauerns nahebringen möchten, können Sie das Buch »Ich lebe mit meiner Trauer« empfehlen und vielleicht sogar darüber ins Gespräch kommen.

Überleben

Dieser Facette habe ich die Farbe Orange zugeordnet. Leuchtend und schrill wie eine Warnweste. Denn Überleben ist etwas anderes, als es sich gut gehen lassen. Überleben ist eine rohe, simple Angelegenheit. Man atmet weiter und übersteht den Tag und die Nacht und den nächsten Tag. Jeder von uns macht das anders. Hier eine unvollständige Liste der Möglichkeiten, die wir nutzen, um etwas Erschreckendes zu überstehen: Ablenken, laute Musik, Fernsehen, Alkohol. Sich in Arbeit stürzen. Alles so machen wie zuvor. Reden wir ein Wasserfall. Verstummen. Nähe suchen. Sich zurückziehen. Einschlafen. Innerlich abschalten. Ganz viel Sport. Raus in die Natur. An Schönes denken. Aggressiv werden. Beten oder Meditieren. Pflichtbewusst sein. Für andere da sein. Weglaufen. In der Vergangenheit leben. Die Vergangenheit abstreiten. Überleben hat Vorrang, und Überleben ist immer wieder dran zum Kraftschöpfen und zum Ausruhen von den Anstrengungen der anderen Trauerfacetten. Vieles, was Ihnen am Verhalten des Trauernden seltsam und unvernünftig erscheint, ist eine Überlebensstrategie. Diese Erkenntnis kann Sie geduldiger und ruhiger machen. Denken Sie daran, dass auch Sie als UnterstützerIn Überlebensstrategien haben und brauchen!

Wirklichkeit begreifen

Dieser Facette habe ich die Farbe Dunkelgrau zugeordnet, weil es sich so unerträglich dunkel und bedrückend anfühlen kann, wenn man begreift, dass ein geliebter Mensch »wirklich« tot ist. Es fällt schwer, zu verstehen, dass jemand gestorben ist und was das eigentlich bedeutet. Die Möglichkeit, den Sterbenden und dann den Verstorbenen sehen und berühren zu können, hilft dabei. Dieses buchstäbliche »Be-greifen« am Sterbebett, bei einer Totenwache oder beim Abschiednehmen unterstützt die Realisierung des Todes. Darüber zu sprechen hilft auch dabei, die Wirklichkeit eines Sterbens zu verstehen. Jedes Mal, wenn klar benannt wird, dass jemand gestorben ist (nicht »gegangen« oder »eingeschlafen«), wird der Tod ein Stück wirklicher. Die Geschichte des Abschieds erzählen zu können, von anderen etwas dazu zu hören, sich auszutauschen und zu bestätigen, macht den Abschied wirklicher. Hören Sie zu und benutzen Sie (auch Kindern gegenüber) klare Begriffe, das hilft beim Realisieren. Sterben ist wirklich etwas anderes als Verreisen oder den Kontakt abbrechen. Es ist end-gültig, nicht zurückzunehmen und für immer. Diese Wirklichkeit des Todes lernt man nur mit jedem Tag, der vergeht. Seien Sie deshalb geduldig, wenn die Trauernde auch nach einigen Monaten noch sagt: »Ich kann das immer noch nicht glauben.« Das ist ganz normal.

Sterben ist auch deshalb anders als Verreisen, weil es Fragen nach dem »Danach« aufwirft. Seelenwanderung? Auferstehung? Schwarzes Loch? Wiedergeburt? Das sind Glaubensinhalte und Überzeugungen, aber sie fühlen sich ganz wirklich und wahrhaftig an, und Menschen brauchen diese Vorstellungen für ihr »Begreifen der Wirklichkeit eines Todes«. Lasse Sie sich auf Gespräche über solche Glaubensvorstellungen ein, verzichten Sie auf Belehrungen, seien Sie einfach neugierig und offen.

Gefühle

Dieser Facette habe ich ein kräftiges Rosa zugeordnet, weil die vielen unterschiedlichen Gefühle so intensiv und stark sind, aber auch eine Verbindung zu Zartheit und Zärtlichkeit besteht. Trauerprozesse enthalten eine Vielzahl von Gefühlen: Verzweiflung, Wut, Ohnmacht, Schmerz, Erleichterung, Angst, Neid, Dankbarkeit, Sehnsucht, Liebe und viele mehr. Alle diese verwirrenden, überwältigenden Gefühle sind wichtig. Auch wenn sie anstrengend sind, die Konzentration für den Alltag rauben und einem selbst peinlich sind – sie helfen, den Verlust zu bewältigen. Jedes Gefühl braucht dafür auch einen Ausdruck, hier einige Beispiele: Traurigkeit, Verzweiflung und auch Sehnsucht können sich in Tränen einen Weg bahnen oder in Rückzug. Wut, Hilflosigkeit und Abwehr äußern sich in Geschrei und Streit oder in Schweigen und Abwendung. Sehnsucht findet z. B. in Grabbesuchen, Trauertagebüchern, dem Gestalten von Erinnerungskisten oder Fotobüchern ihren Ausdruck. Liebe und Dankbarkeit können sich in Erzählungen und Ritualen ausdrücken. Der Seelenschmerz drückt sich oft auch körperlich aus. Manchmal verwandelt sich der Seelenschmerz direkt in Körperschmerz – z. B. in Magenkrämpfen und Kopfschmerzen. Nicht nur das metaphorische Herz, sondern auch das physische Herz fühlt sich oft schwer an und stolpert. Die körperlichen Kreisläufe sind oft so genauso durcheinander wie die eigenen Gedanken und Gefühle – Schlafen und Essen finden dann nur mit Mühe in einen vertrauten Rhythmus zurück. Der Körperschmerz braucht den Ausdruck des Seelenschmerzes, um langfristig wieder in den Hintergrund zu treten! Die starken Gefühle eines trauernden Menschen lösen mitunter auch in denen, die ihnen nah sind, starke Gefühle aus. Man erlebt ein intensives Mit-Leiden, ist voller Liebe und Hochachtung. Aber es können daneben auch Ungeduld, Überforderung, Wut und Hilflosigkeit entstehen. Nehmen Sie auch Ihre eigenen Gefühle wahr, nehmen Sie sie ernst und suchen Sie Ausdrucksmöglichkeiten dafür.

Sich anpassen

Dieser Facette habe ich die Farbe Grün zugeordnet, weil es um uns herum immer etwas Grünes gibt, und hier geht es um alles, was außerhalb der eigenen Gedanken stattfindet. Nach dem Tod eines nahen Menschen ändert sich das Leben der »Hinterbliebenen« – manchmal bleibt keine Minute des Alltags, wie sie vorher war. An diese Veränderungen müssen Trauernde sich anpassen. Sie sind gezwungen, neue Wege zu finden, mit sich selbst und dem Leben umzugehen, das kostet Kraft. Diese Veränderungen betreffen das Zuhause und den Alltagsablauf, die Rollen und Aufgaben, die man in einer Familie oder Partnerschaft einnimmt. Veränderungen, an die Trauernde sich anpassen müssen, betreffen auch die Reaktionen aller Menschen, denen man begegnet, z. B. in der Nachbarschaft, im Arbeitskollegium, in der Lerngruppe oder im Fitnessstudio. Man muss damit umgehen, dass die einen nicht mehr grüßen und die anderen mit ungebetenen Ratschlägen reagieren können. Als UnterstützerIn sind Sie sehr nah mit dem oder der Trauernden verbunden und meistens sogar Teil eines gemeinsamen Alltags. Ihre Bereitschaft zur Geduld und konkreten Unterstützung ohne Bevormundung ist ein wichtiger Baustein in den Anpassungsprozessen der Trauernden. Und auch Ihr Leben verändert sich durch die

Unterstützung, die Sie geben. Beobachten Sie diese Veränderungen und überprüfen Sie immer wieder, ob Sie noch einverstanden sind mit dem, was Sie geben und tun.

Verbunden bleiben

Dieser Facette habe ich ein leuchtendes Gelb zugeordnet, weil die Verbundenheit mit dem Verstorbenen für viele Trauernde wie ein Sonnenstrahl in ihre Verzweiflung hineinleuchtet. Menschliche Beziehungen zwischen Lebenden bestehen aus dem Bewusstsein inneren Verbundenseins, aber auch aus Blicken, Berührungen und gemeinsamen Aktivitäten. Nach dem Tod eines Menschen muss man auf alle körpergebundenen Gemeinsamkeiten verzichten und sich mit gedachten und geahnten Bindungsfaktoren begnügen. Erinnerungen und Anekdoten ermöglichen ein Gefühl von Verbundenheit. Träume vom Verstorbenen und die Wahrnehmung von »Zeichen« schaffen ein Gefühl von innerer Verbindung. Manche erleben die Verstorbenen wie gute Geister oder Schutzengel, die in entscheidenden Momenten spürbar werden und Rat geben.

Verstorbene waren normale Menschen, die Licht- und Schattenseiten hatten. Auf der Suche nach innerer Verbundenheit über den Tod hinaus werden beide Seiten und auch alle Widersprüche einer Beziehung näher erinnert. Denn bedrückende und beängstigende Erfahrungen können ebenso innere Bindungen schaffen wie Beglückendes. In dieser Trauerfacette geht es um das Suchen nach dem, was bleiben soll, und dem, was in den Hintergrund treten kann. Früher dachte man, Trauernde müssten sich komplett von den Verstorbenen lösen, um sich den Lebenden zuwenden zu können. Das gilt als überholt. Trauernde, die sich mit ihren Verstorbenen in positiver und stärkender Weise verbunden fühlen, sind offen für das Leben und die Menschen darin. Trauernde sind meist dankbar für unbefangene Gespräche über die Verstorbenen. Fragen Sie nach Eigenschaften und Anekdoten, begleiten Sie beim Gang zum Friedhof, interessieren Sie sich für die gemeinsamen Erlebnisse.

Einordnen

Dieser Facette habe ich die Farbe Blau zugeordnet. Blau wie der weite Himmel über uns, der so selbstverständlich da ist, dass wir ihn oft gar nicht mehr bemerken. Genauso achten wir im Alltag auch selten darauf, welche Gedanken wir denken, und darum geht es hier. Trauerprozesse bringen nicht nur intensive Gefühle mit sich, sondern sie bewirken auch in unserem Gehirn Höchstleistungen! Jede »Warum?«-Frage ist eine Denkaufgabe. Trauernde versuchen einzuordnen und zu bewerten, was ihnen zugestoßen ist. Manchmal bestätigt ein Sterben frühere Erfahrungen und tiefe Ängste. Manchmal widerspricht es dem Optimismus, der bisher stets getragen hat. Der Tod eines nahen Menschen und die eigene Reaktion darauf stellen alle bisherigen Grundüberzeugungen in Frage: Stimmt das so noch? Oder muss das jetzt alles noch mal neu interpretiert und geordnet werden? Bin ich das Glückskind, die starke Frau, der gute Mensch, für den ich mich immer gehalten habe? Ist die Welt wirklich gerecht? Habe ich mein Schicksal in der Hand, wie ich immer dachte? Die Bewertung der Vergangenheit färbt den Blick auf die Gegenwart und hat dann auch Auswirkungen auf die Zukunft. Je düsterer und hoffnungsloser die Interpretation des eigenen Lebens in der

Vergangenheit ausfällt, desto weniger Freude und Zufriedenheit sind für die Zukunft denkbar. Umgekehrt sind Vergangenheitsdeutungen, die Freude und Leid nebeneinanderstehen lassen können, ein guter Ausgangspunkt für wachsende Lebensfreude. Glaubenssätze und Überzeugungen sind etwas sehr Persönliches. Deshalb hören Sie zu, ermutigen Sie das Aussprechen und das Nachdenken. Man muss in einer Freundschaft oder in einer Familie nicht die Bewertungen und Einordnungen der anderen hundertprozentig teilen. Die lange Suche nach Antworten und neuem Lebenssinn braucht von UnterstützerInnen Geduld und manchmal Phantasie. Besserwisserei und Missionierungsversuche sind nicht hilfreich.

Zusätzliches Material als Video und Dateidownload finden Sie hier:
www.trauerkaleidoskop.de

Die ersten Stunden

Krisenmanagement in einer Ausnahmesituation

Manchmal ging dem Sterben ein langer Krankheitsprozess voraus. Eigentlich wussten alle Beteiligten, dass der Tod bevorsteht, aber trotzdem – wenn ein Mensch dann stirbt, kommt es doch überraschend. Dank der Leistungen moderner Medizin konnten vielleicht viele kritische Momente zuvor überstanden werden. Menschen sterben nicht »nach Programm«, niemand kann genau vorhersehen, wann der Tod eintreten wird. Schon während einer schweren Erkrankung sind die Zugehörigen auf viele Arten gefordert. Das Bangen und Warten, die Pflege können bereits eine Ausnahmesituation gewesen sein, in die Sie als UnterstützerIn vielleicht sogar einbezogen waren. Erschöpfung prägt das Erleben von Sterbestunden, wenn es eine lange Geschichte der Erkrankung im Vorfeld gab. Andere Tode kommen ohne jede Möglichkeit der inneren und äußeren Vorbereitung, sie schlagen wie Kometen in einen Alltag ein. Verstörung und Schock kennzeichnen den Start dieser Trauerprozesse. Das gilt für die Trauernden selbst, aber auch für Sie als UnterstützerIn.

Tipp

- *Sorgen Sie angesichts eines plötzlichen oder dramatischen Todes unbedingt auch für sich selbst!*

- *Nur, wenn Sie wissen, wie Sie Ihre innere Stabilität aufrechterhalten können, können Sie auch für die Trauernden eine Unterstützung sein.*

Mit dem Moment des Sterbens bzw. mit dem Eintreffen einer Todesnachricht beginnt der Trauerweg. Trauernde wissen noch gar nicht, was auf sie zukommt. Es zählt zunächst nur dieser besondere Moment. Vielleicht beginnt auch für Sie als

UnterstützerIn ein eigener Trauerweg, weil Sie den Verstorbenen gekannt haben. Dann haben Sie die schwierige Aufgabe auf sich genommen, jemand anderen auf seinem Trauerweg zu unterstützen, während Sie selbst Ihren eigenen Marathon durch die Trauerfacetten gehen. Ich werde immer wieder auf diese besondere Konstellation eingehen. In diesem Buch geht es ja in erster Linie um Ihren Part als UnterstützerIn und den Trauerweg eines anderen Menschen. Sie haben sich vorgenommen, ein haltgebender Trittstein auf dem Weg eines anderen zu sein. Damit wird auch Ihr eigener Lebensweg sich verändern. Irgendwann kann es sich vielleicht so anfühlen, als sei die Trauerkrise des anderen zum Stolperstein auf Ihrem eigenen Lebensweg geworden. Damit das möglichst selten geschieht, gebe ich Ihnen so viel Orientierung wie möglich und ermutige, sich selbst nicht aus den Augen zu verlieren.

Wahrscheinlich lesen Sie dieses Kapitel erst einige Wochen, nachdem die Todesnachricht Sie erreicht hat. Dann werden Sie sich in manchem wiedererkennen und vielleicht einiges besser verstehen. Die Reaktionen auf das Sterben eines Menschen können sehr unterschiedlich sein, und sie werden von vielen verschiedenen Dingen beeinflusst. Zu Beginn des langen Trauerweges sind bereits alle Bereiche des Trauerns präsent: unterschiedlichste Gefühle, die Suche nach Verbundenheit, die Notwendigkeit von Anpassung und sogar das Einordnen in Geschichten. Aber es stehen zwei Facetten im Vordergrund, das sind die Facetten »Überleben« und »Wirklichkeit«.

Trauerfacette Überleben – Krisenmanagement

Diese Facette des Trauerns wird oft übersehen, aber sie hilft, das Verhalten vieler Menschen zu verstehen. Ich habe sie deshalb noch vor die Facette der Wirklichkeit und der Gefühle gesetzt. Wenn jemand stirbt, der uns zwar vertraut war, aber nicht existenziell wichtig für unser Leben, dann reagieren wir traurig und ungläubig, erschrocken und bestürzt. Aber wir können weiter atmen, gehen und denken. So ist es Ihnen wahrscheinlich gegangen. Nach einem längeren Krankheitsprozess waren Sie vielleicht sogar erleichtert, dass ein langes Leiden und Warten zu Ende war. Sie haben die Krankheitszeit möglicherweise genutzt, um sich innerlich vorzubereiten, und Ihre etwas größere Distanz hat es Ihnen ermöglicht zu sehen, dass der Tod nahe bevorstand. Für den Menschen, den Sie unterstützen, kann die Todesnachricht sich ganz anders angefühlt haben. Unabhängig davon, wie genau man eigentlich weiß, dass der Tod bevorsteht, kann er sich trotzdem wie ein Axthieb anfühlen. Sie kennen sicher den Spruch: »Die Hoffnung stirbt zuletzt.« Das ist eine normale menschliche Reaktion und kein persönlicher Fehler. Wenn ein Tod unerwartet kam wie bei einem Unfall oder einem Infarkt, dann spüren Sie selbst Schock und Fassungslosigkeit. Für den Trauernden, den Sie unterstützen, kann es sich anfühlen wie eine lebensbedrohliche Amputation. Jetzt geht es darum, wie es gelingt weiterzuleben und nicht sozusagen mitzusterben.

Unwillkürliche Schutzreaktionen

Die Trauerfacette »Überleben« wird oft unwillkürlich ausgelöst. Der Körper hat ein eigenes Überlebensrettungsprogramm, das uns vor Zusammenbruch und eigenem Sterben schützt. Menschen, die eine schwere seelische Erschütterung durchleben, erleiden einen Schockzustand. Dabei werden die Sinnesorgane schärfer, manche Gerüche, Bilder, Geräusche werden extrem intensiv wahrgenommen – aber nur in einem bestimmten Ausschnitt. Es ist wie ein Tunnelblick, der alle Sinne ergreift. Dieser Tunnelblick schützt den Betroffenen auf ganz eigene Art. Viele Menschen sprechen von dem Gefühl, in Watte gepackt zu sein oder sich unter einer Art Käseglocke zu befinden. In dieser Schutzhülle wird die Vielfalt der Ereignisse ausgeblendet und nur ausgewählte Reize und Eindrücke kommen an. Das ermöglicht eine gewisse innere Ruhe, wo man sonst verrückt würde. Innerhalb dieser Schutzhülle spürt man sich selbst nur unvollständig: Hunger, Durst, Frieren, Müdigkeit und sogar körperliche Schmerzen werden nicht wahrgenommen. Leider trennt dieser unwillkürliche Schutzmantel auch von anderen Menschen, die mit ihren Gesten und Worten nur unvollständig durch die Hülle hindurchkommen. Wenn Sie das bei einem trauernden Freund oder Familienmitglied erlebt haben, dann wissen Sie, wie schwer es ist, jemanden unter der »Käseglocke« zu erreichen. Machen Sie sich klar, dass das keine bewusste Ablehnung ist. Stellen Sie sich vor, dass hier eine Art »Airbag« der Seele ausgelöst wurde, der den Trauernden eigentlich schützen soll und nun von allem und damit auch von Ihnen trennt. Bei anderen Menschen bricht der innere Schutzwall zusammen, wenn die Todesnachricht eintrifft. Sie können buchstäblich nicht er-»tragen«, was geschehen ist. Dann verlieren sie die Kontrolle über ihre Gefühle und Reaktionen. Das löst oft Schamgefühle aus, denn niemand möchte in der Gegenwart von anderen Menschen laut weinend zu Boden fallen oder vor Verzweiflung schreien. Für den weiteren Trauerweg ist eine starke emotionale Reaktion aber durchaus hilfreich, die Gefühle brechen auf und aus uns heraus, und damit ist der erste Schrecken wie herausgewaschen. Auch wenn sich das anfühlt, als sei man gleich zu Beginn des Trauerweges in einem See versunken, ist es doch eigentlich wie der laute Schrei, mit dem man vom Zehnmeterbrett springt, um die gesammelte Anspannung loszuwerden. Damit das ein gelungener Sprung wird, ist die Anwesenheit und Unterstützung einer »stabilen Person« hilfreich. »Stabile Personen« sind in dieser Situation Menschen, die nicht mit eigenen Gefühlen beschäftigt sind. Sie behalten den Überblick und können Verantwortung für die übernehmen, die aufgewühlt und verzweifelt sind. Vielleicht waren Sie selbst für einige Momente oder sogar Stunden eine »stabile Person« für andere? Damit haben Sie dem Trauernden ein großes Geschenk gemacht! Vielleicht haben Sie aber auch erlebt, dass jemand anderer für Sie stabil geblieben ist, als Sie selbst nicht mehr weiterwussten. Dann haben Sie erfahren können, wie wichtig es sein kann, einen »Fels in der Brandung« neben sich zu spüren. »Stabile Personen« in den ersten Stunden sind manchmal ein Notfallseelsorger, eine Rettungsassistentin oder eine Krankenschwester. Diese Menschen haben das »Stabil-Sein« in ihrer Berufsausbildung gelernt. Im Gegensatz dazu haben private Unterstützer wie Sie keine Fortbildung besucht, um stabil und stützend für Menschen in einer Krise da zu sein. Sie machen das intuitiv und sind vielleicht selbst erstaunt darüber, wozu Sie in der Lage sind. Vielleicht haben Sie sich aber auch überfordert gefühlt und nicht recht gewusst, ob es in Ordnung war, was Sie getan haben. Wenn Sie befürchten, dem Trauernden Unrecht getan zu haben, dann können Sie ihn in einem ruhigen Moment auf diese Situation ansprechen und austauschen, wie Sie beide sich dabei gefühlt haben. Das schafft Sicherheit, denn der Trauernde ist wahrscheinlich ebenfalls unsicher, ob es für Sie in Ordnung war, seinem starken Gefühlsausdruck Halt zu geben. Für Ihre Beziehung zueinander kann es wichtig sein, diese Erfahrung als eine einmalige Ausnahmesituation zu begreifen, die sich sehr wahrscheinlich nicht wiederholen wird. Sie als UnterstützerIn sollten nicht in einem ständigen Alarmzustand sein, wenn Sie dem Trauernden begegnen.

Zusammenreißen

Ist das nicht ein seltsamer Begriff? Eigentlich wird ja immer etwas zer-rissen oder, wie ein altes Wort es nennt, »entzwei-gerissen«. Wir können uns aber tatsächlich auch zusammen-reißen. Vielleicht weil es sich eigentlich so anfühlt, als sei man in zwei oder sogar noch mehr Teile zerrissen. Das zu überleben kann heißen, die Bestandteile des eigenen Selbst fast mit Gewalt zusammenzupressen, so wie ein Druckverband ganz fest auf eine Wunde gedrückt wird. Oder wie eine feste Bandage, die dem Sportler gegen die Verstauchung angelegt wird, damit er noch ein Stück weiterlaufen kann. So reißen wir uns manchmal zusammen, aus Angst, das eigentliche Zerrissen-Sein nicht überleben zu können. Manche Menschen reißen sich ständig zusammen, weil das in ihrer Erziehung ein wichtiger Grundsatz war, und so reagieren sie auch auf eine Todesnachricht mit Zusammenreißen oder wie es dann auch genannt werden kann: mit »Haltung«. Ein anderer Grund für das Zusammenreißen ist die Angst, andere mit unserem Gefühlsausbruch zu schockieren oder ihnen sogar Schaden zuzufügen. Vielleicht haben Sie selbst sich so »zusammengerissen«, um für andere stabil sein zu können. Dann tut es Ihnen wahrscheinlich gut, sich an einer anderen Stelle bei anderen Menschen, die stabil für Sie sind, gehen lassen zu können. Auch Sie brauchen Zeit und Raum, um Ihren Kummer rauslassen zu können. Vielleicht hat der Trauernde, den Sie unterstützen möchten, sich so zusammengerissen. Dann brauchen Sie Geduld mit diesem »Überlebensmechanismus« des anderen, vor allem, wenn Sie selbst es leicht haben, Gefühle auszudrücken. Und Sie sollten darauf gefasst sein, dass dieses Zusammenreißen irgendwann nicht mehr gelingen wird. Dann braucht der Trauernde jemanden, der ihn hält und tröstet. Vielleicht können Sie das sein.

Das Überleben der anderen

Die Facette »Überleben« hat auch noch eine andere Seite als das eigene Überleben: Das ist das Überleben der Menschen, für die man Verantwortung trägt. Es kann sein, dass Sie als UnterstützerIn sich mehr um das Überleben von anderen gekümmert haben als um Ihr eigenes. Dann haben Sie womöglich Ihre eigenen Gefühle und Bedürfnisse unterdrückt, um jemandem beizustehen, der Ihnen noch bedürftiger vorkam. Das können z. B. die eigenen Kinder sein, wenn sie noch kleiner sind und mit dem Tod von Mutter oder Vater konfrontiert sind. Dass Sie selbst gleichzeitig mit dem Tod des Partners bzw. der Partnerin zurechtkommen müssen, kann für Sie in den Hintergrund getreten sein angesichts der Verantwortung für Ihre Kinder. Es kann auch andersherum sein, dann übernehmen Heranwachsende die Verantwortung für ihre Eltern und sorgen mit »erwachsenem« Verhalten dafür, dass es den Eltern nicht noch schlechter geht.

Nehmen Sie sich einen Augenblick Zeit und erinnern Sie sich:

- *Wie war das in Ihrem Familiengefüge – wer hat auf wen Rücksicht genommen?*

- *Wie hat sich das jeweils auf den Trauerprozess ausgewirkt?*

- *Vielleicht möchten Sie mit Ihren Angehörigen und Freunden darüber sprechen, wie jeder von Ihnen die ersten Stunden erlebt hat. Falls Sie das tun, tauschen Sie bitte »einfach« Ihre Erlebnisse aus, d.h.: verzichten Sie auf Vorwürfe. Gegenseitiges Verständnis wird Ihnen auf dem bevorstehenden Trauerweg eine große Hilfe sein. (Das Kapitel »Die ersten Stunden« im Buch »Ich lebe mit meiner Trauer« könnte eine gute Vorbereitung für ein solches Gespräch sein.)*

Übung: Rückblick auf die eigenen Überlebenshilfen

Nehmen Sie sich eine halbe Stunde Zeit, suchen Sie sich einen Ort, an dem Sie ungestört sind und sich gern aufhalten. Nehmen Sie Papier und Stift mit oder Ihren Laptop, vielleicht auch etwas zu trinken. Bevor Sie beginnen, überlegen Sie, was Sie nach der Übung tun: etwas, dass Ihnen guttut, bevor Sie wieder in den Alltag zurückkehren.

Wenn alles bereit ist, schließen Sie kurz die Augen und machen Sie einige bewusste Atemzüge – spüren Sie, wie Sie sitzen, und nehmen Sie das Hier und Jetzt wahr.

Dann öffnen Sie wieder ihre Augen und lassen Erinnerungen an die Zeit, die bereits eine Weile zurückliegt, in sich aufsteigen. Impulse dafür sind die folgenden Fragen, und Sie können aufschreiben, was für Sie passt:

- *Wie habe ich das gemacht, stabil zu bleiben?*
- *Woran habe ich mich innerlich festgehalten?*
- *Wer war überhaupt noch anwesend?*
- *Für wen war ich da?*
- *Was habe ich gemacht, um zu unterstützen?*
- *Was hat meine Anwesenheit bewirkt?*
- *Wie habe ich mich später entlastet und meine Kräfte aufgetankt?*

Wenn alles notiert ist, können Sie noch eine Überschrift finden für das, was Ihnen beim Unterstützen in den ersten Stunden geholfen hat. Notieren Sie auch diese Überschrift und Ihre Gefühle angesichts der Liste. Lesen Sie dann ihre Notizen durch und nehmen Sie ihre emotionale Reaktion dabei wahr: Sind Sie zufrieden mit sich selbst, können Sie Stolz auf sich fühlen?

Wenn Sie denken, Sie hätten es besser machen können, seien Sie freundlich zu sich selbst und versuchen Sie es mit diesem Gedanken: Sie haben getan, was Ihnen in einer Ausnahmesituation möglich war.

Vielleicht gibt es etwas, dass Sie für spätere Krisen gelernt haben? Dann notieren Sie sich das bitte noch!

Überlegen Sie nun, was Sie mit den Notizen tun möchten: Aufbewahren, zerreißen, oder …? Tun Sie das, was sich für Sie stimmig anfühlt. Schließen Sie zum Abschluss noch einmal kurz die Augen und machen einige bewusste Atemzüge.

Kehren Sie dann mit der angenehmen Aktivität, die Sie sich vorher ausgedacht haben, in Ihren Alltag zurück.

Diese Übung finden Sie zum Download auch auf www.trauerkaleidoskop.de

Geschichte über konkrete Unterstützung und Stabilität

Eine Hospizkrankenschwester erzählte mir diese Geschichte, in der sie selbst sowohl als »stabile Person« wie auch als »praktische UnterstützerIn« agiert hat, um einem jungen Mann das »Überleben« leichter zu machen: Der Vater dieses jungen Mannes starb während ihres Nachtdienstes. Sie hatte seinen einzigen Sohn vorher benachrichtigt, aber er traf erst etwas später ein und stand lange unentschlossen vor der Tür seines gerade verstorbenen Vaters. Sie sprach ihn an, ob sie etwas für ihn tun könne. Er erklärte ihr, wie schwer es für ihn sei, in dieses Zimmer zu gehen und seinen toten Vater zu sehen, obwohl er es so gern tun würde. Er fürchtete, beim Anblick seines Vaters zusammenzubrechen und schreiend aus dem Hospiz zu laufen. Die Hospizschwester drängte ihn nicht, sondern nahm ihn mit in die Küche, bot ihm einen Stuhl an und setzte sich zu ihm. Er war sehr nervös und konnte kein Wort mehr herausbringen. Sie erzählte ihm, dass sie seinen Vater erst seit einigen Tagen betreut habe, er ihr aber gleich ans Herz gewachsen sei. Sie sei selbst überrascht gewesen, dass er in dieser Nacht gestorben sei. Als der junge Mann noch immer nichts sagen konnte, erzählte sie weiter, sie habe alle 30 Minuten nach seinem Vater gesehen und zwischen zwei dieser Kontrollen wäre sein Vater offensichtlich ruhig im Schlaf gestorben. Seine Augen seien geschlossen und sein Körper und sein Gesicht entspannt, wie er da in seinem Bett liege. Dann fragte sie noch einmal, wie sie ihn unterstützen könne. Der junge Mann sah sie zweifelnd an und sagte dann: »Wenn ich ehrlich bin, hätte ich jetzt gern ein Bier.«

Die Hospizschwester holte ein Bier für ihn aus dem Kühlschrank. Sie saßen eine Weile ruhig in der Küche beieinander, während der junge Mann erzählte, wie er auf dem Weg ins Hospiz im Stau gestanden hatte und dass sein Vater ein leidenschaftlicher Autoliebhaber gewesen war. Dann nahm er sein Glas und ging ohne weiteres Zögern allein in das Zimmer seines Vaters, wo er lange bei ihm saß.

Trauerfacette Wirklichkeit – Ermutigen und anregen

Erst wenn das schiere »Überleben« gesichert ist, kann sich ein Mensch der elementaren Erfahrung aussetzen, den Tod eines anderen zu verstehen. Aber wie versteht man den Unterschied zwischen Lebendigsein und Totsein? Ist es möglich, das zu erfassen? Die Stunden rund um das Sterben sind entscheidende Stunden für dieses Verstehen und Begreifen. Menschen, die bei einem ruhigen und vorbereiteten Sterben dabei sein können, berichten von besonderen Erlebnissen. Sie erzählen, dass sich die Stimmung im Raum verändert, wenn jemand stirbt. Manche haben das Gefühl, dass eine Kraft vom Verstorbenen auf sie übergeht. Andere nehmen tiefen Frieden wahr. Es kann sein, dass Sie dabei waren und das mit den anderen gespürt haben. Es kann auch sein, dass andere am Sterbebett tiefe Erfahrungen gemacht haben, und für Sie ist nichts Spürbares geschehen. Lassen Sie die Unterschiede zu, belehren Sie niemanden. Aber lassen Sie sich auch kein schlechtes Gewissen einreden, wenn Sie etwas Anderes wahrgenommen haben als der Mensch, den Sie unterstützen!

Das Wahrnehmen und Spüren der »Wirklichkeit des Todes« geschieht mithilfe der fünf Sinne und es geht darüber hinaus. Wer ein ruhiges Sterben miterleben oder einen Verstorbenen in würdevoller Umgebung kurz nach seinem Tod besuchen kann, der »begreift« und versteht den Unterschied zwischen Leben und Tod besser. Deshalb ist es vielen Trauernden so wichtig, den Verstorbenen noch einmal zu sehen. Versuchen Sie, die Trauernde in diesem Wunsch zu unterstützen!

Bitte nicht

- *Falls Sie selbst schlechte Erfahrungen mit dem Anblick eines Verstorbenen gemacht haben oder einfach Angst verspüren, akzeptieren Sie den Unterschied zwischen der Trauernden und sich selbst!*

- *Verzichten Sie unbedingt auf den Satz: »Behalte ihn doch lieber in Erinnerung, wie er war.«*
  Das Bild eines verstorbenen Menschen setzt sich nicht automatisch vor alle Bilder und Erinnerungen an den Lebenden, im Gegenteil. Für viele Trauernde ist es ein wichtiges, »letztes Bild« in einer langen Kette von Erinnerungen. Bilder der Bestattung und dem anschließenden Kaffeetrinken, vom Grab und von Erinnerungsfeiern, die im Lauf der Jahre dazukommen werden, runden die Erinnerungsgeschichte weiter ab. Die Möglichkeit, sich mit allen Sinnen einem Ver-

storbenen zu nähern und vielleicht sogar mehrmals Zeit mit ihm zu verbringen, ist ein wichtiger Bestandteil in dieser Bilderreihe. Bewusst spreche ich hier von der Möglichkeit zum Abschiednehmen, es ist kein Zwang und auch nicht »das allerbeste, was du tun kannst«. Bitte halten Sie sich auch mit diesem Rat-Schlag zurück! Hilfreicher ist das Zuhören und Nachfragen, wo Befürchtungen und Hindernisse sind, die einen Abschied mit allen Sinnen behindern. So können mögliche Lösungen für die Probleme gefunden werden oder eine klare Entscheidung, die manchmal auch gegen eine Abschiednahme fällt.

Plötzlicher oder gewaltsamer Tod als Stolperstein

Wenn der Tod plötzlich und mit Gewalt kommt, dann ist es für die Zurückbleibenden viel schwieriger, den Tod als etwas Natürliches und sogar Spirituelles zu begreifen. Die Unwissenheit über das, was genau geschehen ist, schafft Unwirklichkeit. Wo man nichts Genaues weiß, gibt es keine Realität, auf die man sich beziehen kann, sondern ein beunruhigendes Gemisch aus Hoffnungen, Befürchtungen, Wunsch- und Schreckensvorstellungen. Zu jeder einzelnen Vorstellung gibt es andere Gefühle, und so rasen die Gedanken und Gefühle in einem sich überschlagenden Kreislauf durch Kopf und Körper. Schreckensbilder lösen stärkere Reaktionen im Körper aus als friedliche Bilder, all das Adrenalin, das mit anderen Hormonen zusammen ausgeschüttet wird, kann sich gar nicht so schnell abbauen, wie neue Schreckensbilder entstehen. Wie kann man sich bewusst gegen diese Bilder wehren?

Trittsteine für diesen Stolperstein

- *Sorgen Sie dafür, dass die dramatischen und grausamen Details für Sie selbst und den Menschen, den Sie in seinem Schock, seiner Bestürzung und Trauer unterstützen, in den Hintergrund treten.*

- *Sie können den Trauernden darin unterstützen, Informationen einzuholen, Menschen zu befragen, die beim Sterben dabei waren, und sich so ein möglichst »realistisches Bild« machen.*

- *Lassen Sie Medieninformationen und Berichte, die ausschließlich auf das Schlimme und Dramatische abzielen, beiseite. Unterstützen Sie den Trauernden darin, das auch zu tun.*

- *Nutzen Sie Ihre eigene Phantasie, um Gegenbilder zu entwickeln, in denen der Geist und die Seele des Verstorbenen nicht gelitten haben, ganz egal, wie stark ein Körper verletzt wurde. Unterstützen Sie den Trauernden, in dem Sie ihm von Ihren Vorstellungen erzählen, aber bedrängen Sie ihn nicht.*

Tipp

Nehmen Sie wahr, ob eine Todesart oder auch ein bestimmter Verlust Sie besonders stark berührt. Viele Menschen sind z. B. nach einem Suizid oder beim Verlust eines Kindes fassungslos. Suchen Sie sich eine Zeit, in der es nur um Sie und Ihre eigenen Fragen und Ängste geht. Schreiben Sie etwas auf oder suchen Sie einen Gesprächspartner, der nur für Sie das ist. Wenn Sie Ihrem eigenen Schrecken einen Platz gegeben haben, mischt er sich weniger in die Zeit mit dem Trauernden ein, den Sie unterstützen.

Spirituelle Wirklichkeit und Rituale

In vielen Facetten des Trauerprozesses können zeichenhafte, rituelle Handlungen eine Rolle spielen. Am Beginn des Trauerweges sind Rituale besonders hilfreich, um die Facette »Wirklichkeit« des Sterbens und des Todes zu durchleben. Religiöse und volkstümliche Rituale helfen beim ersten Begreifen eines Todes. Sie ermöglichen eine feste Form, in der Angehörige das Sterben begleiten können. Darüber hinaus geben sie einen Deutungsrahmen vor, der die spirituelle Seite des Sterbeprozesses hervorhebt. Hier einige Beispiele:

- *Eine christliche Tradition ist die Aussegnung oder Verabschiedung, bei der die Sterbende (oder die bereits Verstorbene) von einem Seelsorger gesegnet wird. In einer gottesdienstlichen Feier am Sterbebett wird Gottes Beistand erbeten und zugesagt.*

- *In der islamischen Tradition werden am Sterbebett festgeschriebene Verse zitiert, die den Sterbenden auf seinen Tod und seine Begegnung mit Gott vorbereiten sollen.*

- *In buddhistischen Traditionen werden ebenfalls bestimmte Texte vorgelesen, die den Sterbenden bei dem angenommenen Weg durch verschiedene Stadien seines Sterbens stärken sollen.*

Nach Eintritt des Todes gibt es bis heute volkstümliche Rituale wie das Öffnen der Fenster, das Verhängen der Spiegel oder das Anhalten der Uhren. Auch diese Rituale geben dem Tod eine Bedeutung – die Seele soll aus dem offenen Fenster ihre Reise antreten. Die häufig entzündete Kerze steht für das Licht in der Dunkelheit, für Hoffnung in der Stunde des Todes. Andere Rituale geben Trauernden eine Richtung: die Spiegel werden verhängt, um den Lebenden zu zeigen, dass nun eine Zeit ohne Eitelkeiten beginnt. Und die Uhren werden angehalten, um zu verdeutlichen, wie viele Hinterbliebene sich in der Sterbestunde eines geliebten Menschen fühlen – die Zeit bleibt mit Eintritt des Todes für eine Weile stehen, nichts ist mehr wichtig. Die erste Totenwäsche, das Schließen der Augen und des Mundes, eventuell das Falten der Hände sind in der christlichen Tradition Vorbereitungen für die Aufbahrung. Sie werden heutzutage oft von den Pflegekräften einer stationären Einrichtung oder dem Bestatter vorgenommen, können aber natürlich auch von den Angehörigen selbst gemacht werden. Das wird als letzter Liebesdienst begriffen, als eine Handlung der Zärtlichkeit und Fürsorge. Damit verbunden ist auch ein körperliches Begreifen, dass dieser so zärtlich und liebevoll hergerichtete Mensch nun nicht mehr lebendig ist. Etwas später kann auch heute noch die Totenwache beim aufgebahrten Verstorbenen beginnen. Sie lässt uns in ruhiger Atmosphäre spüren und sehen, wie der Verstorbene sich schon innerhalb weniger Stunden verändert. Das christlich-katholisch tradierte Rosenkranzbeten beim aufgebahrten Verstorbenen gibt eine feste Struktur, die die Gedanken und Gefühle beruhigen und Trost spenden kann.

Stolpersteine, die die Wirklichkeit des Todes verzerren

Es gibt verschiedene Umstände, die es schwierig oder sogar unmöglich machen, die Wirklichkeit eines Gestorbenseins mit allen Sinnen zu begreifen:

- *Wenn der Tod des nahen Menschen weit weg geschehen ist oder unter Kontaktbeschränkungen.*
- *Wenn die Todesumstände dazu führen, dass der Verstorbene einige Tage lang in der Gerichtsmedizin untersucht werden muss.*
- *Wenn die Todesumstände dazu führen, dass der Körper des Verstorbenen so stark verletzt oder verändert ist, dass man ihn nicht mehr ansehen kann.*

Trittsteine um diese Stolpersteine herum

Diese genannten Stolpersteine sind Fakten, an denen sich nichts ändern lässt. Aber es gibt Möglichkeiten, sich aktiv und kreativ mit diesen Stolpersteinen auseinanderzusetzen und sie auf verschiedenen Wegen zu umgehen. Als UnterstützerIn können Sie diese Möglichkeiten ansprechen und einen Trauernden darin unterstützen, die eigenen Bedürfnisse ernst zu nehmen. Wenn Sie dabei an Ihre eigenen Grenzen kommen, gibt es vielleicht andere UnterstützerInnen, die für eine Weile als »stabile Person« auftreten oder einfach eine gute Idee beisteuern können.

Trittsteine, wenn ein naher Menschen weit weg gestorben ist

- *Fotos vom aufgebahrten Verstorbenen und von den Verabschiedungsritualen helfen, sich der Wirklichkeit zu nähern, auch wenn man nicht dabei sein konnte.*

- *Man kann Menschen befragen, die dabei waren, und sie bitten, alle Einzelheiten des Abschieds zu erzählen. Dabei ist es hilfreich, sich auf die ruhigen und liebevollen Details zu konzentrieren statt auf Dinge, die verstörend waren.*

Trittsteine, wenn ein Mensch in einer Zeit von Kontaktbeschränkungen gestorben ist

- *Ermutigen Sie den Trauernden, sich auf das zu konzentrieren, was er/sie getan hat, um in Kontakt zu sein, auch wenn das physisch unmöglich war, z. B. durch die Kerze, die Tag und Nacht brannte. Drücken Sie Wertschätzung aus z. B. für Fotos, die mitgegeben wurden, für Momente der Videotelefonate, für regelmäßiges Gebet.*

- *Erinnern Sie an die Verstorbene: War sie sich der Liebe des Trauernden sicher? War sie nachtragend?*
- *Lassen Sie einfließen, dass Palliativteams und Krankenhausseelsorgerlnnen auf allen Stationen ihr Bestes gegeben haben, um Sterbenden beizustehen.*

Trittsteine, wenn die Todesumstände dazu führen, dass der Verstorbene einige Tage lang in der Gerichtsmedizin untersucht werden muss

- *Man kann eine Kerze anzünden und in Gedanken die eigene Liebe und Wärme an den Verstorbenen senden.*
- *Man kann die eigenen Phantasien lenken, weg von Schreckensbildern. Stellen Sie sich vor, dass die Mitarbeitenden der Gerichtsmedizin respektvoll mit dem Verstorbenen umgehen.*
- *Man kann sich überlegen, was man nach der sogenannten »Freigabe« des Verstorbenen wünscht, um die Wirklichkeit dieses Sterbens friedlich und mit allen Sinnen begreifen zu können. Eine Aufbahrung zu Hause oder beim Bestatter ist auch dann noch möglich!*

Trittsteine, wenn die Todesumstände dazu führen, dass der Körper des Verstorbenen so stark verletzt oder verändert ist, dass man ihn nicht mehr ansehen kann

- *Welche Alternativen bietet das Bestattungsunternehmen an? In Ausnahmefällen ist der Abschied nur am geschlossenen Sarg möglich, aber das ist auch sehr nah am Verstorbenen und kann helfen, »Wirklichkeit« zu verstehen.*

- *Man kann sich darauf konzentrieren, dass das Sterben mehr ist als das Verlöschen der Körperfunktionen. Überprüfen Sie Ihre Todesvorstellungen: Glauben Sie an das »Große Nichts« nach dem Tod? Oder an eine Seele, die weiterwandert? Glauben Sie an Engel, die das Sterben begleiten, oder an ein Licht, in das Sterbende gehen? Diese Glaubensvorstellungen sind ebenfalls Teil der Wirklichkeit des Todes. Was immer Sie glauben – es gilt auch für Menschen, die durch einen Unfall, Mord oder Suizid ums Leben gekommen sind. Suchen Sie behutsam das Gespräch mit der Trauernden über diese Fragen, tauschen Sie Vorstellungen aus. Bitten Sie vielleicht auch die Bestatterin oder den Pfarrer um ihre Ansichten.*

Geschichte über die Macht der Phantasie

Eine Klientin erzählte mir diese Geschichte: Ihr Mann war im hohen Alter an einer schweren Depression erkrankt und hatte sich, als es gerade so aussah, als ginge es ihm endlich besser, vom Dach seiner psychiatrischen Klinik in den Tod gestürzt. Niemand war dabei gewesen. Sie sah ihren verstorbenen Mann erst einige Tage später aufgebahrt beim Bestatter. Es waren nur leichte Verletzungen sichtbar, und seinen Gesichtsausdruck mit einem Lächeln behielt sie als versöhnliches Bild in Erinnerung. In den Phantasien dieser Frau war jedoch der Sturz ständig präsent, und sie litt unter den Vorstellungen, die sie sich von seinen Sturzverletzungen machte. Da sie schon Jahrzehnte lang meditierte, nutzte sie eine Meditation, sich mit diesen Schreckensbildern auseinanderzusetzen. In einem tiefen Meditationszustand erlebte sie ein inneres Bild, bei dem ihr Mann in der Mitte seines Sturzes aufgefangen und ins Licht gezogen wurde. Die körperlichen Verletzungen standen von da an nicht mehr bedrohlich im Mittelpunkt ihrer Phantasie von seinem Sterben, sondern der Weg, den ihrer Vorstellung nach seine Seele gegangen war.

Trauerfacette Gefühle – Aushalten und Halt geben

Am Sterbebett und angesichts einer Todesnachricht können viele unterschiedliche Gefühle entstehen. Man erwartet in dieser Facette des Trauerweges vor allem Traurigkeit, betroffenes Schweigen oder Tränen. Manche Trauernde entsprechen den Erwartungen, die eine Gesellschaft oder auch eine Familie an diese Situation hat. Andere nicht. Jeder Mensch reagiert individuell, und sobald viele Menschen beieinander sind, können eine Menge widersprüchliche Gefühle und Reaktionen aufeinanderprallen. Keine davon ist richtiger als die anderen, jeder Einzelne ist bereits auf seinem einzigartigen Trauerweg. Oft sind Menschen schockiert – selbst wenn ein Tod Folge einer langen Erkrankung ist, kommt der Moment des Todes immer unerwartet. Viele sind wie betäubt, überwältigt. Stille und Frieden können gespürt werden. Angst kann sich entwickeln vor dem, was jetzt kommt. Ohnmacht und Verzweiflung können sich ausbreiten. Erleichterung kann da sein. Wut kann entstehen. Schuldzuweisungen können ausgesprochen oder nur gedacht werden. Die aufgestauten Gefühle können durch Tränen abfließen, aber manchmal lösen sie sich in Beschimpfungen oder Geschrei. An manchen Sterbebetten wird auch gelacht, es werden schöne Erinnerungen in Dankbarkeit ausgetauscht. Manche Menschen werden von ihren Gefühlen überwältigt – bei ihnen legt sich die Facette des Fühlens über alle anderen Facetten des Trauerns. Der Gefühlsausdruck bricht sich Bahn, ohne Rücksicht auf andere und vielleicht auch im Widerspruch zu dem, was man von diesem Menschen gewohnt ist. Lautes Klagen und Weinen bis zum körperlichen Zusammenbruch und aggressives Handeln gegen andere Menschen und gegen Dinge sind die Pole. Solche starken Emotionen machen den Umstehenden große Angst. Vor gewalttätigen Aggressionen müssen sich HelferInnen und Angehörige selbstverständlich schützen. Aber der

Ausdruck von Wut und Kummer sind so früh auf dem Trauerweg auch hilfreich, es staut sich nichts auf, was später den Trauerprozess beschwert. Falls es »stabile Personen« vor Ort gibt, können sie eine große Hilfe sein. Sie können ohne eigene Ängste einfach da sein und dem Trauernden in seinem starken Gefühlsausdruck Halt geben, so dass er gleichzeitig sich selbst und die überwältigenden Gefühle spüren kann. So verliert man die Angst, »verrückt zu werden«, und erlebt, dass auch ein so starker Schmerz ausgelebt werden kann und darf! »Stabile Personen« sind manchmal berufsmäßige HelferInnen, z. B. Pflegende, Kriseninterventions-Mitarbeiter oder eine Bestatterin. Eine Freundin erzählte mir, dass ihre Mutter in einem katholischen Krankenhaus gestorben war. Sie wollte sich um ihren Vater und die Geschwister kümmern, doch sie fühlte sich wie gelähmt. Eine sehr alte Nonne, die den Flur entlangkam, blieb stehen, und als sie sah, wie es ihr ging, setzte sie sich einfach zu ihr, nahm ihre Hand und erklärte ihr ruhig, was nun geschehen würde. Das beruhigte meine Freundin und gab ihr die Möglichkeit, ihre Wünsche für den Abschied auszudrücken.

Manchmal sind Sie als UnterstützerIn solch eine »stabile Person«. Das ist eine unschätzbare Hilfe für den Trauernden, und wahrscheinlich sind Sie selber dankbar, bei ihm sein zu können. Vergessen Sie nicht, sich nach so einem »Einsatz« zu erholen und wieder Zeit und Raum für Ihren eigenen Kummer zu finden.

Überleben kann wichtiger sein als Gefühle spüren

Manche Menschen betreten die Facette der Gefühle so früh im Trauerprozess nur mit den Zehenspitzen. Dann hat sich die Facette des »Überlebens« über alle anderen Facetten geschoben. Diese Menschen wirken auf andere »kalt« und »gefühllos«, wenn sie sofort beginnen, das Zimmer auszuräumen und andere Dinge zu erledigen. Es kann sein, dass diese Menschen tatsächlich kaum Gefühle entwickeln, weil der Verlust für sie nicht groß ist. Es kann aber auch sein, dass das »Funktionieren« ihre gewohnte Krisenbewältigung ist. Diese Menschen können buchstäblich nicht »raus aus ihrer Haut«, die in solchen Momenten eher ein Korsett ist – es gibt Halt, aber es engt auch ein, schnürt die Luft ab und macht unnahbar.

Medikamente und Gefühle

Trauernden wird heute häufig ein Beruhigungsmittel angeboten. Das beruhigt die privaten UnterstützerInnen und die berufsmäßigen HelferInnen und vermittelt den Eindruck, man habe etwas getan. Die Betroffenen selbst sind gar nicht immer der Meinung, dass sie durch Medikamente beruhigt werden müssten. Gefühlsausdruck ist nicht gefährlich, sieht aber von außen manchmal so aus. Lautes Weinen und Klagen sind für Betroffene entlastend, auch wenn man sich hinterher vielleicht schämt, dass man so sehr die »Kontrolle verloren« hat. Als Alternative zur Ruhigstellung durch Medikamente bieten sich an:

Trittsteine für den Ausdruck von Gefühlen

- *Eine »stabile Person«, die den Überblick behält und ohne Angst ist. Ein stabiler Freund oder berufsmäßiger Helfer bleibt voller Liebe und Respekt und hält aus, was immer an Gefühlen da ist. Er hält den Trauernden in der Gegenwart, so dass auch im stärksten Gefühlsausdruck noch spürt, dass er lebt und dass jemand für ihn da ist. Eine Hand auf dem Rücken oder dem Oberarm vermittelt meist genug Halt und Kontakt.*

- *Hilfreich können auch »praktische UnterstützerInnen« sein, die sich um die Kinder oder andere Angehörige kümmern. Trauernde können sich dann den eigenen Gefühlen hinge-*

ben, ohne Angst um andere haben zu müssen. Auch für die erste unruhige Nacht können vertraute Menschen, die einen nicht allein lassen und vielleicht sogar im selben Bett schlafen, tröstlicher sein als ein Beruhigungsmittel.

- *»Praktische UnterstützerInnen«, die mit Sterbesituationen vertraut sind, können ebenfalls hilfreich sein. Sie geben Rat und veranlassen, dass die Entscheidungen der Trauernden auch umgesetzt werden.*
- *Ein separater Raum, in dem man seinen Gefühlen freien Lauf lassen kann, ohne andere (vor allem Kinder) damit zu erschrecken, kann hilfreich sein.*

Selbstsorge für die Gefühle der UnterstützerInnen

Wenn Sie als »stabile Person« einen starken Gefühlsausbruch mitgetragen haben, kann es sein, dass Ihre eigenen Gefühle mit großer Verzögerung zum Vorschein kommen. In unerwarteten Momenten fangen Sie eventuell selbst an, zu weinen oder zu zittern, in Erinnerung an die emotionale Wucht, die Sie aufgefangen haben. Es ist wahrscheinlich, dass Sie selbst starke Gefühle entwickelt haben, als Sie den Trauernden in seinem Gefühlsausdruck unterstützt haben. Ihre eigenen Gefühle können Traurigkeit sein, aber auch Angst, Überforderung und sogar Wut darüber, dass Ihnen »das hier« vom Schicksal zugemutet wird. Manche Menschen entwickeln angesichts einer intensiven Situation so etwas wie »Galgenhumor« und finden sogar im Lachen Entlastung

Geschichte vom Lachen und Weinen in Gemeinschaft

Eine Sterbebegleiterin erzählte mir diese Geschichte, in der sie als »stabile Person« und »praktische UnterstützerIn« am Sterbebett einer jungen Mutter hilfreich sein konnte: Eine alleinerziehende junge Frau war an Krebs erkrankt, und mit Hilfe des

ambulanten Hospizdienstes konnte sie ihren Wunsch, zuhause zu sterben, verwirklichen. Ihre drei Töchter im Alter von vier, sieben und neun Jahren waren ihrer Mutter in deren letzten Lebensmonaten so nah wie möglich, sie hatten alle Zeiten der Erkrankung miterlebt und gingen unbefangen damit um, dass mitten in ihrem Wohnzimmer das Krankenbett, Infusionsständer und andere medizinische Geräte für die Mutter standen. Die ehrenamtliche Helferin des Hospizdienstes war zu ihrem regelmäßigen Besuch bei der Familie, als die Mutter starb. Das kam in diesem Moment überraschend, und zunächst waren die Hospizhelferin und die Kinder unsicher, was nun zu tun sei. Sie benachrichtigten natürlich den Hausarzt, und während sie auf ihn warteten, kletterte die jüngste Tochter auf das Bett der soeben verstorbenen Mutter und rollte sich neben ihr ein. Nach einigem Zögern suchten die älteren Mädchen sich ebenfalls einen Platz auf bzw. nah am Bett, sie weinten und streichelten die Mutter. Nach einer Weile nahm die Hospizmitarbeiterin ein Fotoalbum, das die Mutter bis kurz vor ihrem Tod für die Kinder angefertigt hatte und das noch neben dem Bett lag. Sie schlug es auf und zeigte den Mädchen die ersten Bilder. Im Lauf der nächsten halben Stunde mischten sich Tränen und Gekicher, als die Töchter sich mithilfe der Bilder im Album an Situationen mit ihrer Mutter erinnerten. Als der Arzt kam, um den Tod zu bescheinigen, richtete die Hospizmitarbeiterin einen kleinen Imbiss für die Mädchen. Sie nahmen das Album mit in die Küche und verbrachten den ganzen Nachmittag zwischen der Verstorbenen und der Küche, zwischen Lachen, Weinen und einfach Essen und Spielen, während auch Freundinnen und die Eltern der Verstorbenen zum Abschiednehmen eintrafen.

Trauerfacette Sich anpassen – Aushalten, Ermutigen

Die meisten Menschen erleben nur wenige Male im Leben den Tod eines nahen Angehörigen oder Freundes. Die Situation ist jedes Mal überwältigend und neu. Man weiß gar nicht recht, wie man sich daran »anpassen« soll, es fehlen vertraute Routine und Erfahrungswerte. Gerade in den Sterbestunden und kurz danach braucht man Menschen, die sich mit dieser Situation auskennen. Sie sind wie Lotsen, die die verschiedenen Möglichkeiten und Wege in dieser unübersichtlichen neuen Situation erklären können. Diese erfahrenen Lotsen sind häufig berufliche HelferInnen. Nur in Ausnahmefällen sind Freunde und Verwandte schon so oft mit Sterbefällen konfrontiert gewesen, dass sie als Lotsen dienen können. Was Sie als UnterstützerIn tun können, klingt nach wenig, ist aber viel: bleiben Sie stabil und unaufdringlich einfach da. Sie sind außerdem wichtig, um die Trauernde zu ermutigen, sich durchzusetzen, damit sie möglichst viel einbezogen wird in die Entscheidungen, die jetzt zu treffen sind.

Nichts ändern können

Das Sterben eines anderen Menschen gehört ihm selbst – er stirbt seinen eigenen Tod. Die Menschen, die ihn lieben, möchten sein Sterben durch ihre Unterstützung möglichst schmerzfrei und leicht gestalten; aber ganz am Ende des Weges geht jeder Mensch seinen letzten Schritt allein. Das ist eine Erfahrung absoluter Ohnmacht für die, die zurückbleiben – die Weiterlebenden können es nicht ändern. Sie können nicht ändern, DASS jemand stirbt. Sie können nicht einmal entscheidenden Einfluss darauf nehmen, WANN und WIE es geschieht. (Und wenn doch, wenn man z. B. entscheiden soll, ob lebenserhaltende Geräte eines für hirntot erklärten Sterbenden abgestellt werden, dann erlebt man das nicht als freie

Entscheidung, sondern als Zwang.) Dieses »Gezwungensein« können Sie als UnterstützerIn ansatzweise nachvollziehen. Auch Sie sind in eine Situation hineingekommen, die Sie sich nicht gewünscht haben und auf die Sie nur begrenzten Einfluss haben. Das Leid des trauernden Menschen, den Sie unterstützen, rührt Sie an, aber Sie erleben auch schmerzhaft, wie wenig Sie daran ändern können. In der Unterstützung des Trauernden spielen Sie nicht immer die Rolle, die Sie vielleicht gern spielen würden. Sie können oft nur beobachten und immer wieder als Stütze dienen. Gleichzeitig beginnen Sie, sich selbst auf die veränderte Situation in der Beziehung zum Trauernden einzustellen.

Handlungsmöglichkeiten oder Bevormundung

So groß die Ohnmacht angesichts des Sterbens an sich ist, so gibt es doch vieles, was Angehörige und Freunde entscheiden und tun können. Es gibt winzige Wahlmöglichkeiten: sitzen bleiben oder eine Weile ans Fenster treten. Jemanden in den Arm nehmen oder still für sich sein. Den Gefühlen freien Lauf lassen oder sie unterdrücken. Das sind die kleinen Handlungsspielräume des Moments. Dabei geht es nicht um richtig oder falsch, sondern nur darum, dass Bewegung und Wahl im Kleinen möglich sind.

Je mehr Handlungsspielräume Trauernde von Anfang an haben, desto selbstbewusster gehen sie ihren weiteren Trauerweg. Berufsmäßige und private Helfende haben manchmal den Drang, den überwältigten Angehörigen alles aus der Hand nehmen zu wollen. Aber meiner Erfahrung nach verstärkt das die empfundene Hilflosigkeit noch. Es ist schlimm genug, dass man dem Sterben des geliebten Menschen ausgeliefert ist, man möchte nicht auch noch einem Bestatter oder einer Seelsorgerin »in die Hände fallen«, die gegen das eigene Empfinden handelt. Bevormundung und Besserwisserei nehmen Trauernden gleich zu Beginn ihres Trauerweges die Luft zum ohnehin mühsamen Weiteratmen. Man muss sich dann nicht nur an den Tod des geliebten Menschen anpassen, sondern in erster Linie an das Regelsystem einer Organisation oder Einzelperson. Das kann eine stationäre Einrichtung sein, die darauf besteht, alle Besitztümer des soeben Verstorbenen sofort wegzuräumen. Das kann ein Bestattungsunternehmen sein, das keine Informationen über die Möglichkeiten von Aufbahrung und Abschiednehmen gibt. Das können auch Familienangehörige sein, die über den Kopf von Kindern und Jugendlichen hinweg bestimmen, wie verfahren wird. Die Ohnmacht wird dadurch verdoppelt.

Tipp

- *Versuchen Sie, in Ihren eigenen Angeboten den Unterschied zwischen Unterstützung und Bevormundung zu spüren. Es geht um die Handlungsspielräume der Trauernden, nicht um die der Helfenden!*
- *Eine Formulierung, die ich mir in solchen Momenten gut merken kann, ist: Hilfe zur Selbsthilfe statt Bevormundung!*

Ohnmacht und Handlungsspielräume

Beim Rückblick auf die ersten Stunden merken Sie wahrscheinlich, dass das Miterleben einer Todesstunde oder Todesnachricht eine unerwartet schwere Tätigkeit war. Sie haben viel mitgetragen. Für Sie gab es wenige Einflussmöglichkeiten auf die Gesamtsituation und auf die Verfassung des Trauernden. Das kann auch für Sie ein starkes Ohnmachtserlebnis sein, und es mag sein, dass Sie das Aushalten und Abwarten nicht gut oder einfach nicht sehr lange ertragen haben und »endlich« etwas tun wollten. Dann haben Sie eventuell Druck auf Pflegende, Notfallhelfer oder die Trauernde selbst ausgeübt. Vielleicht sind Sie wütend geworden, weil Sie das

Gefühl, nutzlos zu sein, nicht mehr aushalten konnten. Das sind verständliche Reaktionen. Wenn Sie im Rückblick merken, dass Sie lieber anders reagiert hätten, oder wenn Sie vermuten, dass der Trauernde durch Ihr Verhalten verletzt wurde, suchen Sie das Gespräch. In den ersten Stunden nach einem Tod beginnt der Trauerweg des anderen, und es beginnt Ihr Weg als UnterstützerIn dieses Weges. Sie sind unvorbereitet in diese Rolle geschlüpft, und es ist verständlich, wenn das nicht auf Anhieb perfekt war. Falls es gleich zu Beginn ein Missverständnis oder eine Verletzung gegeben hat, tut es Ihnen beiden gut, das aus der Welt zu schaffen.

Geschichte von selbstbestimmter Zeit beim Abschied

Familie Teufert schrieb mir diese Geschichte über den Tod ihrer zweieinhalbjährigen Tochter Finja und die Möglichkeiten, die ihnen im Krankenhaus angeboten wurden: »Der Virus hatte sie sehr geschwächt und ihr Zustand wurde immer schlechter. Nach drei Tagen hatte ihr kleines Kämpferherz keine Kraft mehr. In unserem Beisein verlor sie den Kampf. Es kam so unerwartet, wir konnten es kaum fassen. Hier gilt unser Dank dem tollen Team der Intensivstation, welches uns in dieser Situation zur Seite stand und uns sehr geholfen hat. Man ließ uns zunächst mit unserer Tochter allein. Sie lag in ihrem Krankenhausbett, und wir konnten uns dazulegen. Wir durften sie spüren und berühren. Dabei schaute regelmäßig jemand durch das Fenster in der Tür, um zu sehen, wie es uns ging. Nach einiger Zeit kam der Stationsleiter zu uns, den wir schon lange kannten. Er bot an, Finja mit uns zusammen zu waschen und anzuziehen. Mein Mann überließ es mir, und so wusch ich sie ein letztes Mal und zog ihr die von uns ausgesuchte Kleidung an. Mein Mann hatte zwischenzeitlich unsere Eltern angerufen. Auch sie durften auf die Intensivstation kommen und sich verabschieden. Später haben sie uns gesagt, dass es ihnen sehr geholfen hat. Zwei Stunden später haben wir selbst entschieden, zu gehen. Das Krankenhaus bot uns noch an, wiederzukommen, aber wir hatten uns verabschiedet.«

Trauerfacette Verbunden bleiben – Aushalten und Unterstützen

Diese Facette kann für UnterstützerInnen zur Herausforderung werden. Am Anfang des Trauerweges ist das Zusammenleben mit dem Menschen, der gerade gestorben ist, noch ganz nah. Im Moment des Todes ist die emotionale Verbindung genauso stark wie in all den Momenten des gemeinsamen Lebens. Man weiß vielleicht schon mit dem Verstand, dass dieser Mensch gestorben ist, aber die Gefühle und die innere Verbundenheit hören deshalb nicht einfach auf. Viele Trauernde möchten deshalb möglichst viel körperliche Nähe und Kontakt mit dem Verstorbenen teilen. Dazu gehören:

- *Die Verstorbene sehen, spüren, waschen, ankleiden.*
- *Mit dem Verstorbenen sprechen, sagen, was noch zu sagen ist.*
- *Dem Menschen, der gerade gestorben ist, »eine gute Reise wünschen«.*

Als UnterstützerIn haben Sie wahrscheinlich nicht dieselben Bedürfnisse und können eventuell nicht verstehen, was der Trauernde sich wünscht. Sie müssen das auch gar nicht verstehen und schon gar nicht teilen. Aber es tut dem Trauernden gut, wenn Sie ihn dabei unterstützen, seine Wünsche auszusprechen, und dann alles dafür tun, dass diese Wünsche umgesetzt werden. Dazu kann auch gehören, dass Sie sich eine Weile zurückziehen und den Trauernden mit dem Verstorbenen alleinlassen.

Tipp

Selbst wenn Sie den Verstorbenen kaum gekannt haben, sind Sie nun Teil der Situation und möchten sich vielleicht kurz verabschieden und dem Menschen, der gerade gestor-

ben ist, auf Ihre Art »eine gute Reise wünschen«. Das gilt umso mehr, wenn Sie selbst um den Verstorbenen trauern. Dann brauchen auch Sie einen Raum für Ihre Wünsche nach Nähe und Abschied. Versuchen Sie, sich selbst in Ihrer Trauer ernst zu nehmen und für sich selbst einzustehen. Sie dürfen auch selbst trauern, Sie müssen sich nicht auf die Rolle des Unterstützers reduzieren!

Geschichte vom Wegschicken

In der Nacht, in der meine Freundin plötzlich gestorben ist, habe ich – als Polizei und Sanitäter ihre Arbeit gemacht hatten und die wichtigsten Anrufe erledigt waren – alle weggeschickt. Eine Freundin, die zufällig zu Besuch gewesen war, hatte geduldig die ganze Zeit gewartet und mir auch angeboten, bei mir zu bleiben. Ich wollte sie nicht bei mir haben. Ich wollte nicht einmal die Jacke, die sie mir anbot, damit ich ein Zeichen von ihr zum Trost hatte. Ich wollte nur mit meiner verstorbenen Freundin reden – also habe ich mich in ihr Zimmer gesetzt, unsere Lieblingsplatte aufgelegt und auf ihrem Papier einen langen Brief an sie geschrieben und in die Nacht geweint. Die Musik, die Nacht und meine tote Freundin – sie waren die einzigen, mit denen ich dieses schreckliche Unglück teilen konnte.

Trauerfacette Einordnen – Aushalten, Angebote machen und sich zurücknehmen

Diese Facette des Trauerns erwarten wir von der Zeit lange nach dem Tod. Aber in Wirklichkeit beginnt schon am Sterbebett das Geschichten-Erzählen. Wenn eine alte Gartenliebhaberin, die sich nach ihrem dritten Schlaganfall noch einmal nach Hause entlassen ließ, inmitten ihrer Rosen tot aufgefunden wird, dann ordnen wir das als richtig, stimmig und friedlich ein. Bei rätselhaften und überraschenden Toden gelingt das nicht so leicht. Man hat dann noch nicht einmal das genaue »Wie« des Sterbens verstanden, wie könnte man es sich selbst als in irgendeiner Weise sinnhaft erklären? Gedanken und Begründungen können wie Schemen am Rand des Bewusstseins auftauchen und alte Glaubenssätze sprechen lassen. Da kann es z. B. heißen: »Wusste ich doch, dass ich kein Glück verdient habe«, oder: »Mir wird alles geraubt, was ich liebe, ich bin der geborene Pechvogel«, aber auch: »Gott gibt und Gott nimmt, ich füge mich.« Solche schemenhaften Gewissheiten können wie Wolken durch das Bewusstsein ziehen, ohne wirklich bemerkt oder hinterfragt zu werden. Erst im Lauf des weiteren Trauerweges werden sie dann irgendwann ausgesprochen und überprüft werden.

Tipp

- *Es ist einfach, einer anderen zu sagen, dass sie sich irrt. Vor allem, wenn ihre Erklärungsversuche schmerzhaft und abwertend klingen und wenn Schuldvorwürfe ausgesprochen werden. Halten Sie sich trotzdem möglichst zurück, damit Sie nicht bevormundend und besserwisserisch wirken.*

- *Ihr stabiles Dasein als Unterstützerin und Ihr Aushalten aller Gefühle und Gedanken der Trauernden, die auftauchen, vermitteln ihr Sicherheit. Das ist wichtiger als eine »richtige« Deutung der Geschehnisse.*

Geschichte, in der verschiedene Deutungen unterschiedliche Gefühle auslösen

Eine Klientin erzählte mir diese Geschichte: Ihr Mann hatte sich im gemeinsamen Gartenbaubetrieb auf die Züchtung eines ganz bestimmten Baumes spezialisiert. Ein Prachtexemplar dieser Baumart stand vor ihrem Schlafzimmer. Ihr Mann war nach seiner letzten Krebsbehandlung zum Sterben zurück nach Hause gekommen, und die ganze Familie war bei ihm im Schlafzimmer, als er starb. Der Sterbeprozess war schwer, erst langsam wirkten die Schmerzmittel, und dann bat der Mann, dass es ruhig sein solle. Es wurde so still, dass die Frau und ihre gemeinsamen erwachsenen Kinder mit ihren PartnerInnen bei ihm im Zimmer immer wieder eindösten. In den Morgenstunden waren alle um ihn herum eingeschlummert, und als sie aufwachten, war der Mann gestorben. In den ersten Monaten danach machte die Frau sich schwere Vorwürfe, dass sie den Moment des Sterbens buchstäblich »verschlafen« hatte. Erst in einem Gespräch mit ihren Kindern erinnerte sie sich an den ausdrücklichen Wunsch ihres Mannes nach Ruhe im Zimmer und spürte noch einmal die erschöpfte, aber auch geborgene Stille, in der sie eingenickt war. Schließlich kam eine Erinnerung, die sie ganz vergessen hatte: Beim Blick aus dem Fenster in den Morgenhimmel war es wie ein Schneetreiben gewesen. Der blühende Baum, den ihr Mann so geliebt hatte, verlor innerhalb weniger Minuten alle seine Blüten. Für ihre Kinder blieb das einfach seltsam, aber für sie selbst bekam diese Nacht, in der ihr Mann gestorben war, dadurch etwas Besonderes und Tröstliches, als wäre sogar der Baum beteiligt und in Trauer gewesen.

Die ersten Wochen

Wochenlanger Ausnahmezustand

Die Zeit zwischen Tod und Bestattung und noch einige Wochen darüber hinaus ist eine besondere Zeit. In vielen Religionen gelten die ersten vierzig Tage – oder die ersten sechs Wochen – als die Zeit, in der die Seelen der Verstorbenen sich immer weiter von den Lebenden entfernen. Gleichzeitig wird von den Trauernden erwartet, die ersten Schritte in ihr verändertes Leben zu gehen. Für spirituelle Erfahrungen ist in der heutigen Gesellschaft während der ersten Wochen wenig Zeit. Der Kreis der Menschen, die als »stabile Personen« und »praktische UnterstützerInnen« in Frage kommen, erweitert sich: Freunde, Bekannte, Nachbarn und Familienangehörige können in diesen Wochen abwechselnd konkrete Handreichungen und einzelne Aufgaben übernehmen. Sie können auch stundenweise als »stabile Person« für den Trauernden bzw. die verschiedenen Trauernden da sein. Das ist besonders hilfreich, wenn ein ganzes Familiensystem trauert, z. B. wenn ein Mann Mitte vierzig stirbt. Dann trauern seine Frau, seine Kinder, seine Eltern und seine Geschwister, und vielleicht sein bester Freund, seine Geschäftspartnerin und seine Exfrau. Idealerweise gibt es UnterstützerInnen für jeden einzelnen Erwachsenen und auch für die Jugendlichen und Kinder.

Für Sie als UnterstützerIn geht das Krisenmanagement weiter. Die Tage und Wochen bis zur Bestattung sind ein langer Ausnahmezustand für Trauernde. Sie selbst beginnen mit dem Spagat zwischen Ihrem Alltag und der Krisensituation des Trauernden, dem Sie unterstützend zur Seite stehen. Dabei kann es Ihnen helfen, auf das Netzwerk aus anderen UnterstützerInnen zu vertrauen und immer wieder zu überprüfen, was Sie an andere abgeben können.

Praktische Unterstützung

Beobachten Sie mit offenen Augen: wo könnte tatkräftige Hilfe gebraucht werden? Lassen Sie die Trauernde alles das selbst erledigen, was sie schafft, und werden Sie nur da aktiv, wo Lücken bleiben. Bieten Sie Ihre Mitarbeit bei konkreten kleinen Aktivitäten an – z. B. etwas kochen, jemanden fahren, etwas einkaufen, mit einem Kind spielen, den Hund ausführen, eine Liste schreiben. Probieren Sie aus, was angenommen werden kann, und seien Sie nicht enttäuscht, wenn etwas abgelehnt wird – viele Menschen haben eine große Scheu, sich helfen zulassen, und fühlen sich beschämt dadurch.

Stabile Person

Es kann sein, dass Trauernde sich in den ersten Tagen und Wochen in einer Art Schockzustand befinden. Dann weinen und klagen sie wenig, sie wirken wie unter einer Glasglocke und fühlen sich auch so. Sie funktionieren in erster Linie, um alles zu erledigen, was bis zur Beerdigung getan werden muss. Manchmal reißt diese Schutzglocke auf und ein heftiger Schmerz bricht sich Bahn, dann ist von einem Moment zum anderen die Fähigkeit als »Fels in der Brandung« gefragt. Bei der Abschiedsfeier/Bestattung sollten Menschen mit dieser Fähigkeit sich bereithalten, den Trauernden zur Seite zu stehen. Wenn möglich, besprechen Sie das vorher mit der Trauernden. Eine stabile Bezugsperson für jedes beteiligte Kind wäre entlastend für Kinder und Erwachsene. Sehen Sie sich im Familien- und Freundeskreis um, gibt es die Patentante, den Sportlehrer, die Mutter einer guten Schulfreundin, die sich als AnsprechpartnerIn für diesen Tag zur Verfügung stellen können?

Mitmenschliche Normalität

Auch wenn diese ersten Wochen ein permanenter Ausnahmezustand sind – es wird geweint und gelacht. Alles ist anders, aber es wird Pizza gegessen. Lassen Sie sich auf diese »normalen« Momente ein. Erlauben Sie sich Ihre eigene Alltagsnormalität. Sie müssen kein schlechtes Gewissen haben, wenn Sie in ein Zuhause zurückkehren, das nicht von Verlust erschüttert ist.

Trauerfacette Überleben – Krisenmanagement

Wie in einer Schleuse

Stabilität und praktische Unterstützung werden in diesen Wochen auch von spezialisierten Berufsgruppen angeboten. Sie sind auf diese extremen Lebenssituationen vorbereitet und können mit ihrem Fachwissen wichtige Unterstützung auf Zeit geben. Das sind die Seelsorgerin oder der Redner, die Musiker, die Floristin und die Gestalter von Traueranzeigen, aber vor allem die Mitarbeitenden der Bestattungshäuser. Sie sind dazu da, die Trauernden zu ermutigen und Handlungsmöglichkeiten anzubieten, an die man selbst nicht gedacht hat. Oft erledigen und organisieren sie Dinge im Hintergrund und entlasten damit die Trauernden und ihre privaten UnterstützerInnen. Am meisten Kontakt haben Trauernde mit den Mitarbeitenden des Bestattungshauses. Deshalb ist die Wahl des Bestattungsinstituts etwas, das man nicht dem Zufall überlassen sollte. In vielen Gegenden Deutschlands (auch außerhalb von Großstädten) arbeiten heute moderne BestatterInnen, die Wert darauflegen, den Hinterbliebenen möglichst viele Beteiligungsmöglichkeiten einzuräumen. Meine Kollegin Ruth-Marijke Smeding hat den

Begriff »Schleusenzeit«® (Mit freundlicher Genehmigung der Autorin) geprägt für die Zeit zwischen Tod und Bestattung. Sie hat darauf hingewiesen, wie wichtig MitarbeiterInnen von Bestattungshäusern, Pfarrer und freie RednerInnen sind. Sie nennt sie »Schleusenwärter«®, die wie Lotsen auf der ersten kurzen Strecke des Trauerweges arbeiten und dabei helfen, den Kurs zu halten. Dazu gehört ein tiefer Respekt vor dem Leben UND dem Tod. »Schleusenwärter«®, die ungeduldig und bevormundend sind, machen ihre Arbeit nicht gut. Von solchen Menschen und Firmen kann man sich distanzieren. Die Zeit zwischen Tod und Bestattung erleben viele Trauernde als Zeit des Funktionierens, in der es vor allem um das »Überleben« geht. In allem Organisieren und Erledigen nimmt man kaum wahr, dass man auch in den anderen Bereichen des Trauerprozesses bereits wichtige Erfahrungen macht. Vor allem das Verstehen der »Wirklichkeit« eines Todes steht im Mittelpunkt dieser Übergangszeit. »Gefühle« dürfen gezeigt werden oder sind hinter der inneren Schutzwand verborgen. Die Tragfähigkeit des sozialen Netzes erweist sich – oder auch nicht. Viele Erinnerungen an den Verstorbenen werden ausgetauscht, und ein erster Versuch, das ganz Besondere, Charakteristische an diesem Menschen zu formulieren, geschieht in der Ansprache der Beerdigungs- oder Abschiedsfeier.

Der Tod des Anderen und das eigene Überleben ohne ihn sind so kurz nach dem Sterben noch ganz neu und ungewohnt für den Trauernden, vielleicht auch schockierend. Das eigene Überleben kann sich bedroht anfühlen durch Trennung und Tod – so sehr, dass alle weiteren Trauerfacetten erst dann Raum bekommen, wenn das Überleben gesichert ist. Aber auch, wenn man sicher ist, diese Situation überleben zu können, ist der Tod eines nahen Menschen fast immer eine Ausnahmesituation, die beunruhigt und herausfordert. Vieles ist anders als zuvor, und viele bisher praktizierte Wege, sich zu beruhigen und mit Krisen umzugehen, funktionieren in diesem Moment nicht – weil sie häufig mit dem Verstorbenen zu tun hatten. Nach einem Tod greifen Trauernde deshalb oft auf sehr alte Strategien zurück, mit denen sie sich schon früher, als Kind und Jugendlicher, beruhigt oder in Sicherheit gebracht haben. Für die aktuelle Situation sind sie manchmal unpassend, trotzdem greift man, ohne darüber nachzudenken, auf sie zurück. Sie vermitteln ein kleines Stück Sicherheit mitten in dem unsicheren, unbekannten Lebensabschnitt. Nach den Überlebensstrategien der ersten Stunden braucht es nun Überlebens-Wege, die auch mehrere Wochen lang tragen. Im Bild des Trauermarathons heißt das: Nach dem Start ist nun die erste Strecke zu bewältigen, es geht jetzt um das Durchhalten eines längeren Zeitraums. Das gilt für den Trauernden und eventuell auch für Sie in Ihrer Unterstützungsrolle. Überlebensstrategien können in den ersten Wochen ganz unterschiedlich aussehen, hier eine unvollständige Auswahl:

- *Ohne Pause alles abarbeiten, was zu tun ist.*
- *Sich abschotten und zurückziehen, die sich verändernde Welt einfach nicht beachten.*
- *So tun, als wäre gar nichts geschehen.*
- *Sich mit Medikamenten, Alkohol oder Drogen betäuben.*
- *Zusammenbruch.*
- *So viel Normalität aufrechterhalten wie nur möglich. Vor allem Kinder und Jugendliche überleben mithilfe der gewohnten Routinen. Sie möchten genauso essen, spielen, zu Bett gehen wie zuvor.*
- *Unterstützung annehmen, sich helfen lassen.*

- *Unterstützung suchen.*
- *Sich nicht alles aus der Hand nehmen lassen. Mitentscheiden. Mitgestalten.*
- *Aggressiv sein, streiten.*
- *Unbeugsam sein, auf das eigene Recht bestehen.*

Jede dieser Strategien hilft dem, der sie anwendet, beim Überleben. Manche dieser Strategien machen jedoch anderen das Überleben schwerer. Vor allem Aggressionen, totaler Rückzug oder Zusammenbruch lösen bei Familienmitgliedern und Freunden große Sorgen aus. Die folgenden Trittsteine für das eigene Überleben helfen, bei sich zu bleiben – als Trauernder und als UnterstützerIn. Danach folgen Trittsteine für das Zusammenbleiben und gemeinsame Überleben als Familie oder Freundeskreis.

Wichtig: Diese Reihenfolge gilt für den gesamten weiteren Trauerweg: Man muss erst für sich selbst sorgen, damit man überhaupt für die anderen da sein kann!

Trittsteine für das Überleben von Trauernden und Unterstützenden

- *Menschen, die geduldig und zuverlässig da sind, ohne Vorschriften zu machen.*
- *Menschen, die vieles möglich machen.*
- *Für den Körper: Genug trinken, aber möglichst wenig Kaffee und Alkohol.*
- *Für den Körper: Essen, soweit es möglich ist – am besten etwas Warmes und Nährendes.*

- *Zur Beruhigung und Stabilisierung: Kleider, Gegenstände, Orte, die als angenehm, vielleicht sogar tröstend wahrgenommen werden.*

- *Zur Beruhigung und Stabilisierung: Wenn Sie damit vertraut sind: Atemübungen zur Beruhigung, einfache Stabilisierungsübungen aus dem Yoga, Chi Gong oderTai-Chi, Gebet oder Meditation.*

- *Zur Beruhigung: Pflanzliche Beruhigungsmittel als Tee oder Dragees (Baldrian, Hopfen, Melisse, Lavendel), beruhigende und stabilisierende Gerüche (Lavendel), Bachblüten-Notfalltropfen.*

- *Zur Beruhigung in Ausnahmefällen: verschreibungspflichtige Medikamente als Tablette oder Spritze.*

Trittsteine für das gemeinsame Überleben in der Familie oder dem Freundeskreis

- *Geduld miteinander!*

- *Toleranz für die unterschiedlichen Überlebensstrategien statt Besserwisserei.*

- *Ein möglichst großes Netzwerk von »stabilen Personen« und »praktischen UnterstützerInnen« aus dem Freundeskreis, der entfernteren Verwandtschaft und von beruflichen UnterstützerInnen.*

- *Möglichst viele Alltagsroutinen für die Kinder der Familie.*

- *Zusammensein, möglichst niemanden wegschicken, vor allem nicht die Kinder.*

- *Austausch, so wie er möglich ist – wenn Reden nicht geht, sind auch Blicke, Umarmungen, einfaches Beieinandersein ausreichend.*

- *Gemeinsame Entscheidungen über das, was zu erledigen ist.*

- *Alle Bedürfnisse berücksichtigen, auch die der Kinder und Jugendlichen.*

Fachliche Unterstützung

Die Mitarbeitenden eines Bestattungshauses sind, wie gesagt, die wichtigsten Ansprechpartner für Trauernde in den ersten Wochen. Es ist hilfreich, ein Unternehmen zu wählen, das Wert auf Unterstützung und Gestaltungsspielräume legt. Der Redner oder die Pfarrerin bei der Beisetzung oder Abschiedsfeier kann eine wichtige Hilfe sein, um Erinnerungen zu ordnen und einen würdevollen Abschied zu gestalten. Floristen, Musikerinnen, Anzeigengestalter und Texter stellen ihre Kompetenzen zur Verfügung. Der Hausarzt kann bei Bedarf Trauernde, aber auch Unterstützer für einige Tage krankschreiben und den Trauernden erste Hinweise geben, wie sie sich mit pflanzlichen Mitteln oder in Ausnahmefällen mit Medikamenten stabilisieren können. Trauerbegleitung und Psychotherapie sind in den ersten Wochen selten nötig, sie setzen erst später ein, wenn man übersehen kann, was man für den weiteren Trauerweg braucht. Denken Sie daran, dass Millionen Menschen jedes Jahr ihre Trauerwege beginnen und dazu in der Lage sind!

Übung: Rückblick auf die letzten Wochen

Nehmen Sie sich eine halbe Stunde Zeit und ziehen Sie sich an einen ruhigen Ort zurück. Nehmen Sie etwas zu trinken und etwas zum Aufschreiben mit. Setzen Sie sich bequem hin und schließen Sie für einige tiefe Atemzüge die Augen. Nun sind Sie bereit, einen genaueren Blick auf die letzten Wochen zu werfen. Wenn die Ereignisse wie ein Film vor Ihnen ablaufen können, wie sehen Sie den Trauernden? Wie sehen Sie sich selbst? Betrachten Sie das, was Sie erinnern unter dem Blickwinkel der Überlebensstrategien. Wenn Sie möchten, legen Sie eine Liste an und schreiben Sie die Antworten auf die folgenden Fragen hinein:

- *Wie sehen die Überlebensstrategien des Trauernden aus, den Sie unterstützen?*
- *Wie haben sich die Strategien verändert?*
- *Welche der Strategien können Sie gut aushalten, welche finden Sie eindrucksvoll, welche finden Sie schwierig auszuhalten?*
- *Wie sehen Ihre eigenen Überlebens-Mittel in dieser Ausnahmesituation aus, haben sie sich verändert?*

Sehen Sie nach dem Schreiben auf das, was Sie notiert haben, und lassen Sie Ihre Gefühle und Gedanken fließen, ohne einzelne festzuhalten. Spüren Sie, dass es gute Momente, Stolz und ganz viel Liebe gab. Wenn es auch Unmut, Scham, Angst und Hilflosigkeit gab, lassen Sie die vorüberziehen. Alles, was auf Ihrer Liste steht, verdient Respekt.

Gibt es etwas, was Sie für sich selbst ändern möchten? Der Trauernde macht es, so gut er es kann; ihn können Sie nicht verändern. Aber für sich selbst können Sie vielleicht kleine Änderungen ansteuern?

Verstauen Sie Ihre Liste an einem sicheren Ort, stehen Sie auf, schütteln Sie sich einmal und kehren Sie zurück in den Alltag. Am besten mit einer kleinen Belohnung für sich selbst, z. B. einer Tasse Tee oder einem Musikstück, das Sie gern hören.

Diese Übung finden Sie als Download auf www.trauerkaleidoskop.de.

Geschichte der Überlebensstrategie eines jungen Vaters

Antoine Leiris beschreibt in seinem Buch »Meinen Hass bekommt ihr nicht«, wie er in den ersten Tagen nach dem Tod seiner Frau mit dem gemeinsamen, siebzehn Monate alten Sohn überlebt: »Seit Freitag ist Melvil allein Herr über die Zeit. Als Dirigent gibt er mit seinem Taktstock den Rhythmus unserer beiden Leben vor. Das Aufwachen, die Mahlzeiten, die Mittagsschläfchen, das Zubettgehen. Was bedeuten schon die Stunden, er beschließt, wann das Universum aufstehen muss, und ich richte mich danach, damit seine Welt intakt bleibt. Jeden Tag spiele ich dieselbe Sinfonie, deren Metronom er ist, achte darauf, jeden Ton zu treffen. Mir ist sonst nichts eingefallen, womit ich ihm hätte sagen können, dass das Leben trotz allem weitergehen wird. Mich an unsere Gewohnheiten zu klammern bedeutet, das Schreckliche und das Wunderbare vor der Tür zu lassen. Das Grauen jener Nacht und das Mitgefühl, das ihm auf den Fersen folgt. Die Wunde und die Verbände, die man daraufiegen wollte. Weder das eine noch das andere hat seinen Platz in unserem jetzt schon sehr ausgefüllten kleinen Leben.« (S. 67-68)

Trauerfacette Wirklichkeit – Klarheit, Unterstützung und eigene Grenzen

Körperliche Wirklichkeit

Die ersten Wochen nach einem Tod sind für Trauernde die ersten Wochen eines veränderten Lebens. Das Realisieren beginnt, auch wenn man sich weiter unter der »Käseglocke« fühlt oder wie in einem Traum, aus dem man bestimmt gleich erwacht. Falls der Tod tatsächlich zu bedrohlich für das eigene Überleben scheint, dann überdeckt die Trauerfacette

»Überleben« jedes Realisieren. Da hilft dann nur die Suche nach zusätzlicher Unterstützung, Beruhigung und Stabilisierung. In den ersten Tagen nach seinem Tod ist der Verstorbene noch eine Weile körperlich präsent – aber nicht mehr lebendig. Wenn man ihn ansieht, fehlt das Heben und Senken des Brustkorbs beim Atmen. Die Haut ist kühl, die Augen sind blicklos und meist geschlossen, es gibt kein Begrüßungslächeln, kein Atemgeräusch, keinen noch so feinen Pulsschlag. Die Tage, in denen die Verstorbenen noch körperlich unversehrt anwesend sind, geben den Weiterlebenden die große Chance, mit allen Sinnen die physische Wirklichkeit eines Todes zu begreifen. »Das ist er nicht mehr!« »Da ist sie gar nicht mehr drin«, sagen Kinder unverblümt, und so fühlen auch Erwachsene. Vor diesem »Begreifen« haben viele Menschen Angst, und es ist auch nicht »schön« im Sinne von romantisch oder perfekt. Aber wenn es in einer wertschätzenden Umgebung geschieht und man sich diesen Momenten so nähern kann, wie man es selbst aushalten kann, dann ist es auch nicht »schrecklich«. Es ist einfach die Wirklichkeit. Alle Religionen haben Rituale entwickelt, in denen die Hinterbliebenen mit dem Körper der Verstorbenen in Kontakt kommen. Dabei werden sie von beruflichen Fachkräften unterstützt, die vor dem Tod weder erschrecken noch zurückweichen, sondern mit großer Ruhe und voller Respekt mit den Verstorbenen umgehen können. Die Verstorbenen werden von ihnen, manchmal mithilfe der Angehörigen, gewaschen und zurechtgemacht. Sie können dann offen aufgebahrt werden. So kann man ihre verlöschende Anwesenheit spüren, letzte Gespräche mit ihnen führen, Gebete bei ihnen sprechen, sie ansehen und sich von ihnen verabschieden, solange man es braucht. Trauernde brauchen das in der Regel länger als UnterstützerInnen. Versuchen Sie, trotzdem den Trauernden bei der Erfüllung ihrer Wünsche beizustehen. Eltern, die ein Kind kurz vor oder während der Geburt verlieren, berichten von der tröstlichen Erfahrung, ihr verstorbenes Baby noch einmal mit nach Hause zu nehmen, es in die liebevoll ausgesuchten Babykleider zu hüllen, es zu wiegen und herumzutragen. Menschen, deren Angehörige bei einem Unfall ums Leben kamen und schwere Verletzungen erlitten haben, möchten trotzdem sehr oft sehen und fühlen, wie der Verstorbene aussieht. Sie möchten ihm nah sein, sie möchten mit ihm sprechen, ihn streicheln. Sie möchten sich vergewissern, dass es wirklich ihr Mann, ihre Tochter, ihr Bruder, ihre Großmutter ist, die da liegt und nicht wieder aufstehen wird. Da sind bei starken Verletzungen auch eine unversehrte Hand mit dem vertrauten Ring oder eine Locke des unverwechselbar widerspenstigen Haares genug, um diese Bedürfnisse zu erfüllen. Wenn der Körper des Verstorbenen doch zu stark verletzt ist, nehmen Menschen auch am geschlossenen Sarg Abschied, sie möchten dem Verstorbenen so nah sein wie möglich und wenigstens die Hand auf das Holz legen, unter dem er liegt. Versuchen Sie, die Wünsche des Trauernden zu respektieren und ihm bei der Umsetzung beizustehen.

Trittsteine für die Aufbahrung

- *Die Möglichkeit, beim Waschen und Ankleiden beteiligt zu sein, so, wie man es möchte.*
- *Die Möglichkeit, den Verstorbenen offen aufbahren zu lassen, vielleicht sogar zuhause.*
- *Eine angenehme, würdevolle Umgebung.*
- *Die Möglichkeit, den Raum zu gestalten, Musik zu spielen, Erinnerungsgegenstände auszulegen.*
- *Viel Zeit und Möglichkeiten, immer mal wieder hin- und wieder wegzugehen.*

- *Fachleute, die erklären, wie der Verstorbene aussieht, und die ihre Begleitung anbieten, auch für Kinder und Jugendliche. Das kann das einfache Mitgehen sein oder z. B. die Krankenschwester, die dem Verstorbenen liebevoll über die Wange streichelt, was man sich allein nie getraut hätte.*

Stolpersteine für die Aufbahrung

- *Wenn der Verstorbene nicht gefunden wurde.*
- *Wenn der Körper des Verstorbenen so stark verletzt ist, dass eine Aufbahrung nicht möglich ist.*
- *Wenn Fachleute pauschal von der Aufbahrung abraten, ohne Alternativen anzubieten.*
- *Ängste vor dem Anblick des/der Verstorbenen, die aus Erfahrungen mit anderen Sterbesituationen stammen.*
- *Der Versuch, sich oder andere zu schonen, ohne sich vorher zu informieren. Der Versuch von anderen, einem etwas zu ersparen, ohne zu fragen, was man selbst möchte.*
- *Wenn man gezwungen wird, einen Verstorbenen anzusehen oder für eine polizeiliche Untersuchung zu identifizieren, und wenn das ohne Vorbereitung und ohne eine wertschätzende Umgebung geschieht.*
- *Wenn der Verstorbene so stark geschminkt und zurechtgemacht ist, dass man ihn kaum erkennt.*

Trittstein für diese Stolpersteine

- *Wenn der Abschied vom Verstorbenen für den Trauernden nicht möglich ist oder nicht möglich war, können Sie ge-*

meinsam ein Abschiedsritual oder sogar eine kleine Feier mit Freunden und Angehörigen durchführen.

- *Wenn Sie zu Beginn eine Kerze anzünden und zum Ende des Rituals bzw. der Feier diese Kerze ganz bewusst ausblasen, dann erleben Sie ein winziges Stück der »Wirklichkeit des Todes«.*

Stolperstein Corona-Beschränkungen

Während der Corona-Pandemie sind viele Menschen unter Bedingungen, die den Trauerweg schwerer machen, gestorben.

Kontaktbeschränkungen haben vorherige Besuche im Krankenhaus oder Pflegeheim oftmals erschwert oder sogar verhindert. Abschiednehmen und Beerdigungsfeiern mussten unter einengenden Bedingungen stattfinden. (Einige Hinweise für die Unterstützung von Angehörigen finden Sie auf Seite 89.) Für Abschieds- und Bestattungsfeiern, die zum Infektionsschutz sehr viel kleiner waren als unter anderen Umständen, müsste und muss viel Improvisationsgeschick entwickelt werden.

Ideen für Rituale und Abschiednehmen in Zeiten von Kontaktbeschränkungen finden Sie unter:
www.chrispaul.de/kontact2020

Tipp

- *Bestärken Sie Trauernde, alle Möglichkeiten zu ergreifen, die unter den gegebenen Begrenzungen möglich sind.*
- *Ermutigen Sie die Wahl eines kreativen, modernen Bestattungsunternehmens.*
- *Leben Sie Ihre eigene Fassungslosigkeit an einer anderen Stelle aus; es hilft nichts, kostbare Zeit mit Aufregung über*

einengende Rahmenbedingungen zu verbringen; dahinter liegen Sehnsucht und Trauer, die für den Trauerprozess Betroffener wahrlich bedeutsamer sind.

Der letzte Abschied vom Körper

Schließlich kommt der Moment, in dem der Körper des Verstorbenen in den Sarg (oder ein Tuch) gelegt und mit dem Schließen des Sargdeckels unseren Blicken und Berührungen entzogen wird. Der geschlossene Sarg oder auch die Urne während der Abschiedsfeier definieren die Distanz zueinander in einem festen Abstand: Auf der einen Seite der Verstorbene, auf der anderen Seite die Lebenden in einer Gemeinschaft mit anderen Lebenden. Dazwischen die beruflichen »ÜbergangshelferInnen« – Seelsorger oder Rednerin, Bestatterin und vielleicht auch Musiker, die die Toten ehren und die Lebenden unterstützen. Nach der Feier erfolgt der Gang zum Grab hinter dem Sarg her. In vielen Traditionen wird der Sarg (oder der in ein Tuch gehüllte Leichnam auf einem Brett) von nahen Angehörigen und verdienten Freunden getragen: eine letzte Möglichkeit, ihm körperlich nah zu sein. Dann wird der verstorbene Körper noch weiter von den Lebenden entfernt und unerreichbar für die Sinne: Das Absenken des Sarges in ein Erdgrab oder das Hineinstellen einer Urne in die Kammer eines Kolumbariums oder zuvor in die Brennkammer eines Krematoriums – das sind schmerzhafte »Wirklichkeitsmacher« für unsere Augen. Bei einer Erdbestattung ist es Brauch, eine Schaufel Erde ins offene Grab zu werfen. das damit verbundene dumpfe Geräusch gibt ein hörbares Signal dafür, dass hier etwas Unwiderrufliches geschieht. Das Fortgehen vom Grab markiert schließlich allen Lebenden die Trennung vom Körper des Verstorbenen. Diese einzelnen Schritte der Vergegenwärtigung eines Todes lösen Schmerz aus, Tränen, Verzweiflung und Einsamkeit – es liegt nahe, sich und anderen diese Erfahrungen ersparen zu wollen. Falls die Trauerfacette Überleben im Vordergrund steht, wird das auch geschehen müssen, denn das Überleben hat unbedingten Vorrang. Bitte überprüfen Sie für sich, wessen »Überleben« durch Abschiednehmen und Rituale eventuell bedroht ist. Geht es um Ihr eigenes »Überleben«? Das merken Sie daran, dass Ihnen alles zu viel wird, dass Sie unwirsch und unruhig sind. Falls das so ist, können Sie in dieser Trauerfacette keine Unterstützung geben. Überlassen Sie das dann anderen und gestehen Sie sich eine Pause zu. Vielleicht finden Sie sogar eine Unterstützung für sich. Denn die Vermeidung des Hinsehens ändert nichts an der Tatsache, dass ein Mensch gestorben ist. Es ist wie bei Kindern, die sich die Augen zuhalten und meinen, damit unsichtbar zu sein. Die Tatsachen verschwinden nicht vom Wegsehen. Sie werden nur unschärfer, schwerer zu verstehen und dadurch bedrohlicher.

Geschichte eines spontanen Rituals

Eine Freundin von uns war völlig überraschend an den Folgen eines scheinbar kleinen Unfalls gestorben. Sie war im Abschiedsraum eines modernen Bestattungshauses aufgebahrt, und wir kamen spät abends nach Arbeitsverpflichtungen, um sie noch einmal zu sehen. Ich erinnere mich an die eigenartige Stille und Schwere im Raum, sie wirkte wie in Stein gemeißelt. Um sie herum waren kleine Geschenke und Erinnerungsstücke drapiert, es waren ganz offensichtlich schon andere Freundinnen und ihre Familie bei ihr gewesen. Überall lagen schöne bunte Tücher, wie sie sie geliebt hatte, als hätte jede Besucherin eines für sie mitgebracht. Sie hatte oft kalte Hände gehabt und jemand hatte ihr regenbogenfarbige Pulswärmer angezogen. Ich nahm meinen eigenen Schal und legte ihn vorsichtig neben ihren Körper. Es war sehr tröstlich, in all dem Unglück diese vielen kleinen Zeichen der Liebe und Wärme zu sehen. Später fand ich denselben Schal in einer anderen Farbe und schenkte ihn ihrer Schwester während der Beerdigung. Es war ein Zeichen der Verbundenheit zwischen den beiden Schwestern und ein Symbol für die Wärme, die ich für beide empfand.

Spirituelle Wirklichkeit des Todes

»Da ist er nicht mehr drin!« – diese Erfahrung machen Menschen, wenn sie sich der körperlichen Wirklichkeit des Todes nähern können. Es bleiben die Fragen – wo ist sie/er dann? Sind die Toten überhaupt noch irgendwo? Oder gibt es nur das große Nichts? Auch wenn Vorstellungen von einem Leben nach dem Tod oder der Wiedergeburt zuvor als Unsinn abgetan wurden, mit dem Tod eines nahen Menschen werden diese Fragen mit einem Mal existenziell bedeutsam. Dabei beeinflussen die Vorstellungen von dem, was nach dem Tod kommt, auch andere Facetten des Trauerns: Das schiere »Überleben« scheint manchen Trauernden nur deshalb möglich, weil sie fest an ein Wiedersehen im Himmel glauben. Auch das »Verbundenbleiben mit den Verstorbenen« ist für viele Menschen eine spirituelle Erfahrung. Sie spüren Kraft, die sie als Kraft der Verstorbenen deuten, die auf sie übergeht. Sie sehen ungewöhnliche Dinge, die sie als Zeichen der Verstorbenen oder als Ausdruck einer schützenden göttlichen Kraft deuten. Sie nehmen hauchzarte Berührungen wahr, die Stimme des Verstorbenen scheint zu ihnen zu sprechen, in Tag- und in Nachtträumen sind die Verstorbenen da. Ein Großteil der Menschheit glaubt daran, dass die Verstorbenen tatsächlich noch in irgendeiner Form da sind. Hier einige Beispiele: Das kann der Glaube an Ahnen sein, die uns begleiten und uns Rat geben, wie in vielen ursprünglichen afrikanischen Religionen und bei den australischen Aborigines. Im japanischen Shintoismus werden die Ahnen der jeweiligen Familie mit Schreinen verehrt, die selbstverständlich in der Wohnung stehen. Unterschiedliche hinduistische und buddhistische Strömungen gehen von einer Wiedergeburt der Seelenanteile innerhalb von vierzig Tagen aus. Judentum, Christentum und Islam glauben an die »Auferstehung des Fleisches« am Ende aller Zeiten. Bis dahin leben die Seelen in einer Art Zwischenwelt.

In unserem 21. Jahrhundert mischen sich in Europa Kulturen, Religionen und verschiedene spirituelle Vorstellungen, so dass sich heute jeder seinen eigenen Glauben aus den verschiedensten Traditionen zusammenbaut. Diese Glaubensvorstellung ist für jeden von uns Teil unserer Wirklichkeit, es »ist« für uns so, wie wir es uns vorstellen. Genauso wie es für ungläubige Menschen so »ist«, dass da nichts mehr kommt. Ein Streit darüber ist nutzlos! Aber ein interessierter Austausch über verschiedene Vorstellungen kann spannend sein und neue Impulse geben. Es gibt Umschreibungen des Sterbens, z. B.: ein Mensch sei »eingeschlafen« oder »von uns gegangen«. Im Umgang mit Kindern merkt man schnell, wie ungenau diese Begriffe sind. Einschlafen tun wir alle am Abend und wachen am Morgen wieder auf – doch die Verstorbene wacht nicht wieder auf! Verstorbene kommen auch nicht zurück wie jemand, der vom Einkaufen oder aus dem Urlaub zurückkehrt. Ein Mensch ist gestorben und ein Mensch ist tot; das sind die Worte, die genau beschreiben, was geschehen ist. Deshalb möchte man sie nicht benutzen, es tut zu weh, klingt zu kalt. Manchmal geht es auch darum, eine spirituelle oder deutende Wirklichkeit des Todes zu beschreiben und auszudrücken, dass es ein sanfter Übergang war. Trotzdem braucht es immer wieder die schlichte wirklichkeitsschaffende Mitteilung, dass jemand gestorben und tot ist.

Geschichte über deutliche Worte

Eine Kursteilnehmerin, deren Sohn während eines Arbeitsaufenthalts im Ausland gestorben war, erzählte von ihrer totalen Fassungslosigkeit. Sie konnte nicht begreifen, dass ihr einziger Sohn gestorben war. Obwohl die Firma ihres Sohnes ihr sofort einen Flug finanzierte, so dass sie ihn noch dort sehen und sich von ihm verabschieden konnte, blieb sein Tod für sie unwirklich. Er war monatelang im Ausland gewesen, und es schien zunächst keine Veränderung seines »Wegseins« zu ge-

ben. Sie erzählte mir, dass ihr erst der Satz geholfen habe: »Mein Sohn ist tot, mein Sohn ist gestorben!« Sie sprach ihn wochenlang zu sich selbst und schrieb ihn immer wieder auf. Über das wiederkehrende Aussprechen dieser für sie unbegreiflichen Tatsache konnte sie langsam fassen, dass es wirklich passiert war.

Stolperstein für Wirklichkeit in Worten

Falls man etwas Bedrohliches oder Überwältigendes im Zusammenhang mit dem Sterben eines Angehörigen/Freundes erlebt hat, dann passiert es oft, dass die Bilder von diesem Erlebnis immer wieder auftauchen. Das ist dann jedes Mal mit derselben Panik verbunden wie beim ursprünglichen Erlebnis. Man versucht intensiv, das Ganze zu vergessen. Wenn man dann doch darüber spricht, bricht die Geschichte aus einem heraus und man fühlt sich genauso fürchterlich wie während des ersten Erlebens. Die Geschichte verselbstständigt sich, sie wird eine Floskel, die sich jedes Mal in denselben Worten und mit denselben Gefühlen wiederholt. Diese Form des Erzählens macht die Geschichte jedes Mal noch schrecklicher, statt Entlastung zu verschaffen, wie man das vom Erzählen sonst gewöhnt ist.

Übung: Trittsteine für klare Worte

Diese Übung können Sie für sich selbst anwenden – oder sie einem Trauernden anbieten.

- *Versuchen Sie, die »fertige Geschichte« – was geschehen ist – auseinanderzunehmen, und zwar so:*

- *Erzählen Sie die Geschichte – sich selbst und jemand anderen – jedes Mal ein wenig anders.*

- *Setzen Sie früher oder später in das Geschehene ein als beim letzten Mal.*

- *Fassen Sie die besonders bedrohlichen Teile ganz kurz zusammen.*
- *Atmen Sie zwischen den Sätzen bewusst ein und aus.*
- *Sehen Sie Ihr Gegenüber an, starren Sie nicht auf den Boden oder an die Decke, d.h., es ist wichtig, dass Sie beim Erzählen merken, dass das jetzt NICHT die damalige Situation ist, sondern eine andere.*
- *Widerstehen Sie dem Automatismus, die Geschichte in der Gegenwartsform zu erzählen, sondern zwingen Sie sich, in der Vergangenheitsform zu sprechen; dann merken Sie, dass diese Geschichte nicht JETZT passiert, sondern schon Tage, oder gar Wochen zurückliegt.*
- *Versuchen Sie, sich nicht nur an bedrohliche Details zu erinnern, sondern auch daran, wer bei Ihnen war. Wer hat Sie unterstützt? Wie haben Sie das ausgehalten? Woran haben Sie sich innerlich festgehalten?*
- *Geben Sie diesen Teilen der Geschichte immer mehr Raum. (Auf den Seiten 76ff. und 97ff. finden Sie Anregungen, wie man sich immer wieder selbst beruhigen kann.)*
- *Falls einem Trauernden das im Lauf der nächsten Wochen nicht gelingt, ist womöglich die Unterstützung durch einen erfahrenen Trauerbegleiter oder Traumatherapeuten angebracht. (Das Zuschütten der bedrängenden Erinnerungen mit Alkohol oder das Betäuben mit Schlaftabletten sind keine dauerhafte Lösung!)*

Trauerfacette Gefühle – Aushalten, Dasein, Ermutigen

Was fühlen Menschen so kurz nach dem Tod eines nahen, geliebten, vertrauten, wunderbaren Menschen? Es gibt keine Regel, jeder fühlt etwas anderes und die Gefühle können ständig wechseln, es ist eine ver-rückte Zeit, in der alles möglich ist. Als UnterstützerIn erleben Sie selbst wahrscheinlich vor allem Hilflosigkeit und Überforderung, dazu Mitgefühl mit dem/der Trauernden und manchmal auch Wut über diese andauernde Ausnahmesituation. Wenn Sie selbst um den Verstorbenen trauern, gesellen sich manche der Gefühle dazu, die ich nun aufzähle. Gefühlen tut es gut, wenn sie ausgedrückt werden. Zusammenreißen und »Haltung bewahren« – das kann in bestimmten Situationen Halt geben, aber auf dem gesamten Trauerweg werden diese Haltungen auf Dauer zu einem großen Stolperstein.

Viele widersprüchliche Gefühle

Manche Hinterbliebenen reagieren weitgehend empfindungslos, weil ihr Überleben so gefährdet ist durch die Ereignisse, dass ihr inneres »Überlebensprogramm« den Zugang zu den eigenen Emotionen blockiert. Wenn Sie diese Empfindungslosigkeit selbst oder beim Trauernden erleben, können Sie im Abschnitt »Überleben« (S. 61ff. und 105ff.) einige Ideen bekommen, wie Sie sich oder den Trauernden stabilisieren und beruhigen können. Vielleicht zeigen sich dann Gefühle, vielleicht brauchen der Trauernde bzw. Sie selbst einfach noch eine »Schonzeit«.

Fassungslosigkeit und Ungläubigkeit sind Reaktionen, die mit der Facette »Wirklichkeit« ringen. »Das kann nicht wahr sein!« – »Das ist ein Traum, aus dem ich gleich erwachen werde ...« – »So etwas passiert anderen, aber doch nicht mir ...«.

Mit jedem kleinen Begreifen, dass der/die andere tatsächlich gestorben ist, brechen Schmerz und Sehnsucht auf. Der Seelenschmerz ergreift Körper und Seele gleichermaßen und kann so stark sein, wie viele ihn noch nie in ihrem Leben empfunden haben. Verzweiflung folgt dem Schmerz und eine brennende Sehnsucht, bei dem Verstorbenen zu sein. Tränen können ein Entlastungsventil für den reißenden Seelenschmerz sein. Wenn man es sich gestattet, äußern sich Schmerz und Sehnsucht auch durch Stöhnen, Wimmern und Klagen.

Tipp

Angesichts starker Gefühlsäußerungen sind Sie als Unterstützerin mit ihren Fähigkeiten als »stabile Person« gefordert. Seien Sie einfach da, halten Sie mit aus, was an Kummer und Verzweiflung da ist. Spüren Sie nach, ob körperlicher Halt helfen kann. Viele Trauernde haben lieber eine Hand auf dem Arm oder im Rücken als eine komplette Umarmung.

- *Als UnterstützerIn können Sie manchmal für sich selbst, aber auch für den Trauernden Pausen vom Schmerzausdruck suchen, in denen ein Moment der Ruhe und des Trostes zu spüren ist oder einfach die Taubheit der Erschöpfung.*

Wut

Wut kann sich einstellen, Zorn, Rachegelüste, starke aggressive Impulse, die irgendwas zerstören wollen; das ist eine impulsive Abwehrreaktion, als könnte man das Sterben wegjagen wie ein wildes Tier, das den Verstorbenen angegriffen hat. Diese instinktive Wut braucht einen Ausdruck – sie kann sich dabei auch gegen berufliche und private UnterstützerInnen richten. Bitte schützen Sie sich vor verbalen und tätlichen Angriffen, ohne selbst ausfällig zu werden! In einer ruhigeren Stunde können Sie dem Trauernden anbieten, andere

»Ventile« für seinen Zorn zu finden. (Ideen dazu finden Sie ab S. 128) – Auch Kinder und Jugendliche können lernen, mit ihrer Wut umzugehen, ohne sich selbst und andere ernsthaft zu verletzen!

Nachsterbewünsche

Beim Trauernden können Gedanken an den eigenen Tod auftauchen.

Selber tot sein würde diesen irrwitzigen Zustand des Schmerzes und der Ratlosigkeit beenden. Selber tot sein hieße auch, dem Verstorbenen wieder nah sein – das ist zumindest die Phantasie.

Für die allermeisten Trauernden sind diese Nachsterbewünsche ein Gedankenspiel und Ausdruck der eigenen Überforderung und auch der Sehnsucht. Sie müssen nicht sofort Angst bekommen, wenn jemand sagt: »Ich wünschte, ich wäre auch tot.« Gehen Sie ins Gespräch, fragen Sie nach, was dieser Satz bedeutet. Danach zu fragen ist nicht gefährlich, wie manche Menschen denken. Wer nicht ernsthaft daran denkt, sich selbst zu töten, wird durch eine Frage danach niemals auf diesen Gedanken gebracht! Aber wenn jemand den eigenen Tod herbeiführen möchte, dann ist es gut, darüber Bescheid zu wissen und zu handeln.

Tipp

Falls der Trauernde ernsthafte Suizidgedanken äußert, gehen Sie bitte ruhig darauf ein und fragen nach, wie ernst diese Gedanken sind. Für den Fall, dass der Trauernde sich bereits klar ist, wo und wie er sich töten möchte, suchen Sie sofort ärztliche Unterstützung! Lassen Sie den Menschen nicht mehr allein. Holen Sie sich Hilfe von anderen Freunden oder Familienangehörigen, bis Sie gemeinsam einen Arzt besuchen oder in die Ambulanz einer psychiatrischen Klinik fahren.

Zur Vielfalt möglicher Gefühle gehören auch die Empfindungen, der Verstorbene sei erlöst, sei gut aufgehoben, und ein *Gefühl von* innerem Frieden. Tiefe Liebe, unverbrüchliche Treue, Dankbarkeit für die gemeinsame Lebenszeit, Bewunderung und Respekt für den Verstorbenen können einem Trauernden Kraft geben. Auf der anderen Seite gibt es zehrendes Mitleid mit dem Leiden des Verstorbenen, das den Schmerz vertieft. Die Sorge um andere Familienmitglieder kann Kummer, Angst, Bedauern und Überforderung auslösen. Sture Entschlossenheit, nicht unterzugehen und niemanden in der Familie untergehen zu lassen, gibt ebenfalls Kraft und lässt manches bewältigen, was unmöglich scheint. Angst, dass noch etwas geschieht, kann entstehen und das Verhalten leiten. Kinder zeigen diese Angst unmittelbar: Wenn ein Elternteil gestorben ist, fürchten sie, dass der zweite Elternteil auch stirbt und sie völlig allein zurückbleiben. Trauernde Kinder wollen deshalb häufig wissen, wo die Eltern in jeder einzelnen Minute sind, und möchten oft wieder bei den Eltern schlafen. Aber auch Erwachsene können es oft nicht gut ertragen, allein zu sein, weder tagsüber noch nachts. Hier können Sie als UnterstützerIn verschiedene Angebote machen: Bieten Sie Ihre Nähe und Anwesenheit an, aber greifen Sie auch auf ein Netzwerk von anderen UnterstützerInnen zurück, damit Sie nicht alles allein tun müssen. Versuchen Sie zu akzeptieren, wenn Ihre Angebote nicht angenommen werden, ohne beleidigt zu sein. Und seien Sie bitte geduldig mit Familienmitgliedern, die in diesen ersten Wochen mehr Angst haben und mehr Nähe brauchen (bzw. weniger Nähe aushalten) als Sie selbst.

Tipp

Stress, Anspannung und Druck angesichts all der Dinge, die zu erledigen sind, führen bei Trauernden leicht zu Gefühlen von Überforderung, Mutlosigkeit oder Zorn. Hier können Sie viele konkrete Angebote machen:

- *Versuchen Sie es mit Listen, in denen Sie gemeinsam aufschreiben, was wann zu tun ist und wer es erledigen kann.*

- *Greifen Sie dabei auf das Netzwerk von beruflichen und privaten Unterstützern zurück!*

- *Regen Sie an, alles zu verschieben, was verschoben werden kann.*

- *Ermutigen Sie den Trauernden, Pausen einzulegen, und gönnen Sie sich selbst Pausen, sonst halten Sie Ihre Unterstützungsangebote nicht lange durch.*

Gefühle im Körper

Auch der Körper drückt die Empfindungen und Gefühlszustände des Trauerweges aus. So verwirrt die Gefühle und Gedanken sein mögen, so verwirrt können in diesen ersten Wochen der Schlafrhythmus, das Essverhalten und andere Körperkreisläufe sein:

- *Schlafprobleme können auftreten, als hätte der Körper vergessen, wie das Einschlafen und das Durchschlafen funktioniert.*

- *Hunger ist für viele nicht mehr vorhanden, Essen kann Ekel auslösen, man »bekommt nichts runter«. Ständige Übelkeit kann ein Signal für Angst und Überforderung sein.*

- *Die Temperaturregelung kann aussetzen, ungewöhnliches Frieren oder Schwitzen sind die Folge.*

- *Atmen kann schwerfallen, Beklemmungen, ein Kloß im Hals und Druck auf der Brust können sich einstellen.*

- *Das organische Herz kann mit dem metaphorischen Herz zusammen schmerzen und ins Stolpern geraten.*

- *Der Kreislauf ist eventuell durcheinander. Übelkeit, Schwächegefühle oder eine Ohnmacht können die Folge sein.*

- *Der Stress verstärkt bestehende Verspannungen im Schulter-Nackenbereich.*

- *Seelenschmerz kann einen Körperschmerz an jeder beliebigen Stelle des Körpers auslösen, ohne dass es dafür eine organische Ursache gibt.*

- *Selbst das Gehirn ist durcheinander, Konzentrationsschwierigkeiten sind die Folge, vieles wird vergessen oder gar nicht erst wahrgenommen. Das schafft zusätzliche Verunsicherung und schürt die Angst, verrückt zu werden. Als UnterstützerIn sind Sie vielleicht besorgt wegen dieser körperlichen Symptome des Trauernden. Diese sind jedoch in den ersten Tagen und sogar Wochen eine normale Reaktion auf ein überwältigendes Erleben. Der Organismus braucht jetzt eine Weile, sich von dem Schrecken zu erholen und in seine vertrauten, stabilen Verhaltensweisen zurückzufinden. Sie müssen nicht gleich zu Medikamenten raten. Hilfreicher ist Ihr Da-sein, Ihr Mit-Aushalten. Hilfreich sind auch kleine ermutigende Tipps und Unterstützungen.*

Trittsteine für Gefühle

- *Fürchten Sie sich nicht vor den Gefühlen der Trauernden; lassen Sie zu, wenn Tränen fließen oder wütende Anklagen ausgesprochen werden. Seien Sie einfach da und verzichten Sie auf Maßregelungen oder Verbote.*

- *Tränen sind ein Ventil des Körpers, viele Gefühle rauszulassen. Lassen Sie die Tränen der Trauernden zu.*

- *Falls keine Tränen fließen, nehmen Sie das kritiklos an! Es gibt Menschen, die weinen grundsätzlich nicht oder nicht in der Gegenwart eines anderen.*

- *Ermutigen Sie die Trauernde, sich auszudrücken und mitzuteilen. Das kann im Gespräch sein, in einem Tagebuch oder in einem Blog. (Bitte nur ermutigen, nicht unter Druck setzen!)*

- *Verstärken Sie jeden Impuls der Trauernden, sich auch jenseits von Worten auszudrücken, z. B. in Collagen, Dekorationen, Zeichnungen oder Playlists.*

- *Unterstützen Sie ihn oder sie bei der individuellen Vorbereitung der Abschiedsfeier, nichts ist »zu verrückt«!*

Tipp

- *Der Körper von Trauernden leistet Schwerstarbeit und braucht ein bisschen Unterstützung.*

- *Wenn Sie mehrere Stunden bei ihr oder ihm sind, achten Sie darauf, dass immer etwas zu trinken da ist.*

- *Versuchen Sie herauszubekommen, was die Trauernde essen könnte; wenn ihr nach Milchreis zumute ist oder nach Hühnerbrühe, ist das genauso gut wie Pommes.*

- *Machen Sie immer wieder Angebote ohne Druck und versuchen Sie, Zurückweisungen nie persönlich zu nehmen.*

Rituale

Rituale sind Handlungen, die mehr bedeuten, als das, was eigentlich getan wird. So ist die »Totenwäsche« mehr als das Reinigen des Verstorbenen, sie bedeutet Hingabe und Liebe,

Würdigung und oft auch eine spirituelle Reinigung. Die Auswahl der Kleidung, der Frisur und des Make-ups drücken die Persönlichkeit des Verstorbenen aus. Wer dabei sein oder sogar mithelfen mag, die Verstorbene herzurichten, kann dem geliebten Körper noch einmal zärtlich und respektvoll begegnen. In der Trauerfacette »Wirklichkeit« habe ich bereits einige Rituale beschrieben (S. 87). Rituale locken Gefühle hervor und geben den Gefühlen einen fest gefügten Ausdruck: von Zärtlichkeit über Entsetzen bis zu tiefem Frieden. Das gelingt aber nur dann, wenn die Trauernden mit dem Ritual einverstanden sind.

Viele Rituale werden innerhalb von Kulturen und Religionsgemeinschaften weitergegeben und beziehen dadurch einen Teil ihrer Kraft. Man muss sich dann nicht allein ausdenken, welche Form man seinen Gefühlen geben möchte, sondern kann das in einem vertrauten Rahmen tun. Solche traditionellen Rituale werden meist innerhalb einer Gruppe ausgeübt und auch das kann als stärkend und tröstlich erlebt werden, aber nur, wenn man sich weitgehend mit dem Ritual und der Gruppe wohlfühlt! Bestattungen gehören in allen Kulturkreisen zu den »kollektiven« Ritualen, und auch Menschen, die sich von ihrer Glaubensgemeinschaft abgewandt haben, können es als tröstlich und machtvoll erleben, wenn gemeinsam ein vertrautes Gebet gesprochen oder ein bekanntes Lied gesungen wird. Die »Beileidsbezeugung« am Grab kann ein rituelles Erlebnis der Verbundenheit sein, an das man sich lange erinnern wird, man sollte sie nicht von vornherein ausschließen. Ein Bestatter erzählte mir, dass er Hinterbliebenen rät, sich alle Optionen offen zu halten. Der »Beerdigungskaffee« ist ebenfalls eine kollektive rituelle Handlung, die weit über das Kaffeetrinken hinausgeht. Hier treffen sich die Trauernden und gehen einen Schritt in den Alltag miteinander, indem sie essen und trinken und miteinander sprechen. Alltagsgespräche wechseln ab mit Erinnerungen an den Verstorbenen und auch der Freude, alte Bekannte wiederzusehen. Die Trauerfacette »Überleben« wird hier ganz unerwartet deutlich sichtbar. Andere Rituale entwickeln Trauernde als intimen Ausdruck ihrer ganz persönlichen Liebe und Verbundenheit. Dazu gehört z. B. das Bemalen eines Sarges. Manche Hospize und/oder Bestattungshäuser bieten das auch durch die Begleitung eines Künstlers an. Man kann den Sargdeckel oder den ganzen Sarg bemalen, das gilt für die Innenseite ebenso wie für die Außenseite. Die Bemalung kann die Persönlichkeit des Verstorbenen widerspiegeln oder ihm gute Wünsche mit auf den Weg geben. Es können gemalte »Grabbeigaben« sein, das Lieblingspferd, die Landschaft des Herzens. Auch spirituelle, schützende und unterstützende Bemalungen können den Verstorbenen »auf seinem letzten Weg« begleiten. Trauernde drücken so ihre Liebe und Fürsorge für den Verstorbenen aus. Ähnlich sind die vielen Möglichkeiten, der Verstorbenen etwas mit in den Sarg zu legen: eine Kinderzeichnung, die bevorzugte Schokolade, ein Kuscheltier und vieles mehr. Ein persönlicher Brief zum Abschied, der dem Sarg verschlossen beigelegt wird, kann auch widersprüchliche Gefühle ausdrücken: Wut, Fassungslosigkeit und Verzweiflung können neben Hoffnung, Sehnsucht und Dankbarkeit benannt werden. Stimmige Rituale können starken Gefühlen einen Rahmen und eine Form geben. Deshalb sind Rituale wichtig für Trauerprozesse, sie unterstützen Menschen darin, mit ihren Gefühlen in Kontakt zu kommen und sie auszudrücken. Es könnte sein, dass Ihre eigenen Vorstellungen und Bedürfnisse beim Abschied und während der Bestattung anders sind als die des trauernden Menschen, dem Sie zur Seite stehen. Vielleicht sind Sie auch gefangen in Vorstellungen davon, was das »richtige Ritual« sei. Versuchen Sie bitte, über Ihren Schatten zu springen und dem Menschen, den Sie unterstützen, weder Vorschriften zu machen noch Steine in den Weg zu legen.

Tipp

- *Als UnterstützerIn können Sie den Trauernden ermutigen, die eigenen Vorstellungen von Ritualen vor und während der Abschiedsfeier auszusprechen und sich ein Bestattungshaus und andere Beteiligte zu suchen, die bereit sind, individuelle Ideen umzusetzen. Die lähmende Ohnmacht löst sich ein kleines Stück, wenn die eigenen Ideen ernst genommen und Wünsche erfüllt werden können.*

- *Im Rahmen praktischer Unterstützung können Sie Ihre Hilfe bei Fahrdiensten, beim Einkaufen, Gestalten und Basteln anbieten.*

- *Ihre Fähigkeiten als »stabile Person« sind eventuell immer wieder für einzelne Momente gefragt, wenn die Konfrontation mit dem Abschied beim trauernden Menschen starke Gefühle auslöst.*

- *Internetressourcen:*
  Informationen über heilsame Formen des Abschiednehmens auch unter erschwerten Bedingungen finden Sie auf www.trauerkaleidoskop.de

Geschichte von einem aufgezwungenen Ritual

Eine junge Frau erzählte mir, dass sie zwei Tage nach dem Tod ihres Verlobten Besuch von ihrer Mutter bekam. Die packte eine große Kerze, ein gerahmtes Foto des Verstorbenen und eine Engelfigur aus. Ohne sich um den Protest der jungen Frau zu kümmern, drapierte sie diese Dinge mitten auf dem Esstisch. Das sei wichtig, belehrte sie ihre Tochter, und forderte sie auf, die Kerze anzuzünden. Die tat es schließlich, um sich nicht mit ihrer Mutter zu streiten. Als die Mutter gefahren war, räumte sie mit einer Mischung aus schlechtem Gewissen, Enttäuschung und Wut auf die Mutter alles zur Seite. Sie hatte eine eigene kleine Gedenkecke in ihrem Schlafzimmer eingerichtet, aber darüber konnte sie mit ihrer Mutter nach deren Überraschungsritual nicht sprechen.

Geschichte einer bunten Beisetzung

Familie Teufert, die schon vom Tod ihrer zweieinhalbjährigen Tochter Finja erzählt hat, stellte mir auch diese Geschichte zur Verfügung: »Die nächste Zeit verbrachten wir damit, die Trauerfeier zu planen und vorzubereiten. Finja wurde in einem Kolumbarium beigesetzt. Der Gedanke, sie zu beerdigen, war für uns unerträglich. Sie sollte über der Erde bleiben. Ihre Urne hat einen Platz in einer weißen Säule bekommen, die in der Sonne leuchtet und vom ganzen Friedhof aus zu sehen ist. Es ist ein wunderschöner Platz auf einem sehr schönen hellen Friedhof. Vor der Säule steht eine Bank, und wir dürfen den Platz vor der Säule nutzen, um ihr schöne Dinge mitzubringen. Die Trauerfeier durften wir sehr nach unseren Wünschen gestalten, auch wenn der Bestatter erst etwas skeptisch war. Wir haben uns gegen den typischen Urnenständer entschieden und die Urne von einem großen Teddy halten lassen. Dazu gab es Blumenbälle und bunte Ballons. Auch wenn sich das bei einer Trauerfeier komisch anhört: es war wunderschön. Etwa 120 Menschen haben uns auf Finjas letztem Weg begleitet. Sie kamen in bunter Kleidung, so, wie wir es uns gewünscht hatten. Finja liebte bunte Farben, und Trauerbekleidung passt nicht zu unserem fröhlichen kleinen Mädchen. Jeder, der wollte, durfte ihr noch eine Kleinigkeit mit ins Fach legen, und alle ließen Luftballons steigen. Es hat ihr gefallen, da sind wir uns sicher.«

Gefühle beruhigen

Hier beschreibe ich Ihnen drei Übungen, die dabei helfen, Gefühle zu beruhigen und aushalten zu können. Sie können diese Übungen für sich selbst nutzen, wenn Sie merken, dass die Gefühle des Trauernden auch in Ihnen starke Emotionen wecken. Sie können sie auch dem Trauernden vorschlagen oder sich mit ihm darüber austauschen – sie stehen auch im Buch »Ich lebe mit meiner Trauer«.

Körperübung zur Stabilisierung

Wenn Ihnen das Fühlen zu viel und zu stark wird, suchen Sie immer mal wieder Möglichkeiten, sich zwischendurch zu beruhigen. Ihr Körper hilft Ihnen dabei. Sie brauchen nur fünf Minuten und einen Ort, an dem Sie für diese Zeit ungestört sind. Diese Übung können Sie im Sitzen oder im Stehen machen:

Stellen Sie als erstes beide Füße fest auf den Boden und spüren Sie den Untergrund. Bewegen Sie Ihre Hände, reiben Sie sie aneinander. Klopfen Sie mit einer Hand den gegenüberliegenden Arm von oben nach unten zur Hand hin ab. Wiederholen Sie das mit der anderen Hand. Klopfen Sie auch Ihre Oberschenkel oder reiben Sie fest über Ihre Haut. Konzentrieren Sie sich darauf, wie Ihre Haut sich anfühlt, wie Ihre Füße auf dem Boden stehen, wie Ihr Atem geht. Falls Sie den Wunsch haben, jetzt ein paar Schritte zu gehen, tun Sie das! Spüren Sie dabei ihren ganzen Körper und den Boden unter den Füßen. Behalten Sie diese Aufmerksamkeit für Ihren Körper auch im weiteren Tag, solange es geht, und wiederholen Sie diese einfache Übung, sooft es Ihnen in den Sinn kommt.

Diese Übung finden Sie unter
www.trauerkaleidoskop.de.

Körperübung zur Beruhigung

Zur Beruhigung eignet sich auch diese Klopfübung: Setzen Sie sich aufrecht hin und klopfen Sie einige Atemzüge lang ruhig mit den Fingerspitzen den Bereich unter Ihrem Schlüsselbein, entweder auf beiden Seiten gleichzeitig oder nacheinander. Wenn es Ihnen angenehm ist, streichen Sie anschließend mit der rechten Handfläche in ruhigen Kreisen über Ihre Herzgegend. Tun Sie das, solange es sich angenehm anfühlt. Nehmen Sie wahr, dass ihr Atem sich vertieft und beruhigt.

Spüren Sie anschließend Ihre Füße auf dem Boden. Wenn Sie möchten, können Sie ein paar Schritte gehen. Vielleicht holen Sie sich etwas zu trinken oder essen sogar eine Kleinigkeit.

Diese Übung finden Sie unter
www.trauerkaleidoskop.de.

Phantasieübung

Eine andere Möglichkeit, uns zu beruhigen, finden wir in unserer Phantasie. Stellen Sie sich z. B. vor, Ihre Gefühle seien wie das Meer in Ebbe und Flut: die intensiven Gefühle kommen und dann weichen sie ein Stück zurück, dann branden sie wieder an den Strand, dann fluten sie wieder ein Stück zurück und immer so weiter. Suchen Sie sich innerlich einen Ruheort, von dem aus Sie das Spiel des Meeres beobachten können, vielleicht eine Düne, auf der Sie sich im warmen Sand ausstrecken. Nehmen Sie den Sand wahr, die Kuhle, in der Sie liegen, den Wind, der über Sie hinwegstreicht, und ein Stück entfernt kommt und geht das Meer. Vielleicht brauchen Sie auch das innere Bild eines Leuchtturms, in dem Sie hoch oben über der stürmischen See in Sicherheit sind. Spüren Sie die festen Mauern, sehen Sie den Lichtschein, der über Land und Meer streicht, spüren Sie den Rhythmus, in dem alles geschieht.

Sie können Ihren Ruheort jederzeit mit Ihrer Phantasie aufsuchen.

Diese Übung finden Sie unter
www.trauerkaleidoskop.de.

Unterstützen oder einengen

Versuchen Sie, mit Ihrem Verhalten weder ein Stolperstein auf dem Trauerweg noch ein Zerr-Spiegel zu sein. Zum Stolperstein werden Vorschriften, wie Gefühle jetzt zu sein haben und wie sie ausgedrückt werden sollen. Es kann sein, dass Sie als UnterstützerIn gern eine Art von »Kontrolle« über die Situation hätten. Vielleicht meinen Sie, dass Sie genau wüssten, wie die anderen sich verhalten sollten, damit alles möglichst schnell wieder gut wird. Das ist leider ein Irrtum. Mit Vorschriften und Besserwisserei entmündigen Sie die Trauernden und behandeln sie wie Schwerstkranke, die nicht mehr selbst entscheiden können. Das sind sie aber nicht. Trauer ist ein verwirrender, kräftezehrender und normaler Prozess. Der Mensch, den Sie unterstützen, braucht keine Anweisungen und Verbote, sondern Vertrauen. Das gilt besonders dann, wenn der trauernde Mensch seine Gefühle mithilfe von Alkohol, Drogen oder Medikamenten in Grenzen halten oder ganz abstellen will. Das ist dann im Moment sein versuchter Aus-Weg, die Flutwellen der Emotionen zu regulieren. Für Unterstützende ist das schwer auszuhalten, denn so ein Aus-Weg birgt durchaus Gefahren. Man verhindert durch Unterdrücken die Erfahrung, dass Gefühle aushaltbar sind und es sogar Erleichterung verschafft, sie zuzulassen. Stattdessen kann die Angst vor den eigenen Gefühlen immer größer werden und den weiteren Trauerweg erschweren. Es kann sogar ein Suchtproblem entstehen. Trotzdem – es ist die Entscheidung des trauenden Menschen, wie er oder sie mit sich selbst umgeht.

Tipp

- *Als UnterstützerIn können Sie »nur« stützen, nicht schieben. Halten Sie sich mit Vorwürfen zurück. Die lösen im Trauernden nur noch mehr Stress und Überforderung aus.*

- *Beobachten Sie das Verhalten und suchen Sie einen ruhigen Moment, diese »Strategie« und ihre Nebenwirkungen anzusprechen. Gemeinsam finden Sie vielleicht Unterstützungsmöglichkeiten, wie der Trauernde doch seine Not und seine Gefühle zulassen kann.*

- *Wenn der Trauernde schon vor dem Todesfall regelmäßig Suchtmittel benutzt hat, wird er das wahrscheinlich auch weiter tun, und Sie haben leider keinen Einfluss darauf. (Als Angehöriger oder guter Freund sind Sie dann nicht nur mit einem Trauerprozess des nahen Menschen konfrontiert, sondern auch mit einer möglichen Suchterkrankung.)*

Wichtig:
Überprüfen Sie sich selbst, welche Substanzen oder Techniken Sie benutzen, um Ihre Gefühle und eventuelle Überforderung zu dämpfen. Es gibt pflanzliche Alternativen ohne Suchtpotenzial und ohne nennenswerte Nebenwirkungen (Baldrian, Melisse, Hopfen, Johanniskraut), die Sie auch für sich selbst nutzen können. Auch eine Kurzzeitberatung, ein Coaching oder eine Psychotherapie stünden zur Verfügung, um sich selbst besser kennenzulernen. Sie sind ja nicht nur UnterstützerIn!

Trauerfacette Sich anpassen – Unterstützen, Anregen

Für Trauernde ist vieles anders in diesen Wochen nach dem Tod eines nahen Menschen. Es gibt wenig Alltag, wie man ihn kennt. Die haltgebenden Routinen des täglichen Lebens sind unterbrochen, Seelenschmerz und Fassungslosigkeit beanspruchen Energie und Zeit, gleichzeitig muss sehr Vieles erledigt werden. Die ersten Wochen bestehen aus Anpassungsleistungen auf unterschiedlichen Ebenen. Trauernde haben nicht die Wahl, ob sie sich an die veränderten Lebensbedingungen anpassen möchten, aber sie haben immer wieder Wahlmöglichkeiten, WIE sie das tun. Sie haben die Wahl, was sie wem auf welche Art und Weise mitteilen. Sie wählen die Worte und Bilder für die Karte und die Todesanzeige. Sie bestimmen, wer bei der Bestattung sprechen soll, welche Musik gespielt wird und ob es eine offene Aufbahrung gibt. Sie haben auch die Wahl, sich dabei mit anderen Familienmitgliedern abzusprechen, oder manche dieser Entscheidungen jemandem zu überlassen und andere wieder selbst bzw. gemeinsam zu fällen. Als praktische UnterstützerIn können Sie zum Trittstein werden, wenn Sie Trauernden Erledigungen abnehmen, sie nach ihrer Meinung fragen und sie darin bestärken, ihre Wünsche umzusetzen.

Neue Aufgaben

In einer Beziehung oder in einer Familie hat jeder seine Rolle und Aufgaben. Wenn jemand stirbt, sind diese Aufgaben plötzlich offen. In der Trauerfacette »Sich Anpassen« geht es auch um diese offenbleibenden Aufgaben, die oft ganz alltäglich sind. Wer bringt jetzt den Müll runter? Wer macht jetzt die Wäsche? Wer fällt jetzt die Entscheidungen? Wer hört mir jetzt zu? In den ersten Wochen geschieht das ohne viel Nachdenken. Jeder »rutscht« an eine freiwerdende Stelle. Die Trauerfacette »Sich Anpassen« kann für manche Familienmitglieder alle andern Facetten überdecken und sich dabei mit dem »Überleben« verbinden. Vor allem Kinder und Jugendliche passen sich der veränderten Situation sofort an und übernehmen dabei oft Aufgaben, die eigentlich von Erwachsenen übernommen werden sollten. Ältere Geschwister werden zu »praktischen UnterstützerInnen« und »stabilen Personen« für die Jüngeren, bringen sie ins Bett, lesen ihnen die gewohnte Gutenachtgeschichte vor und machen ihnen

Frühstück, wenn die Erwachsenen mit anderen Dingen beschäftigt sind. Sie übernehmen den Haushalt und fällen Entscheidungen, wenn die Erwachsenen sich nicht dazu in der Lage sehen. Auch heranwachsende und erwachsene »Kinder« kehren ins Elternhaus zurück, wenn z. B. der Vater gestorben ist, und sind als »praktische UnterstützerInnen« und immer wieder auch als »stabile Person« für die verwitwete Mutter da – mitunter ohne zu beachten, dass auch sie selbst um den soeben verstorbenen Vater trauern.

Trittsteine für Sie als UnterstützerIn

Wenn Sie selbst in dieser Situation sind, über lange Zeit hinweg die Rolle des Unterstützers in Ihrem Familiensystem auszufüllen:

- *Achten Sie darauf, diese Rolle im Lauf der kommenden Trauermonate und Jahre möglichst bald wieder abzugeben! Sie dürfen Ihr eigenes Leben behalten.*

- *Halten Sie Ausschau nach anderen UnterstützerInnen für den Trauernden, beruflichen und privaten.*

- *Versuchen Sie, mehr Vertrauen in den Trauernden zu entwickeln.*

- *Überlegen Sie, ob Sie selbst Unterstützung bekommen können. Sprechen Sie mit Freunden oder einer Psychotherapeutin über Ihr Dilemma.*

Geschichte von einer unerwarteten »stabilen Person«

Hape Kerkeling war 10 Jahre alt, als seine Mutter sich nach längerer Krankheit das Leben nahm. In seinem Buch »Der Junge muss an die frische Luft« beschreibt er die Beerdigung im Jahr 1973:
»Es ist ganz erstaunlich für mich zu erleben, wer sich an jenem Tag mit mir auseinandersetzt und wer eben nicht. Wer hält mich

in meinem seelischen Aufruhr überhaupt noch aus? ... Als wir vor die Haustür treten, wartet da als einzige meine Tante Veronika, eine entfernte angeheiratete und wasserstoffblonde Cousine meiner Mutter. Das erstaunt mich. ... Tante Veronika kondoliert allen, und als mein Vater ihr seine Hand reicht, nutzt sie die Gelegenheit und zieht mich zu sich. ›Ich kümmere mich heute um den Jungen!‹ ... Was für eine unerwartete und glückliche Wendung! Sie zieht mich von meiner Familie weg und prescht mit mir im Schlepptau Richtung Kirche. Sie ist natürlich auch sehr betroffen, aber eben nicht so komplett am Boden zerstört wie meine nahen Verwandten. Das ist jetzt seltsam wohltuend. ... ›Du hältst einfach meine Hand!‹, lächelt sie mich an. ›Wir zwei stehen das jetzt gemeinsam durch. Wir sind doch nicht aus Zucker! Was, Hans-Peter?‹« (S. 231)

Trauerfacette Verbunden bleiben – Aushalten, Zuhören, Eifersucht vermeiden

Zeichen und Erinnerungen

Trauernde suchen die Nähe des Verstorbenen auf vielen Wegen, die Ihnen vielleicht seltsam vorkommen: Manche schlafen im T-Shirt der Verstorbenen und in der Bettwäsche, die noch nach ihr riecht. Sie hören den Anrufbeantworter wieder und wieder ab, um die vertraute Stimme sprechen zu hören. Körperliche Spuren werden bewahrt im Duft der zuletzt getragenen Kleider, im Lippenstiftrand auf der Lieblingstasse, im aufgeschlagenen Buch neben dem Sessel. Man bewahrt sie, solange es möglich ist, spürt darin die Gegenwart und Besonderheit des Menschen, der nicht mehr lebt. Daran ist nichts gefährlich oder »pathologisch«. Daneben gibt es die nicht-körperlichen Erlebnisse, die für manche erschreckend sind, für andere beglückend, und wieder andere sehnen sich vergeblich nach ihnen: Die Verstorbenen scheinen anwesend zu sein, sie scheinen Zeichen zu senden oder Traumbilder mit Nachrichten. Viele Glaubenstraditionen sehen die ersten vierzig Tage bzw. sechs Wochen als eine besondere Zeit, in der die Verstorbenen noch nicht ganz im Jenseits, im Totsein angekommen sind. Ich finde es unwichtig, ob das so ist oder ob unsere Sinne uns einen Streich spielen, weil sie sich nicht so schnell daran gewöhnen können, wie sehr jetzt alles anders ist. Solche Präsenzerlebnisse sind in der Regel tröstlich und lindern die Einsamkeit für Momente. Intensive Erinnerungen an einen Menschen, der gerade gestorben ist, nehmen bei den engsten Angehörigen viel Raum ein bei den Vorbereitungen und der Durchführung der Abschieds- oder Beerdigungsfeier. Die UnterstützerInnen sind oft erst bei der Feier selbst einbezogen. Der oder die Verstorbene kann in der Begräbnisfeier in Gedanken und Gefühlen ganz nah sein. Alles, was zusammen erlebt wurde, fühlt sich lebendig und stark an. So kann ein Bewusstsein entstehen, dass der vor kurzem verstorbene Mensch über seinen Tod hinaus tatsächlich den vielzitierten »Platz im Herzen« haben wird. Es kann auch sein, dass für Trauernde das Erleben von Einsamkeit und Zurückgelassensein stärker ist als Momente von innerer Verbundenheit. Man fühlt sich dann zurückgelassen, alleingelassen, buchstäblich als »Hinterbliebener«. Dann schmerzt die » Anwesenheit der Abwesenheit« immer stärker, und jedes Erlebnis von Verbundenheit lässt die entstandene Lücke nur noch stärker bewusst werden. Für Sie als UnterstützerIn mag es manchmal verletzend sein, dass Ihre Anwesenheit und Unterstützung vorausgesetzt werden. Sie stehen jetzt selten im Mittelpunkt, und Ihre Gefühle werden wenig beachtet. Gleichzeitig ist der Verstorbene sehr präsent, alles dreht sich um ihn und die Verbundenheit mit ihm.

Tipp

Es kann sein, dass Sie sich hin und wieder ungerecht behandelt oder zurückgesetzt fühlen. Dann reagieren Sie vielleicht gereizt und bringen sich z. B. durch einen Streit wieder »ins Spiel«. Versuchen Sie, solche Gefühle ehrlich wahrzunehmen und dann in den Hintergrund zu stellen. Dies ist eine Ausnahmesituation, in der es mehr um den Trauernden geht als um Sie. Suchen Sie Bestätigung und Halt bei anderen Angehörigen oder Freunden, damit Sie es aushalten, für den Trauernden da zu sein. Langfristig werden die Liebe zum Verstorbenen und die Verbundenheit mit den Lebenden kein Widerspruch sein!

Es kann sein, dass Sie ebenfalls trauern und in Ihrem Verlust nicht gesehen werden. Vielleicht stellen Sie sich sogar selbst zurück, weil Sie der Meinung sind, Ihr Verlusterleben sei weniger wichtig. Wenn z. B. Ihr Bruder gestorben ist und Sie es sich zur Aufgabe gemacht haben, Ihre Eltern zu stützen. Dann möchte ich Sie ermutigen, Ihre eigene Trauer ernst zu nehmen. Sie haben ein Recht auf Unterstützung und auf Mitgestaltung der wichtigen Abschiedszeit. Nehmen Sie sich ab und zu Zeit für sich, spüren Sie, was Sie selbst wünschen und brauchen. Bringen Sie sich ein in die Planung der Abschiedsfeier, wahrscheinlich werden Ihre Bedürfnisse gar nicht im Widerspruch zu den Bedürfnissen der anderen Trauernden stehen. Falls doch – suchen Sie sich Menschen und Orte, an denen Sie und Ihre Verbundenheit mit dem Verstorbenen im Mittelpunkt stehen können.

Trauerfacette Einordnen – Zuhören, Deeskalieren

Die Menschen, die wir lieben (und manchmal auch hassen), geben unseren Gefühlen eine Richtung, sie sind uns der Spiegel, in dem wir uns selbst sehen. Sie sind auch der Platzanweiser, der uns eine Rolle und eine Bedeutung im Leben zuweist. Wenn der/die andere tot ist, stehen die Weiterlebenden plötzlich allein auf einer Bühne: Aus dem Dialog wird ein Monolog, die Stichwörter passen nicht mehr. Man glaubte bisher, in einer Komödie für mehrere Personen zu spielen, findet sich aber plötzlich in einem tragischen Einpersonenstück wieder: »Nichts passt mehr zusammen!« – »Alles ist jetzt sinnlos!«, so drücken es viele Hinterbliebene aus. Ohne den Verstorbenen fühlen sie sich manchmal richtungslos und verloren in der Welt. Der innere Kompass war auf das gemeinsame Leben ausgerichtet, oder zumindest war der Andere immer im Hintergrund präsent. Dadurch, dass dieser Mensch plötzlich tot ist, fehlt ein wesentliches Puzzleteil der eigenen Welt, und alles scheint auseinanderzufallen.

Dies alles ist für Sie als UnterstützerIn vielleicht befremdlich, denn Ihr eigenes Leben ist nicht in demselben Ausmaß »aus der Bahn« geworfen. Versuchen Sie, die Verwirrung und Orientierungslosigkeit auszuhalten. Ihre Anwesenheit und Unterstützung kann ein wichtiger Orientierungspunkt für die Trauernde sein. Dazu müssen Sie keine Ratschläge geben, Ihre mitfühlende und stabile Anwesenheit ist das Wichtigste.

Ein ganzes Leben zusammenfassen

Gesellschaftliche Rituale helfen, den Rückblick auf das Leben des Verstorbenen sinn-voll zu organisieren. Für die Todesanzeige und die Bestattung werden Erinnerungen an den Verstorbenen gesammelt, geordnet und zusammengefasst. In Bildern, Texten und der Würdigung des Lebens bei der Abschiedsfeier bzw. dem Trauergottesdienst soll mehr sichtbar werden als eine Ansammlung biografischer Fakten: Was war das Besondere an ihm oder ihr? Was hat sie der Welt hinterlassen? Gibt es ein Gefühl von »dieser Tod passt zu diesem Leben«? Ist da etwas »rund geworden«? Auch in den Beileidskarten, in Kondolenzbüchern und in posthumen Facebookeinträgen wird das Leben der Verstorbenen gewürdigt. Bestimmende Charakterzüge und Verdienste werden hervorgehoben. Fotos in typischen Posen oder Situationen formen das Bild, das bleiben soll. Anekdoten von eigenwilligen Aussagen oder Verhaltensweisen geben den vielfältigen Erinnerungen eine Richtung: auf DIESE Dinge sollte man sehen, denn SO ist dieser Mensch gewesen! DAS hat er uns bedeutet! Diese Versuche, den verstorbenen Menschen rückblickend in seine Zeit und seine Gemeinschaft einzuordnen, sind nicht perfekt und müssen es auch gar nicht sein. Sie werden in den kommenden Trauermonaten und -jahren immer weiter vervollkommnet werden. Das wird dann im kleinen Kreis geschehen, und jeder Einzelne wird das für sich tun.

Wem gehört der Verstorbene?

Ein anderer Aspekt des Einordnens betrifft die »Rechte und Pflichten«, die einzelnen Trauernden zugestanden werden. Es gibt sozusagen Trauernde erster, zweiter und dritter Klasse. Vor dem Gesetz sind EhepartnerInnen erstrangig, dann kommen die leiblichen Kinder, Eltern und Geschwister. In dieser Reihenfolge gibt es das Recht und die Pflicht auf Bestattung und die Rechte und Pflichten bei der Auflösung und Verteilung des Nachlasses. Das bekommt große Bedeutung, wenn zwei Menschen unverheiratet zusammengelebt haben. Solange es nicht testamentarisch anders festgelegt ist, können die Eltern der/des Verstorbenen die Beerdigung und die gesamte Erbschaft auch ohne Einwilligung des unverheirateten Partners regeln. Auch wenn es jahrelang keinen Kontakt mehr gegeben hatte. Das Kämpfen um Vorrechte bei der Bestattung ist eine Auseinandersetzung um die gefühlt »wichtigste« Beziehung.

Da sind die verschiedenen Beteiligten nicht immer einer Meinung. Eltern von erwachsenen Kindern können z. B. die Jahre aufzählen, die sie ihr Kind erzogen haben und meinen, dass einige Jahre Partnerschaft dagegen weniger wichtig sind. Auch Geschwister, die eine enge Bindung an den verstorbenen Bruder oder die Schwester hatten, empfinden deren Partner manchmal als wenig bedeutend für das Leben des Verstorbenen. Partner wiederum sprechen von der Seelenverwandtschaft, die sie mit dem Verstorbenen geteilt haben und meinen, dass sich damit kein Mitglied der Herkunftsfamilie messen kann. Hier mischen sich die Facetten »Einordnen« und »Verbundenbleiben« und sogar »Überleben«. Sehnsucht und Schock führen zu dem Bedürfnis, maximale Kontrolle über die weiteren Abläufe zu bekommen. Man will alles allein und nur nach den eigenen Bedürfnissen gestalten, niemand soll sich einmischen, niemand soll einem den Toten noch ein Stück wegnehmen. Für Sie als UnterstützerIn sind diese »Kämpfe« vielleicht unverständlich und sinnlos. Sie entwickeln eigene Meinungen dazu und möchten Einfluss nehmen. Es kann sein, dass Sie den Konflikt noch anheizen, weil Sie meinen, dass »Ihr« Trauernder ungerecht behandelt wird.

Tipp

- *Vermeiden Sie, die Stimmung noch mehr mit Aggression aufzuladen, das nützt niemandem.*

- *Hören Sie dem Trauernden zu, hören Sie genau auf das, was er möchte und braucht. Seien Sie mitfühlend und verständnisvoll und vermeiden Sie eigene Wutausbrüche.*

- *Suchen Sie Wege, wie der Trauernde auf die anderen zugehen könnte.*

- *Nutzen Sie Ihren »Überblick« als UnterstützerIn und sehen Sie, dass hier verschiedene Menschen am Beginn ihres jeweiligen Trauermarathons laufen, stolpern oder losstürmen.*

- *Wenn es nicht gelingt, die verschiedenen Bedürfnisse zusammenzubringen, unterstützen Sie den Trauernden dabei,*

Alternativen zu finden. Man kann z. B. eine separate Abschiedsfeier organisieren, wenn die verschiedenen Familienmitglieder sich nicht einigen können.

- *Bleiben Sie als UnterstützerIn, wenn es irgendwie geht, mitfühlend mit allen Angehörigen, auch wenn Sie klar Partei ergreifen für den Menschen, den sie am stärksten unterstützen! In meiner Praxis habe ich immer wieder erlebt, dass solche verletzenden Konstellationen sich wenigstens teilweise auflösen können. Das dauert allerdings oft Jahre und es braucht innere Gelassenheit.*

Krank, trauernd oder verrückt?

Die Trauerfacette Einordnen betrifft auch die Sicht, die man selbst bzw. das Umfeld auf die Reaktionen des/der Trauernden entwickelt. In welche »Schublade« wird er/sie gesteckt? Ich empfehle Ihnen, Trauernde als ganz normale Menschen zu betrachten, die auf ein extremes Lebensereignis reagieren – und das manchmal auf genauso extreme Weise, wie der Tod eines nahen Menschen sie getroffen hat. Der Gesetzgeber hat genau zwei Tage vorgesehen, die die engsten Angehörigen sich frei nehmen können, wenn jemand gestorben ist. Das reicht selten aus, um alles zu erledigen und wenigstens eine Weile mit der eigenen Trauer bewusst in Berührung zu kommen. Viele Trauernde werden deshalb »krankgeschrieben«, weil sie noch gar nicht wieder in der Lage sind, ihren normalen Berufsalltag auszufüllen. Die wenigsten Arbeitnehmer wissen, dass sie dann nicht wegen »Trauer« arbeitsunfähig geschrieben wurden, denn diese Diagnose gibt es unter den vielen möglichen Gründen für eine Krankschreibung bisher nicht. Die Diagnose lautet »Belastungsstörung bzw. außergewöhnliche Belastungsreaktion durch ein besonderes Lebensereignis«. Und häufig lautet sie bereits in den ersten Tagen: »Depressive Episode«. Man könnte eigentlich sagen, dass es egal sei, was als Begründung aufgeführt wird, aber ganz egal ist es dann doch nicht. Solch ein Vorgehen verändert den Blick auf Trauer und lässt sie als »Störung« oder gar Krankheit erscheinen. Es führt aber vor allem auch dazu, dass sehr schnell Medikamente verschrieben werden, die gegen Depressionen wirken, nicht aber gegen Trauer. Da Trauer keine Krankheit ist, braucht man keine Medikamente »dagegen«; man braucht in den ersten Wochen Unterstützung bei einem Übermaß an Aufgaben, bei einem Schock und bei Gefühlen, die man nicht aushält. Diese Unterstützung erfolgt in den allermeisten Fällen durch andere Menschen; sie kann durch pflanzliche Mittel ergänzt werden und nur in Ausnahmefällen durch Schlafmittel oder Psychopharmaka. Machen Sie als UnterstützerIn konkrete Angebote für menschliche Nähe oder bestimmte Aufgaben. Überprüfen Sie, was Sie »können«. Sind Sie eher in der Kinderbetreuung erfahren oder im Anträge-Stellen? Können Sie gut kochen oder gut zuhören? Bieten Sie das an, was Ihnen liegt, ohne sich zu überfordern.

Tipp

Sehen Sie sich als Teil eines Netzwerks, Sie sind ein Faden in diesem Netz. Alles, was Sie nicht bewältigen können, schafft vielleicht jemand anderer. Denken Sie auch an berufliche UnterstützerInnen und beziehen Sie deren Angebote mit ein. Entwickeln Sie Vertrauen in die Trauernde! Sie müssen ihr nicht alles abnehmen oder jede Entscheidung für sie treffen.

Der Trauermarathon ist losgegangen, die Zeit bis zur Bestattung war wie ein Tunnel oder eine Schleuse, nun beginnt der Lauf in offenem und zunehmend ungeschütztem Gelände. Die Lebenswirklichkeiten der Unterstützenden und der Trauernden entwickeln sich nun stärker auseinander. Als UnterstützerIn haben Sie die Möglichkeit, in einen weitgehend unveränderten Alltag zurückzukehren. Für Trauernde geht es aus der unmittelbaren Krise in eine anstrengende Mischung aus Alltag und Trauermarathon. Auf der einen Seite normalisiert sich ihr Leben, Trauernde kehren zurück an den Arbeitsplatz und in die Schule, an die Uni oder den Ausbildungsplatz. Auf der anderen Seite wird mit jedem Tag deutlicher, was alles fehlt und wie weh das tut. Wie kann Unterstützung nun aussehen? Vielleicht haben Sie gemeint, dass Unterstützung bedeute, den Trauernden vor allem von seinem Schmerz abzulenken und möglichst viel zusammen glücklich zu sein, ohne dabei an den verstorbenen Menschen zu denken. Damit liegen Sie falsch. Unterstützung auf dem Trauerweg macht den Trauerschmerz aushaltbarer, sie macht ihn nicht »weg«.

Praktische Unterstützung

Im Lauf des ersten Trauerjahrs werden die ganz praktischen Lücken, die ein Verstorbener hinterlässt, deutlich. Das Aufhängen der Gardinen, das Rasenmähen, das Schmücken des Weihnachtsbaums, die Hausaufgabenhilfe für die Kinder, sogar der Kontakt zu Freunden sind vielleicht von der Verstorbenen gemacht worden und die Weiterlebenden müssen sehen, wie sie diese Dinge jetzt erledigen. Praktische Unterstützerinnen sind willkommen – wenn sie selbstverständlich und rücksichtsvoll auftreten. Ein »Nein« als Antwort auf ein Hilfsangebot sollten Sie möglichst ohne persönliche Kränkung akzeptieren. Praktische Hilfeleistung dürfen nicht an Bedingungen geknüpft sein (»dann machen wir das aber mal richtig, ich zeige dir, wie ich mir das denke«). Auch enge Zeitvorgaben (»ich kann aber nur am Sonntag zwischen zwei und drei«) machen das Annehmen von Hilfe eher unwahrscheinlich. Hier einige Beispiele für praktische Unterstützungsangebote:

- *Gesprächsangebote sind oft willkommen, vor allem der Austausch über konkrete Fragen wie die Grabgestaltung, über den Umgang mit den trauernden Kindern und den trauernden Schwiegereltern können wirklich entlasten.*

- *Das Recherchieren von Trauerangeboten oder Infos in Sachen Erbschaft und Grabpflege verschafft dem Trauernden Zeit für anderes.*

- *Die tatkräftige Mithilfe beim Ausräumen der Wohnung eines verstorbenen Angehörigen oder Rat und Tat im Kontakt mit Ämtern und Behörden können eine große Entlastung sein.*

- *Manchmal wird auch die Mithilfe beim Sortieren der Hinterlassenschaft eines Verstorbenen als hilfreich empfunden; doch hier beginnt der ganz eigene Raum des Trauernden, in dem er meistens allein und für sich und in innerem Kontakt mit dem Verstorbenen handeln möchte.*

- *Für viele Trauernde ist es wichtig, dass jemand sich um das Grab des Verstorbenen kümmert, wenn sie selbst nicht am Ort sind. Manche Urlaubsreise ist nur möglich, weil Freunde sich bereit erklären, das Grab in dieser Zeit zu pflegen.*

Tipp

Das Annehmen von Unterstützung ist tatsächlich gar nicht so einfach, es gibt dem »Nehmenden« schnell ein Gefühl von Minderwertigkeit. (Wie gut können Sie selber um Hilfe bitten? Sie annehmen?) Finden Sie Wege, Ihre Angebote nebensächlich erschienen zu lassen (»ich fahre ohnehin zum Baumarkt und dachte, da bring ich dir gleich die Töpfe mit, von denen du gesprochen hast. Und lassen Sie zu, wenn Trauernde Ihnen etwas zurückgeben möchten, sei es Benzingeld oder eine Tafel Schokolade. Das gleicht das »innere Konto von Nehmen und Geben« immer wieder aus und ermöglicht es, in einem unterstützenden Kontakt zu bleiben.

Mitmenschliche Normalität

Eine Frau, deren Mann gestorben war, sagte ein halbes Jahr nach seinem Tod halb lachend: »Mir kann man es auch grade nicht recht machen. Ich bin wie ein rohes Ei!« Dünnhäutigkeit ist keine Krankheit, also können Sie mit der lang anhaltenden erhöhten Verletzlichkeit der Trauernden geduldig umgehen. Verabschieden Sie sich von der Illusion, es könnte eine perfekte Unterstützung geben. Es wird immer wieder Missverständnisse und »schlechtes Timing« geben zwischen Ihnen und dem Menschen, den Sie auf dem Trauerweg unterstützen. Rücksichtsvolle Normalität und geduldiger Respekt sind da die besten Ratgeber. Es darf auch mal eine Auseinandersetzung um unterschiedliche Meinungen geben, solange Sie nicht in die Besserwisser-Rolle fallen. Und bitte entschuldigen Sie sich, wenn Sie eine Grenze überschritten haben, ob gewollt oder ungewollt. So bleiben Sie ein Mitmensch auf Augenhöhe.

Stabile Person

Die Fähigkeiten als »stabile Person« werden jetzt deutlich weniger gebraucht als in den ersten Wochen nach einem Tod. Die Trauernde stabilisiert sich und möchte oft auch erleben, dass sie mehr und mehr mit sich selbst ausmachen kann. Das stärkt das Selbstbewusstsein und die Fähigkeit, den weiteren Trauerweg zu gehen. Drängen Sie Trauernde nicht, »mehr rauszulassen«. Halten Sie sich lieber bereit, kommentarlos da zu sein in Momenten, in denen der Schmerz besonders heftig wird. Das gilt vor allem für die besonderen Tage, die das Jahr strukturieren: allgemeine Feiertage wie Weihnachten und Ostern, aber vor allem persönliche Gedenktage wie Geburtstage, der Hochzeitstag und natürlich der Todestag. Hier einige Beispiele möglicher Unterstützung:

- *Sie können an Jahrestagen des Geburtstags oder des Todes Zeit mit der Trauernden verbringen, Halt und Trost geben.*

- *Bei Familienfesten können Sie neben der Trauernden sitzen und durch Ihre Anwesenheit Stabilität geben.*

- *Sie können sich bereiterklären, telefonisch erreichbar zu sein, wenn die Trauernde jemanden zum Reden braucht. Eventuell stehen Sie auch nachts für Telefongespräche zur Verfügung, überlegen Sie aber bitte genau, was Sie wirklich geben können.*

- *Trauernde können immer wieder unerwartet von ihren Gefühlen überwältigt werden, manchmal ausgelöst durch eine Frage, die jemand stellt, oder ein Lied, das im Radio läuft. Dann schlüpfen Sie innerhalb von Sekunden in die Rolle der »stabilen Person«, sind einfach da, bieten Ihren Arm oder ein Taschentuch an. Vielleicht erklären Sie anderen Menschen kurz, was »los ist«, oder Sie bieten der Trauernden an, mit ihr einen Spaziergang zu machen.*

Das erste Trauerjahr

Die eigene Sehnsucht

Der Mensch, den Sie unterstützen, bedeutet Ihnen etwas. Sie mögen ihn, vielleicht lieben Sie ihn. Dieser Mensch hat vor dem Tod eines anderen eventuell viel mit Ihnen geteilt. Nun ist er sehr mit seinem Trauerweg beschäftigt, und Ihre Verbundenheit miteinander konzentriert sich auf die Begleitung des Trauerweges. Das bedeutet Verluste für Sie als UnterstützerIn. Die vorher geteilte Freude und die gemeinsamen Unternehmungen sind erst mal »Geschichte«. Wenn der Trauernde bisher eine Ihrer wichtigsten Stützen im Leben war, dann haben Sie vorübergehend eine eigene Ressource verloren.

Natürlich kommt Sehnsucht auf nach den »alten Zeiten«; man wünscht sich, der andere solle möglichst bald wieder so sein »wie früher«. Leider kann sich dieser Wunsch nicht erfüllen. Jedes einschneidende Lebensereignis verändert Menschen, und der Tod eines Vertrauten bedeutet für viele Trauernde einen tiefen Einschnitt in ihr bisheriges Leben. Dieser Einschnitt überträgt sich in Ihre Beziehung zueinander. Wenn Sie dem Trauernden sehr nah stehen, führt es dazu, dass sich auch in Ihrem Leben etwas verändern wird.

Übung: »Mein Gartenzaun«

Suchen Sie sich einen ruhigen Ort und nehmen Sie sich zwanzig Minuten. Nehmen Sie ein leeres Blatt Papier und einen oder mehrere bunte Stifte mit. Legen Sie alles zur Seite, schließen Sie für einige tiefe Atemzüge die Augen und konzentrieren Sie sich nur auf sich selbst und den Moment. Wenn Sie die Augen wieder öffnen, nehmen Sie das Papier und nutzen Sie es entweder zum Notieren einiger Ideen oder zeichnen Sie drauflos, was Ihnen zu meiner Vorstellungsübung einfällt: Stellen Sie sich vor, Ihr Leben sei ein Haus mit einem schönen Garten. Alle Bereiche Ihres Lebens haben hier Platz. Alle Gefühle, alle Menschen, die Ihnen wichtig sind, alle Hobbys, Ihre Arbeit, alle Erinnerungen sind hier gut untergebracht. Wie groß ist Ihr Haus und wie weitläufig ist der Garten?

Um Ihr Lebenshaus mit dem schönen Garten herum gibt es einen Gartenzaun. Dahinter beginnen die Grundstücke mit den Lebenshäusern von anderen Menschen. Sie können sich gegenseitig besuchen, dafür gibt es verschiedene Türen im Zaun. Wie sieht Ihr Gartenzaun aus? Welche Form haben die Gartentore?

Sehen Sie sich um, wo das Grundstück des Menschen ist, den Sie auf dem Trauerweg unterstützen. Wie ist die Abgrenzung der Grundstücke beschaffen, wie Ihr Gartentörchen? Versuchen Sie auf jeden Fall eine sichtbare Abgrenzung herzustellen, einen kleinen Jägerzaun oder einen Grenzstein, irgendetwas, das die unterschiedlichen Bereiche kennzeichnet. Nehmen Sie wahr, dass auch ein enger Verwandter, ein Partner und sogar ein Kind einen eigenen Lebensbereich hat und für seine psychische Gesundheit braucht.

Stellen Sie sich vor, dass Sie beide sich »am Gartenzaun« begegnen und manchmal auch in die jeweiligen Bereiche einladen. Doch dann kehrt jede/r in das eigene Lebenshaus zurück.

Sehen Sie zum Abschluss noch einmal auf Ihre Notizen oder die Zeichnung und nehmen Sie wahr, welche Gefühle das auslöst. Entscheiden Sie, wo Sie das Blatt aufbewahren möchten, und schließen Sie zum Abschluss noch einmal die Augen für einige tiefe Atemzüge. Wenn Sie das Blatt gut verstaut haben, gönnen Sie sich etwas angenehmes und kehren Sie in den Alltag zurück.

Tipp

- *Einen Trauernden zu unterstützen bedeutet immer wieder, eigene Bedürfnisse in den Hintergrund zu stellen. Ihre Beziehung wird jedoch eine bessere Zukunftschance haben, wenn Sie dabei auch auf sich selbst achten.*

- *Eine Forschung mit trauernden Eltern nach dem Tod eines Kindes hat herausgefunden, dass gegenseitiges Schonverhalten den Trauerprozess beider Seiten blockiert!*

- *Wer sich mit seinen Gefühlen, Bedürfnissen und auch Abgrenzungen dem anderen nicht zumuten mag, verhindert damit den lebendigen Kontakt und erschwert sogar die Trauerprozesse!*

Trauerwege verstehen

Alle Facetten des Trauerns sind im ersten Trauerjahr präsent, nun entwickeln sich die ganz eigenen, individuell verschiedenen Trauerwege. Für jeden in der Familie und im Freundeskreis stehen andere Facetten zu anderen Zeiten im Vordergrund. Viel Geduld und Akzeptanz sind gefragt, um die immer wieder aneinander vorbeiführenden Trauerwege zu ertragen und sogar zu respektieren. An den Wegkreuzungen drohen Streit und Vorwürfe über die Verschiedenheit des Trauerns. Das erste Trauerjahr ist entgegen landläufiger Meinung nicht das einzige Trauerjahr. Das zweite, dritte und viele weitere Trauerjahre können sich anschließen. Der Trauerweg ändert sich dabei, die Trauerfacetten mischen sich mit anderen Facetten des Lebens. Schmerz und Wehmut können immer wieder aufsteigen, Vermissen und Sehnsucht werden für manche zu einem leisen Grundton des eigenen Lebens und die Angst vor weiteren Verlusten kann zu einem kaum sichtbaren Schatten werden, der sich über das veränderte Leben legt.

Das, was dauerhaft bleibt, ist meist etwas Funkelndes, Kostbares, voller Dankbarkeit und Liebe, etwas, das man nicht missen möchte. Dahin geht der Trauerweg langfristig, aber jetzt beginnt er mit dem ersten Jahr, in dem das womöglich kaum vorstellbar scheint.

Die Umrundung des Jahreskreises mündet für alle in den Tag, an dem sich das Sterben zum ersten Mal jährt. Dieses Datum, oder eher die ganze Zeit drum herum, wird als besonders schmerzhaft wahrgenommen. Danach ist es für viele etwas einfacher, ins zweite und dritte Trauerjahr zu gehen. Aber für manche vertieft sich der Schmerz noch weiter. Meist haben diese Trauernden auf dem Wegstück des ersten Jahres sehr viel Energie auf das schiere Überleben konzentriert, deshalb können sich die anderen Facetten ihres Trauerns erst nach und nach im zweiten oder dritten Jahr zeigen.

Vieles, was in diesem Kapitel über das erste Trauerjahr nun folgen wird, gilt auch für die weiteren Trauerjahre oder wird für manche Trauernde erst nach und nach spürbar.

Trauerfacette Überleben – Krisenmanagement, Ausdauertest und Netzwerke

Für manche Menschen ist das erste Trauerjahr ein »Überlebensjahr«. Wenn sie kleine Kinder zu versorgen haben oder kranke Eltern pflegen, dann haben sie eigentlich keine Wahl. Aber auch, wenn man kurz vor dem Schulabschluss oder einer Zwischenprüfung steht, wenn man gerade seinen Traumjob bekommen hat, dann geht es um das Abwägen zwischen »Überleben« und dem Raum für all die anderen Facetten des Trauerweges. Das ist für alle Menschen schwer zu entscheiden, aber vor allem für junge Erwachsene. Sie stehen am Anfang ihres selbstständigen Lebens und müssen ohnehin mit vielen Unsicherheiten und Veränderungen umgehen. Nun kommt auch noch der Trauerweg dazu. Viele entscheiden sich trotzdem, ihr Leben weiter aufzubauen: die Prüfung zu absolvieren, ins Auslandsjahr zu gehen, die Karrierechance zu ergreifen. Alle anderen Trauerfacetten werden dafür erst einmal in den Hintergrund geschoben.

Geschichte vom Überleben und den dahinter versteckten Trauerfacetten

Eine junge Frau kam zum Vorgespräch für eine Trauerbegleitung in meine Praxis. Ihr Bruder war fünf Jahre zuvor bei einem Unfall ums Leben gekommen. Sie hatte seitdem ihre Ausbildung abgeschlossen, geheiratet, ein Kind bekommen und sich in ihrem Beruf selbstständig gemacht. »Ich habe nie um meinen Bruder getrauert«, schluchzte sie. »Ich habe mich nur um mich selbst gekümmert. Was bin ich nur für eine Schwester!« Ich erklärte ihr, dass sie sich auf die Trauerfacette »Überleben« konzentriert hatte, wie es viele junge Menschen tun, um nicht in einen Sog zu geraten, in dem sie den eigenen Lebenswillen verlieren. Im weiteren Gespräch stellten wir fest, dass sie auch andere Facetten des Trauerweges betreten hatte, ohne es zu merken: Sie hatte viel um ihren Bruder geweint, heimlich, ohne dass irgendjemand es mitbekam. Genauso heimlich schrieb sie ihm in den ersten Jahren immer wieder Briefe, die sie verbrannte, um die Asche in Flüsse oder das Meer zu streuen. Sie war nach zwei Jahren im Ausland in die Nähe Ihrer Eltern gezogen, um die sie sich große Sorgen machte. Ihr Sohn trug als zweiten Namen den ihres verstorbenen Bruders. Es beruhigte die junge Frau, zu erkennen, dass sie viele Facetten des Trauerweges um ihren »kleinen Bruder« berührt hatte. Vor allem aber beruhigte sie die Idee, dass auch das energische eigene »Überleben« ein unschätzbar wichtiger Teil ihres Trauerprozesses war.

Konkrete Unterstützungsideen

Für alle Unterstützungsangebote gilt: Machen Sie Vorschläge aber verzichten Sie auf Belehrungen. Akzeptieren Sie ein »Nein« und hören Sie hin, was der/die andere braucht und annehmen kann:

- *Thema Ernährung: Sie können für Trauernde, die sehr beschäftigt sind und im selben Haus wohnen, mitkochen. Sie können Trauernde regelmäßig zum (unkomplizierten!) Essen einladen, mit ihnen zusammen kochen oder gemeinsam überlegen, ob ein Restaurant mit preiswertem Mittagstisch in der Nähe liegt.*

- *Thema Bewegung und frische Luft: Sie können Trauernde zu einem Spaziergang einladen. Einen gemeinsamen Gang zum Grab bietet kaum jemand an, wenn es für Sie und die Trauernde eine Option ist – Friedhöfe sind oft parkähnlich und es bieten sich viel Gesprächsmöglichkeiten.*

- *Thema Freizeit: Für Verwitwete sind Sonn- und Feiertage oft schwer, weil an allen Ausflugszielen Paare und Familien unterwegs sind, niemand geht allein dorthin. Das gilt auch für Theater- und Konzertbesuche oder für das Ausgehen in ein Restaurant. Es dauert ohnehin für viele Trauernde Monate, bis sie sich wieder dafür interessieren, dann können Sie es mit der Einladung zu einem kleinen Ausflug versuchen, zum gemeinsamen Konzertbesuch oder einfach zum Kaffee bei Ihnen zuhause.*

- *Thema Schlaflosigkeit: Wenn die Trauernde nicht gut schläft, können Sie einen Tee oder ein medizinisches Badepräparat schenken: Baldrian, Melisse und Hopfen helfen beim Einschlafen. Lavendelpräparate helfen gegen Grübelei. Sie können auch eine Hör-CD mit einem Hörspiel oder Entspannungsübungen verschenken.*

- *Thema Gemeinsamkeiten: Wenn Sie bisher bestimmte Dinge regelmäßig zusammen gemacht haben, knüpfen Sie behutsam daran an. Lassen Sie der Trauernden immer die Wahl, ob sie kommen möchte, aber laden Sie sie zuverlässig weiter zum Doppelkopfabend oder zum gemeinsamen Kochen ein.*

- *Thema Hilfe: Ermutigen Sie den Trauernden, langfristig Unterstützung von möglichst vielen Menschen in Anspruch zu nehmen, das können andere Freunde und Angehörige sein, aber auch berufliche UnterstützerInnen. Sie können diese Möglichkeiten ansprechen und wenn es gewünscht wird, für den Trauernden AnsprechpartnerInnen recherchieren. Eventuell begleiten Sie die Trauernde sogar zu einem ersten Termin.*

Fachliche Unterstützung

Es gibt unterschiedliche Motivationen, »Fachleute« oder spezielle Angebote für Hinterbliebene aufzusuchen. Das geschieht zum einen, wenn der Trauerweg besonders viele Stolpersteine aufweist, die alleine bzw. mit Hilfe der Familienangehörigen und Freunde nicht zu bewältigen sind. Das geschieht zum anderen, wenn Trauernde einen besonders großen Wunsch nach Austausch mit anderen Trauernden haben. Man geht in internationalen Forschungen davon aus, dass maximal zwanzig Prozent der Trauernden nach einem Verlust solche Angebote brauchen. Manche sprechen auch von nur 5 %. Eine fachliche Trauerbegleitung ergänzt das, was Freunde und Familie leisten. Grundsätzlich sind fachliche Unterstützungs-Angebote für Trauernde zusätzliche Trittsteine auf Zeit. Mit ihrer Hilfe werden Stolpersteine und Einsamkeit besser überwunden. Trauerberatung kann Trauerwege aber nicht wesentlich beschleunigen und auch nicht alle seelischen Schmerzen wegnehmen. Fachliche Beratung macht Sie und Ihre Unterstützung nicht etwa überflüssig, aber sie entlastet das private Umfeld.

Gespräche mit einer Trauerbegleiterin

Es gibt eine Vielzahl von qualifizierten Angeboten für Trauernde, die aber nicht von den Krankenkassen übernommen werden. Das Angebot geschieht entweder ehrenamtlich und wird durch eine Organisation bzw. durch Spenden finanziert oder selbst bezahlt. (Eine seltene Ausnahme sind manche Angebote für trauernde Kinder, die durch das Jugendamt bezahlt werden.) Seit fast 30 Jahren werden Menschen in umfangreichen Fortbildungen zur »Trauerbegleitung« qualifiziert. Das ist noch kein anerkannter Beruf, sondern eine berufliche Zusatzqualifizierung, die Menschen erwerben können, die bereits in einem sozialen Beruf ausgebildet wurden oder bereits sehr viel Erfahrung darin haben, auf ehrenamtlicher Basis Menschen in einer Krise zur Seite zu stehen. Diese Menschen werden TrauerbegleiterIn oder TrauerberaterIn genannt. Sie bieten unter anderem Einzelgespräche an, ähnlich wie in einer Fachberatung oder Kurzzeittherapie. Dabei wird in erster Linie die Bewältigung des Trauerweges mit all seinen Themen und Facetten besprochen. Wenn sich herausstellt, dass die Stolpersteine im Trauerprozess mehr sind als Stolpersteine, nämlich das größere und eigentliche Problem, dann ist der Wechsel in eine Psychotherapie sinnvoll. Einzelgespräche mit Trauerberatern oder -begleiterInnen dauern ca. eine Stunde, es gibt in der Regel ein unverbindliches Vorgespräch. Darauf folgen fünf, zehn oder mehr Termine in Abständen zwischen einer und mehreren Wochen. Die Beratung/Begleitung sollte die Trauernden innerhalb des ersten Trauerjahres und eine Weile darüber hinaus soweit stabilisieren, dass sie ihren Weg weitgehend allein weitergehen können.

Es gibt auch die Möglichkeit, als Paar oder sogar als ganze Familie im Trauerprozess begleitet zu werden; dazu kann man gezielt nach einer Familientrauerbegleitung suchen. Trauerbegleiter oder Trauerberaterinnen sollten eine Qualifizierung erworben haben, die durch den »Bundesverband Trauerbegleitung e.V.« zertifiziert wurde und auch selbst dort Mitglied sein. Sie finden qualifizierte TrauerbegleiterInnen auf der Homepage des Bundesverband Trauerbegleitung e.V. (www.bv-trauerbegleitung.de) sowie auf Trauerportalen wie www.gute-trauer.de. Viele Hospize bieten qualifizierte Trauerbegleitung an, nicht nur für die Angehörigen von Menschen, die im Hospiz gestorben sind. Auch Bestattungshäuser, Bildungswerke, Kirchengemeinden und verschiedene Beratungsstellen haben haupt- oder ehrenamtliche MitarbeiterInnen, die in Trauerbegleitung qualifiziert sind. Es ist nie zu spät für eine Trauerbegleitung, -beratung! Man kann auch fünf, zehn oder dreißig Jahre nach dem Tod eines nahen Menschen Unterstützung in einer Trauerberatung finden.

Tipp

Falls der Trauernde, den Sie unterstützen, wenig finanzielle Mittel hat, könnten Sie einen Teil der Kosten für eine Trauerbegleitung übernehmen.

Trauergruppen

An vielen Orten gibt es inzwischen auch Gruppen für Trauernde. Die werden von mindestens einem qualifizierten Trauerbegleiter geleitet und koordiniert. Es gibt Gruppenangebote, die sich an alle Trauernden richten, unabhängig davon, wie alt man ist und wen man verloren hat. Solche »gemischten Angebote« haben die Stärke, dass man »über den Tellerrand hinaussieht« und das Verbindende aller Trauerprozesse kennenlernt. Es gibt aber auch sehr wohltuende spezialisierte Gruppen, z. B. für trauernde Geschwister, für trauernde Männer, für jung Verwitwete.

Trauergruppen für Erwachsene

Alle Trauergruppen sind »Gemeinschaften auf Zeit«. Man geht mit anderen Betroffenen ein Stück des Trauerweges gemeinsam, bildet an schwierigen Tagen eine Art Seilschaft, die sich gegenseitig absichert. Gruppenmitglieder können und sollen Freunde und Verwandte nicht ersetzen oder in Konkurrenz mit diesen gewachsenen Beziehungen treten. Aber mit bisher »wildfremden Menschen«, die ein ähnliches Schicksal teilen, kann eine tröstliche Nähe entstehen. Die Begegnung in der Trauergruppe auf Zeit ist oft unkomplizierter als die mit langjährigen Freunden. Man hat in einer solchen Gruppe keine gemeinsame Vergangenheit, sondern kann sich ganz auf die Gegenwart und das Thema des Trauerweges konzentrieren. Als UnterstützerIn sollten Sie die Verschwiegenheitsregeln solcher Gruppen respektieren und den Trauernden nicht ausfragen. Die »geschlossenen Gruppen« umfassen sechs bis zwölf Treffen und beginnen zu einem festgesetzten Zeitpunkt. Man meldet sich für den gesamten Durchgang an und führt meist ein Vorgespräch, bevor es losgeht. Die LeiterInnen schaffen einen angenehmen, sicheren Rahmen, sie strukturieren die Gespräche und geben inhaltliche Impulse. Die Teilnahme an solch einem Gruppenangebot ist ab ca. sechs Monaten nach dem Verlust sinnvoll, weil man sich meist erst dann langsam wieder auf die Schicksale anderer Menschen einlassen kann und von den Impulsen profitiert. Bei »offenen Gruppen« muss man sich nicht anmelden oder verpflichten, man kann jederzeit zu einem Treffen kommen – oder auch nicht. Die LeiterInnen sorgen auch hier für einen sicheren Rahmen und setzen Impulse, die aber weniger tief gehen als in einer geschlossenen Gruppe, in der allmählich ein Vertrauensraum entsteht. In offenen Gruppen sitzen jedes Mal wenigstens ein oder zwei unbekannte Gesichter mit in der Runde, und das Kennenlernen bei jedem Treffen braucht auch dann wieder seinen Raum.

Wer ohne Anmeldung und Vorgespräch in einer zwanglosen Atmosphäre mit anderen Trauernden ins Gespräch kommen möchte, findet Unterstützung in einem Trauercafé. Bei Kaffee und Kuchen kann man sich über die eigene Trauer, aber auch über Alltagsthemen unterhalten, bei den anwesenden Trauerbegleitern Rat und Hilfe bekommen und sich über weitergehende Trauerangebote informieren.

Für manche Trauernde ist ein Gruppenangebot, in dem hauptsächlich geredet wird, anstrengend oder unbefriedigend. Sie suchen ein Gruppenangebot, in dem sie mit anderen Trauernden gemeinsam etwas tun oder gestalten können. So sind Wochenendseminare oder Trauerreisen entstanden, in denen sich Trauernde treffen, um z. B. zusammen zu wandern. Es gibt unter anderem Segeltörns für trauernde Eltern, Malseminare oder Tanzangebote für Trauernde. Sie werden von denselben Personen und Institutionen angeboten wie die Einzelgespräche und Gruppenangebote.

Eine besondere Form der offenen Gruppe sind die »Selbsthilfegruppen«, bei denen die LeiterInnen nicht unbedingt eine sogenannte »Große Basisqualifizierung« zur Trauerbegleitung erworben haben. Die Selbsthilfegruppen-LeiterInnen koordinieren die Gruppe, weil sie ein ähnliches Schicksal haben wie die übrigen Gruppenbesucher. Es gibt zwei überregionale Vereine, die zahlreiche Selbsthilfegruppen verbinden und auch für die Fortbildung der GruppenleiterInnen sorgen: »Verwaiste Eltern und trauernde Geschwister in Deutschland e. V.« (www.veid.de): Hier werden die Selbsthilfegruppen für Eltern und Geschwister nach dem Tod eines Kindes betreut. Daneben gibt es den »Verein Angehörige um Suizid e.V.« (www.agus-selbsthilfe.de), der die Gruppen für Suizidhinterbliebene koordiniert.

Daneben existieren zahlreiche Gruppen für sog. Schmetterlingskinder oder Sternenkinder, also Kinder, die vor oder während der Geburt verstorben sind (z. B. www.initiative-regenbogen.de)

Es gibt auch viele wunderbare Angebote für junge Menschen in Trauer vom Grundschulalter bis ins junge Erwachsenenalter. Auch Kinder- und Jugendtrauergruppen werden von qualifizierten Trauerbegleiterinnen oder -beratern angeboten; dafür gibt es sogar eine spezielle Qualifizierung zum »Kindertrauerbegleiter«. Auch solche Kindertrauergruppen können offen oder geschlossen sein (s. o.). Trauernde Kinder oder Jugendliche möchten manchmal länger in ihre Trauergruppe gehen als Erwachsene, weil sie hier Orientierung und Halt in der verwirrenden Zeit des Heranwachsens finden. Anbieter von Kindertrauergruppen sollten auch die Eltern miteinbeziehen und ein Elterngespräch oder eine Möglichkeit des Austauschs unter den ja ebenfalls trauernden Eltern ermöglichen.

Geschichte über die Erfahrung eines Jungen in seiner Kindertrauergruppe

Bärbel aus Duisburg stellte mir diese Geschichte über die Trauer und die Trauerbegleitung ihres Sohnes zu Verfügung: »Mein Sohn war sehr traurig nach dem Tod seines Vaters. Wir redeten darüber und ich versuchte, ihm zu helfen. Er bekam starke Bauchschmerzen. Er versäumte Schulstunden. Ich hatte schon einen OP-Termin vereinbart für den Blinddarm! Aber – ›Ich kann dich nicht operieren‹, sagte der Arzt, ›du hast keine Blinddarmentzündung.‹ Ein Freund riet dringend, ihn in die Kindertrauergruppe zu schicken, aber der Junge wollte nicht. Ich schlug ihm vor, die Trauerbegleiterin kommt uns mal besuchen, kein Zwang, einfach nur mal anhören, was sie so sagt. Sie kam und sie erzählte. Am Ende fragte sie meinen Sohn, willst du uns mal besuchen kommen? JA!!! – ich war überrascht, mit welcher Selbstverständlichkeit er diese Zusage aussprach. Nach der ersten Gruppenstunde kam er begeistert heim: Mama, da gehe ich jetzt immer hin! – Es sprudelte nicht immer sofort aus ihm heraus, wie die Gruppenstunden gelaufen waren. Wir näherten uns behutsam an. Manchmal erzählte er mir etwas in Momenten, wo ich gar nicht damit rechnete. Er besuchte das Familientrauerzentrum ca. ein Jahr lang. Danach war er ›fertig‹. Gestärkt. Voll in der Spur.«

Reha und Kur

Der Hausarzt ist ein wichtiger Unterstützungspartner für alle Fragen rund um die körperliche Gesundheit, die auf dem Trauerweg strapaziert sein kann. Er hat auch einen Blick darauf, wie es um die Leistungsfähigkeit des Trauernden bestellt ist. Schließlich kann er dabei unterstützen, eine psychosomatische Kur mit dem Schwerpunkt Trauer zu beantragen, dazu gehören auch viele Mutter-/Vater-/Kindkuren.

Ärzte, Psychotherapeuten, Neurologen, Traumatherapeuten

Der Trauermarathon ist keine Krankheit und braucht daher auch keine Behandlung, sondern Unterstützung! Anstrengende und lange Marathonläufe zeigen allerdings alle schwachen Punkte der Laufenden und können die ungeübten oder überforderten Läufer regelrecht krankmachen. Da Verletzungen beim Trauermarathon sich eher im seelischen Bereich finden lassen, sind dafür ÄrztInnen für die Psyche zuständig.

Die Hausärztin ist in der Regel die erste Anlaufstelle. Sie kann eine erste Einschätzung treffen, ob sich in den Trauerprozess vielleicht eine Depression gemischt hat, die eine behandelbare Erkrankung ist. (Zu den Unterschieden zwischen einer Depression und dem normalen Trauerweg finden Sie Informationen ab S. 193.) Oder ob die normalen Ängste zu einer Angststörung angewachsen sind, die man ebenfalls behandeln kann. Auch die Frage, ob die Erinnerungsblitze ein Hinweis auf eine Traumafolgestörung sein könnten, kann in der Hausarztpraxis zum ersten Mal gestellt werden. (Informationen zur Traumafolgestörung in Verbindung mit einem

Trauerprozess finden Sie auf der folgenden Seite.) Danach sollte die Meinung weiterer Spezialisten eingeholt werden. Dazu gehören Neurologen, Psychiater, Psychotherapeuten und auch die qualifizierten Trauerberater, -begleiter. Man kann eine zweite oder auch dritte Meinung einholen, wenn man nicht überzeugt ist von dem, was angeraten und verschrieben wird.

Tipp

Als UnterstützerIn können Sie nur beratend tätig werden: Trauernde entscheiden selbst, wie sie mit Diagnosen und Verschreibungen umgehen. Auch wenn Ihnen diese Entscheidungen falsch erscheinen, es bleibt Ihnen gar nichts anderes übrig, als den erwachsenen Trauernden seine eigenen Entscheidungen treffen zu lassen! Zeigen Sie Respekt vor dem Bedürfnis, über das eigene Leben selbst zu entscheiden. Wenn der/die Trauernde noch sehr jung ist, müssen Sie ihre Aufsichtspflicht immer wieder abwägen gegen das Autonomiebedürfnis und die Menschenrechte der Heranwachsenden.

Eine neue Diagnose, die sogenannte »Anhaltende Trauerstörung« wird ab 2022 ermöglichen, dass Psychotherapeutinnen eine von der Krankenkasse finanzierte Trauertherapie durchführen. Die Merkmale dieser Diagnose und die vorgeschlagenen Behandlungen sind noch umstritten. Es wird noch etliche Jahre dauern, bis alle ÄrztInnen und PsychotherapeutInnen sich aktuelles Wissen zum Thema Trauerprozesse angeeignet haben. Eine Trauerberatung sollte daher derzeit nicht als minderwertiger beurteilt werden als eine Psychotherapie, wenn es ausschließlich um die Begleitung eines Trauerprozesses geht. Eine Psychotherapie ist immer dann angemessen, wenn neben dem Verlust andere »Baustellen« den Trauerweg behindern. In einer Psychotherapie kann man z. B. die eigenen Beziehungsmuster und generellen Verhaltensweisen reflektieren und belastende Erfahrungen aus der Kindheit und Jugend aufarbeiten. Das geschieht sinnvollerweise erst, wenn der Tod bereits eine Weile zurückliegt und der Trauernde Kraft hat, sich mit anderen Themen seines Lebens auseinanderzusetzen. Manchmal kann auch das Reflektieren anderer Lebensthemen in einer Psychotherapie gleichzeitig neben einer Trauerbegleitung stattfinden, dann gibt es zwei ExpertInnen für zwei verschiedene Problemfelder.

Traumatherapeutische Verfahren sind hilfreich, wenn belastende Bilder immer wieder ins Bewusstsein schießen oder bestimmte Orte oder Geräusche gemieden werden, weil sie an den Tod erinnern. Aus den verschiedenen Verfahren, mit denen Traumatherapeuten arbeiten, habe ich gute Rückmeldungen zu den Methoden:

EMDR (Eye Movement Desensitization and Reprocessing = Desensibilisierung und Verarbeitung durch Augenbewegung) – eine von Francine Shapiro (USA) entwickelte Psychotherapieform zur Behandlung von Traumafolgestörungen: eine gute und einfache Methode, um belastende Bilder in den Hintergrund zu drängen und die allgemeine Stressbelastung zu mindern. Mehr Infos dazu finden Sie unter: www.emdria.de.

SE (Somatic Experiencing) – eine gute Methode, um Stress zu mindern und sich von Ängsten und erschreckenden Erlebnissen zu befreien. SE bezieht den Körper stärker ein als das EMDR und ist daher für Menschen, die viele körperliche Symptome und Schmerzen erleben, besonders hilfreich. Mehr Informationen zu dieser von Peter Levine entwickelten Methode finden Sie unter www.somatic-experiencing.de.

PITT (Psychodynamisch Imaginative Traumatherapie) – diese von Luise Reddemann entwickelte Arbeitsweise bezieht Elemente aus vielen unterschiedlichen Ansätzen mit ein und wird als stärkend und belebend erlebt. Eine Beschreibung dieser Therapieform finden Sie unter: https://de.wikipedia.

org/wiki/Psychodynamisch_Imaginative_Traumatherapie. Da Psychotherapie von den Krankenkassen bezahlt wird,

Trauerberatung und Trauerbegleitung aber nicht, wenden sich Trauernde aus finanziellen Gründen manchmal lieber an PsychotherapeutInnen. Leider ist das aktuelle Fachwissen über Trauerwege noch nicht regulärer Bestandteil der Ausbildungen im Bereich Psychotherapie, und Trauerberater bzw. -begleiterInnen sind manchmal besser in der Lage, den Trauerprozess zu unterstützen.

Naturheilkunde

Als Alternative zu chemischen Psychopharmaka kann man auch Mittel aus der Pflanzenheilkunde und Homöopathie verwenden. Diese Mittel haben einen beruhigenden und aufhellenden Einfluss auf Stimmungen und Gefühle, und zwar ohne starke Nebenwirkungen zu verursachen. Es gibt ExpertInnen, die viele Jahre gelernt und geforscht haben, um die Wirkung dieser Mittel kennenzulernen. Wenden Sie sich deshalb an eine erfahrene Homöopathin oder einen naturheilkundlich ausgebildeten Arzt, damit man Ihnen wirksame Mittel speziell für Ihre Situation bzw. die der Trauernden zusammenstellt.

Trauerfacette Wirklichkeit – Gleichgewicht halten

Für UnterstützerInnen ist das erste Trauerjahr ein Balanceakt zwischen der eigenen Rückkehr ins normale Leben und dem weitergehenden Trauerweg des Menschen, den man unterstützt. Für Trauernde ist das erste Trauerjahr ein unbarmherziger »Wirklichkeitsmacher«. Das hat mit der Beerdigung begonnen und geht nun jeden Tag und jede Nacht weiter. Trauernde erfinden im ersten Trauerjahr meist für sich allein eine neue Zeitrechnung – sie zählen ihre Tage nun vom Datum des

Sterbens an. Der Wochentag, an dem der vermisste Mensch gestorben ist oder die Uhrzeit, zu der die Todesnachricht eintraf, werden als besonders und schmerzhaft empfunden: »Es ist wieder Donnerstag, der dritte seither« – »Es ist jetzt 14.47 Uhr, um diese Zeit ist es passiert«. Im Lauf der Monate sind es auch die wiederkehrenden Daten: »Heute ist der 21., es ist jetzt genau ein halbes Jahr her.« Sie als UnterstützerIn erleben immer wieder, dass scheinbar »normale« unbeschwerte Momente für die Trauernden eine Bedeutung haben, die mit dem zurückliegenden Sterben zusammenhängt. Häufig sprechen Trauernde nicht darüber, weil sie fürchten, abgewiesen zu werden. Es kann sein, dass Sie den Trauernden erleben, wie er plötzlich verstummt und traurig wird. Für Sie sieht das grundlos aus, für den Trauernden gibt es oft einen Anlass. Vielleicht hilft es Ihnen, geduldig und unterstützend zu bleiben, wenn Sie sich die vielen möglichen Gründe bewusstmachen. Die müssen Sie gar nicht immer kennen, es reicht, wenn Sie verständnisvoll reagieren.

Neue Zeitrechnung

Alle gewohnten Daten, die das Jahr einteilen, muss der Trauernde jetzt ohne den verstorbenen Menschen durchleben. Das fällt im ersten Trauerjahr besonders schwer, wenn alles »zum ersten Mal allein« erlebt wird. Der Geburtstag des Verstorbenen und schließlich sein erster Todestag sind für die meisten Trauernden gefürchtete Tage. Aber auch der erste eigene Geburtstag, die Geburtstage der Kinder, bei Paaren der erste Hochzeitstag, den man allein verbringen muss, sind schwer zu gestalten. Für Trauernde ist es hilfreich, wenn sie sich das Gestalten nicht wegnehmen lassen, sondern ausprobieren, was sie möchten, was sie nicht möchten und wie sie es aushalten können. Bei der Gestaltung von besonderen Tagen und Feiern ist die Facette »Verbunden bleiben« immer beteiligt. Es stellt sich jedes Mal die Frage, ob der Verstorbene erwähnt wird oder nicht. Er kann als weiterhin dazugehöriger Teil der Gemeinschaft sichtbar gemacht werden und seinen Platz in einem aufgestellten Foto finden oder in einem Toast, der auf ihn gesprochen wird. Er kann aber auch als »stummer Gast« da sein, über den nicht gesprochen wird, weil niemand weiß, wie das gehen soll, und die Angst vor Gefühlsausbrüchen zu groß ist. Dann bleiben diejenigen allein mit ihrem Kummer und ihrer Sehnsucht, die Trost darin finden würden, wenn sie mit anderen über den Verstorbenen sprechen könnten.

Geschichte, in der gute Freunde eine trauernde Mutter praktisch unterstützen, den ersten Geburtstag ohne ihren Sohn zu gestalten

Ein Ehepaar, dessen neunzehnjähriger Sohn knapp vier Monate zuvor durch einen plötzlichen Herztod gestorben war, thematisierte in der Trauerbegleitung den bevorstehenden Geburtstag der Frau. Es war ein runder Geburtstag, sie hatte ihn groß feiern wollen. Nun wollte sie sich nur zurückziehen, die Erinnerungen an den letzten Geburtstag, an dem sie mit dem Sohn wie bei den meisten Geburtstagen eine Städtetour gemacht hatten, war übermächtig. Wegfahren wie sonst schien unmöglich, zuhause bleiben auch. Ihr Mann erzählte von Freunden, die ein Wochenende an der Mosel geplant hatten – sie könnten mitkommen, die Freunde seien rücksichtsvoll, würden reden, schweigen, sich zurückziehen, wie sie es wollten. Eine Möglichkeit zum Aufatmen, zum Ausprobieren, immer in der Gewissheit, jederzeit zurückkehren zu können. Es blieb schließlich nur noch zu klären, ob jemand sich in den zwei Tagen Abwesenheit um das Grab des Sohnes kümmern würde; davon hing es ab, ob sie fahren könnten. In der nächsten Stunde erzählten sie, dass es eine gute Erfahrung gewesen sei. Sie hatten zu ihrer eigenen Überraschung einige Momente lang abschalten und das Moseltal genießen können. Das Grab des Sohnes hatten andere Freunde an beiden Tagen besucht und das Grablicht, das stets brannte, erneuert. So fanden sie dort eine brennende Kerze, als sie ihrem Sohn einen Stein aufs Grab legten, den sie ihm vom Moselufer mitgebracht hatten.

Geschichte von unerwarteter Normalität

Ludger aus Bochum schrieb mir diese Geschichte: »Meine Schwester war ein Jahr älter als ich. Als wir beide vierzig waren, fassten wir einen Plan: In dem Jahr, wo sie fünfzig ist und ich fünfzig werde (2015), fahren wir zusammen nach London und gehen zusammen zu »The Last Night of the Proms« – ein Konzert in der Royal Albert Hall am zweiten September-Wochenende. Sie war aber 2010 gestorben, und der Plan war nicht mehr machbar. Ich habe lange überlegt, ob ich trotzdem fahre oder nicht, ob ich zu Hause eine Party mache und mit allen zusammen die Übertragung im Fernsehen ansehe oder allein und in Ruhe??? Um Weihnachten 2014 herum habe ich schließlich eine Karte bestellt, die teuerste, die ich jemals gekauft habe. Und ich bin nach London geflogen. Am Samstag (Konzerttag) war ich schon morgens völlig unruhig, bin schon mal zur Halle gefahren, weil ich einfach sehen musste, wo ich abends hingehe.

Abends bin ich dann im schwarzen Gehrock, Hemd und Kragen los zum Konzert, in dem auch Jonas Kaufmann gesungen hat. Im zweiten Teil des Konzertes, wo das Publikum viel mitsingt und es einfach eine Veranstaltung ist, wo sich alle selbst feiern, haben wir, meine Schwester und ich, »unsere Last Night of the Proms« gehabt. Nicht so, wie einmal geplant, aber es war richtig gut und wichtig für mich. Nach dem Konzert habe ich in der Hotelbar alleine am Tisch gesessen und ein Bier getrunken und über den Abend, meine Schwester und das Leben an sich nachgedacht. Plötzlich wurden Stühle gerückt und drei Männer setzten sich an meinem Tisch, obwohl viele Tische frei waren. Sie meinten, es gäbe keinen Grund, warum ich hier alleine sitze. Wir haben gelacht, geredet, über Musik, Arbeit, Leben, zu Hause und natürlich Fußball. Sehr, sehr lange.«

Wirklichkeit und Zeit

Für Sie als UnterstützerIn geht der Weg relativ geradeaus in eine ständig selbstverständlicher werdende Normalität – und Sie nehmen an, dass das für den Trauernden genauso ist? Sie gehen davon aus, dass der Trauerweg ständig leichter wird? Doch für Trauernde geht der Trauerweg in unregelmäßigen Kreisen weiter mit den Facetten des Trauerkaleidoskops, und viele Themen vertiefen sich dabei. Im ersten Trauerjahr nimmt das Begreifen der Wirklichkeit des Todes ständig weiter zu. Tod ist anders als alle Abwesenheiten, die man bisher kennengelernt hat. Abwesenheiten von einigen Wochen und sogar Monaten kennen wir alle aus unseren Beziehungen und Freundschaften. Viele Menschen gehen für eine Weile ins Ausland und kehren dann zurück. Eine Frau erzählte mir nach dem Tod ihres Mannes: »Wir waren oft unabhängig voneinander unterwegs, jeder hatte einen Beruf mit vielen Reisen, und auch in der Freizeit waren wir sehr autonom. Ich habe kein Problem damit, allein einzuschlafen oder den Abend zu gestalten, das bin ich gewohnt. Aber trotzdem ist das jetzt ganz anders.«

Viele Trauernde haben in den ersten Monaten nach einem Tod ein vages Gefühl von »Das kenn ich doch, das hat ja bald ein Ende«. Nach ca. drei Monaten wird dann immer deutlicher, dass dieser Mensch, der so vermisst wird, nicht zurückkehren kann. Denn er ist nicht verreist, sondern gestorben. Reisen sind für eine gewisse Zeit, Totsein ist für immer. Sie als UnterstützerIn sollten darauf gefasst sein, dass der Trauernde, den Sie unterstützen, im Lauf des ersten Trauerjahres immer wieder Einbrüche in der Stimmung und seinem Seelenschmerz erlebt. Das gilt auch für die weiteren Trauerjahre, allerdings werden die Kreise immer größer und die schweren Zeiten seltener.

Geschichte von einem Weihnachtsritual für Trauernde

Ludger, der schon von seinem Besuch bei »The last Night of the Proms« geschrieben hat, stellte mir auch diese Geschichte zur Verfügung: »Am vierten Advent gibt es eine weihnachtliche Trauerandacht, ›Weihnachten ohne dich‹, die meine Trauerbegleiterin organisiert. Es gibt da viele Momente des Erinnerns, des Gedenkens, der Aussprache und eine Einstimmung darauf, dass ›Weihnachten ohne dich‹ stattfindet. Ich empfinde das als einen wunderschönen Einstieg in das Weihnachtsfest. Weihnachten wird stattfinden, egal ob ich möchte oder nicht. Und ja: meine Schwester wird nicht vorbeikommen. Eine Anregung aus der Andacht ist für mich ein festes Ritual geworden: Mitten aus dem Tannenbaum schneide ich einen großen Ast heraus. Das Loch, das Fehlen ist sichtbar und nicht zu verheimlichen. Es fehlt ja auch etwas. An dem Ast sind Schleifen und Kugeln. Und ich bringe ihn auf den Friedhof zum Grab. Mein Weihnachten, meine Hoffnung, meine Ankunft des Retters, meine Liebe sind jetzt auch dort.«

Trauerfacette Gefühle – Beobachten, Einladen, Aushalten

Vor diesem Teil des Trauerweges fürchten sich die meisten Menschen: starke und oft unangenehme Gefühle. Trauernde fürchten sich davor, sich selbst unkontrolliert zu erleben und in ihrer Leistungsfähigkeit eingeschränkt zu werden. Sie schämen sich dafür, so gesehen zu werden. UnterstützerInnen fühlen sich oft überfordert von den starken Gefühlen der Trauernden. Man ist das nicht gewöhnt und reagiert hilflos. Man befürchtet, der andere könnte nie wieder aufhören mit dem Weinen. Man zweifelt am Wert der eigenen Hilfe und wertet es als Misserfolg, wenn der Trauernde »immer noch« traurig, verzweifelt oder wütend ist.

Ausdrücken oder Unterdrücken

Aus Sicht der fachlichen Trauerberatung ist es viel hilfreicher, wenn man Gefühle zeigt und ausdrückt, als wenn man sie unterdrückt. Es kann sein, dass Sie sich mit Ihrer eigenen Einstellung zu Gefühlen auseinandersetzen müssen, um die Gefühle des Trauernden besser auszuhalten. Es kann sein, dass Ihre eigene Trauer mit dieser Facette Schwierigkeiten hat und Sie die Gefühle des anderen deshalb nicht gut ertragen. Das ist dann ein Hinweis auf Unterstützung, die Sie selbst brauchen könnten.

Bitte nicht

Bitte verbieten Sie dem Trauernden seine Gefühle nicht und sprechen Sie niemals abwertend über sie! Bitte sprechen Sie auch niemals abwertend darüber, wenn jemand seine Gefühle nicht zeigen oder ausdrücken kann.

Gefühle, die sich als Körperschmerzen zeigen

Manche Trauernde empfinden in den ersten Monaten relativ wenig, die Facette Überleben steht bei ihnen im Vordergrund, und die Facette Wirklichkeit ist noch nicht bei ihnen angekommen. Sie befinden sich vielleicht in einem Zustand relativer Normalität: »Ja, es ist etwas Einschneidendes geschehen, aber so schlimm ist das nicht. Damit wird man fertig wie mit vielen anderen Krisen. Für diese Trauernden kommt der Schmerz im Lauf des ersten Trauerjahres wie durch die Hintertür. Irgendwie geht es ihnen Stück für Stück schlechter, sie werden gereizter und hoffnungsloser. Nicht nur die Stimmung und das Verhalten anderen gegenüber verändern sich scheinbar diffus. Ihr Trauerschmerz drückt sich oft auch über körperliche Beschwerden aus: Verspannungen im Schulter-Nackenbereich verstärken sich, Magenbeschwerden treten auf. Atembeschwerden und Herzrasen drücken aus, was nicht als Emotion wahrgenommen werden kann. Das erleben auch Kinder, die in ihrem jeweiligen Alter eventuell noch nicht gelernt haben, Gefühle zu unterscheiden oder zu benennen. Sie können noch nicht sagen: »Mir bricht das Herz, so traurig bin ich«, aber sie können Bauchschmerzen oder Kopfschmerzen fühlen und zeigen. Wenn Sie das als UnterstützerIn bei dem Trauernden beobachten, fallen Sie bitte nicht mit der Tür ins Haus. Dieser Trauernde tut sich sehr schwer mit der Facette Gefühle und kann es schnell als Demütigung empfinden, darauf angesprochen zu werden.

Tipp

- *Nehmen Sie die körperlichen Symptome ernst und raten Sie zur ärztlichen Abklärung.*

- *Wenn keine organischen Ursachen für die Beschwerden gefunden werden, bringen Sie behutsam die Möglichkeit von »Seelenschmerz als Körperschmerz« zur Sprache.*

- *Achten Sie darauf, dass die Trauernde sich dabei nicht »verrückt« fühlen muss oder als »Hypochonder« abgetan wird. Weisen Sie möglichst sachlich darauf hin, dass Trauer sich auch im Körper zeigen kann.*

- *Wahrscheinlich hat die/der Trauernde sich schon selbst Gedanken darüber gemacht und sucht einen Weg, sich mit diesem Gedanken anzufreunden.*

- *Üben Sie möglichst keinen Druck aus. Auch Kinder und junge Menschen wollen überzeugt und gelockt werden statt gezwungen.*

Wut und Zorn

Für viele Menschen ist Wut ein unangemessenes Trauergefühl. Andere beschwören die Wut als unbedingt notwendige Emotion im Trauerprozess. Beide Ansichten engen den Blick auf dieses Gefühl ein. Manche Trauernden empfinden niemals Wut, andere sind ganz davon erfüllt. Wut und Zorn richten sich manchmal gegen bestimmte Menschen, gegen einen Arzt, ein Familienmitglied oder gegen den Verstorbenen selbst, das fühlt sich dann besonders verkehrt an. Eigentlich ist die Trauerwut ohne direktes Ziel, sie ist ein grundsätzliches Aufbegehren gegen all diese Schmerzen und Veränderungen. Man möchte das Schicksal schlagen können wie einen Angreifer, aber das geht nicht. Also bekommt irgendjemand, der gerade im Weg steht, den gesammelten Zorn ab. Als UnterstützerIn erleben Sie das, wenn Ihre trauernde Partnerin einen Streit über Kleinigkeiten mit Ihnen vom Zaun bricht oder Ihr trauernder Freund Sie unfreundlich anfährt. Trauerwut äußert sich häufig in Gereiztheit und Anspannung, die Trauernden selbst nehmen oft gar nicht wahr, wie zornig sie sind. Ich erinnere mich an eine Klientin, die mit gepresster Stimme sagte: »Ich bin nicht wütend«, während sie mit der Faust unablässig auf ihr Bein schlug. Sie war eigentlich sehr wütend auf ihren Mann, der sich das Leben genommen hatte, vor allem, wenn sie ihre beiden verstörten Kinder ansah. Gleichzeitig erlaubte sie sich diese Wut nicht, denn ihr verstorbener Mann tat ihr auch leid, und sie vermisste ihn schrecklich. Für viele ist es eine unerwartete Erkenntnis, dass Trauerwut auch sehr nützlich sein kann. Sie ist lebendig und kraftvoll und das Gegenteil von einer verzweifelten Gelähmtheit. Mit Wut lässt sich vieles schaffen, was sonst unmöglich scheint. Wenn man z. B. kleine Kinder plötzlich allein versorgen oder den Betrieb des verstorbenen Vaters weiterführen muss, dann ist Wut (auf alles) das nützlichste Gefühl, das man entwickeln kann, um diese großen Aufgaben zu bewältigen. Manchmal richtet sich die Wut auf den Verstorbenen. Man wirft ihm vor, sich unvernünftig verhalten zu haben, oder ist einfach wütend, dass man nun allein auf der Erde zurechtkommen muss. Wer wütend auf den Verstorbenen sein kann, rückt damit auch ein kleines Stück von ihm ab. In diesem Zorn spürt man sich selbst und die eigene Lebendigkeit im Gegensatz zum Totsein des anderen. Wahrscheinlich ist es genau dieses kleine Stück Distanz, das es vielen Trauernden unmöglich macht, Wut auf die Verstorbenen zu empfinden. Aber Wut auf den Verstorbenen ist nicht das Gegenteil von Liebe zum Verstorbenen! Auch Lebenden gegenüber regt man sich manchmal auf. Wut auf Verstorbene empfinden zu können kann heißen, dass das vorher bestehende »normale« Verhältnis zum Verstorbenen zurückkehrt. Man lässt ihm nicht mehr »alles durchgehen«, man traut sich, gegen die Regel zu verstoßen, die fordert, »über die Toten nicht schlecht zu sprechen«. Wut kann Teil unserer Liebe sein, zu den Lebenden und zu den Toten.

Tipp

- *Man hat Wut – oder man hat sie nicht.*
- *Bitte verzichten Sie darauf, dem Trauernden Wut einzureden.*
- *Es stimmt nicht, dass man erst dann richtig trauert, wenn man wütend geworden ist!*

Trauerhass

Hass ist etwas anderes als Wut. Wut ist heiß und kommt in Wellen. Sie lässt uns nur ein kleines Stück vom anderen abrücken. Wut flammt auf und kühlt wieder ab, macht Platz für eine Entschuldigung, ein Lachen oder einfach für Erschöpfung. Hass ist verzehrend und kalt. Hass lässt nicht mehr los, wenn er sich einmal festgebissen hat. Man kann ein Leben lang intensiv hassen. Wenn der Verstorbene durch einen anderen zu Tode gekommen ist, bei einem Mord oder einem Unfall mit Verursacher, dann richtet sich der Hass gegen den Täter. Vor allem, wenn er die Tat nicht zugibt und keine Reue zeigt, dann möchte man ihn vernichten. Der Hass vergiftet die eigenen Tage, er nimmt viel Raum ein in Gedanken und Gefühlen, er macht hart und unnachgiebig. Vergeltung und Rache werden die wichtigsten Wünsche im eigenen Weiterleben. Dabei richten sich die Gedanken und Gefühle immerzu auf das Objekt des Hasses. Hass bindet. Wer einen »Täter« hasst, beschäftigt sich mehr mit ihm als mit dem Verstorbenen. Der/die Verhasste wird dann zum Mittelpunkt des eigenen Lebens. Deshalb möchten manche Menschen nicht mehr hassen, sie möchten wieder an andere denken, sie möchten sich an den Verstorbenen erinnern und nicht nur an die »Tat«, bei der er gestorben ist. Im Mittelpunkt des Denkens und Fühlens sollen der Verstorbenen und das eigene Leben stehen, nicht der »Täter. Sie möchten dem »Täter« ihre Aufmerksamkeit entziehen, weil er genug Schaden angerichtet hat und die Besessenheit von ihm nicht auch noch das eigene Weiterleben dominieren soll. An die Stelle von Rachsucht und Verzweiflung möchten sie weiche, zarte Gefühle setzen können. Ob das so ist oder nicht, ist die Entscheidung des Trauernden! Lassen Sie ihn diese Entscheidung treffen, unabhängig davon, was Sie für richtig halten. Seien Sie auf seiner Seite, auch wenn er voller Hass ist. Sie müssen seine Gefühle und Einstellung nicht teilen; es ist sogar hilfreicher, wenn Sie eine gewisse Distanz wahren.

Tipp

- *Nehmen Sie sich etwas Zeit und überlegen Sie: Wie sieht es mit Wut oder sogar Hass bei Ihnen selbst aus?*
- *Auch als UnterstützerIn kann man wütend werden. Man kann das Schicksal verfluchen, man kann auf einen Täter wütend sein.*

- *Man kann auch wütend auf den Trauernden sein, wenn man das Gefühl hat, er trauere nicht richtig oder nicht schnell genug.*

- *Wenn Ihnen das so geht, dann versuchen Sie es als erstes mit den Wutventilen, die ich im Folgenden aufzähle, damit kommen Sie in Bewegung und bauen Stresshormone ab.*

- *Als UnterstützerIn können Sie ggf. auch die Trauernde mit den Übungen bekannt machen oder sich darüber austauschen, denn diese Übungen finden sich auch im Buch »Ich lebe mit meiner Trauer«.*

- *Stellen Sie sich Ihren Zorn, Ihre Aggressivität vor wie Wasserdampf, der in einem Kessel gefangen ist. Irgendwie muss er da raus, sonst wird der Kessel platzen und Menschen verletzen, die zufällig herumstehen, aber eigentlich nicht gemeint sind.*

Wutventile

Wutventile funktionieren wie ein Ventil am Kochtopf: Der überschüssige Druck wird willentlich und ohne Gefahr für Leib und Leben abgelassen.

- *Wut kann man gut abbauen bei allen Arten von anstrengendem Sport: Laufen, Radfahren, Schwimmen, Tennis, Badminton, alle Ballsportarten.*

- *Wut lässt sich gut abbauen bei allen Arten von anstrengender Arbeit, bei der etwas sinnvoll »kaputt gemacht« wird: Unkraut ausreißen, Holz hacken, Entrümpeln. (Putzen funktioniert auch.)*

- *Laute Musik mit schnellem Rhythmus und zornigen Texten passt gut zu Wut: Sie können laut mitsingen oder dazu tan-*

zen. Wenn Sie beengt wohnen, hilft ein Kopfhörer; sehr gut ist laute Musik im Auto (angepasst an die Verkehrssituation!).

- *Schreien entlädt Zorn und Wut: z. B. im Wald, über den Fluss oder in ein Kissen. Schimpfen und Fluchen bauen Wut ab.*
- *Wut lässt sich auch abbauen, indem man z. B. Steine in einen Fluss wirft, Brennnesseln im Wald mit dem Spazierstock abhaut, Sofakissen gegen das Sofa schlägt usw.*
- *Bewährt haben sich auch bitterböse Briefe, die man dann nicht abschickt: Schreiben Sie an den, auf den Sie gerade wütend sind, einen Brief. Schreiben Sie tobsüchtig und unflätig alles aus sich raus, denn Sie werden diesen Brief nie abschicken! Er ist »nur« dazu da, Sie zu entlasten. Überlegen Sie anschließend, wie Sie Ihren Wutbrief vernichten wollen: verbrennen, zerreißen, in den Müll werfen? Lesen Sie ihn am besten einmal laut vor und vernichten Sie ihn dann. Es ist erstaunlich, wie viel leichter man sich anschließend fühlt. (Und Sie können das immer wieder tun, auch an verschiedene Personen gerichtet. Wenn Sie wütend auf den Verstorbenen sind, können Sie einen solchen Brief auch an ihn schreiben!)*

Achtung

Kinder und Jugendliche drücken ihre Überforderung durch einen Todesfall in der Familie manchmal in unkontrollierten Wutausbrüchen aus, die ihnen selbst unerklärlich und sehr peinlich sind.

- *Wenn Ihre Kinder oder die Kinder der Trauernden auch Monate und Jahre nach einem Todesfall ungewöhnlich aggressiv sind, könnte ein Projekt für Kinder- und Jugendtrauer unterstützend sein. Dort findet man sowohl Beratung für die Erwachsenen als auch Unterstützung für die Kinder in entsprechenden Trauergruppen.*

- *Regen Sie an, dass die Erwachsenen reflektieren, wie sie selbst mit dem Verlust umgehen. Könnte es mehr Gespräch, mehr Offenheit, mehr gemeinsame Rituale geben?*

- *Seien Sie dabei wertschätzend und anerkennend für das, was die Erwachsenen und auch die Kinder bisher geleistet haben. Besserwisserei und Vorwürfe verschließen die Bereitschaft, Unterstützung anzunehmen.*

- *Unterstützen Sie die Kinder bzw. Jugendlichen zunächst in ihrem Bemühen um Normalität und Anerkennung, seien Sie aufmerksam und wertschätzend, bieten Sie gemeinsame Unternehmungen an.*

- *Falls Sie ein Vertrauensverhältnis entwickelt haben, hören Sie aufmerksam auf die Zwischentöne und fragen Sie auch offen nach Wut, Traurigkeit, Sehnsucht und Erinnerungen. Sprechen Sie von Ihren eigenen Gefühlen, auch von Ihrem Umgang mit Wut, das ermutigt ein Kind und es lernt von Ihnen.*

- *Wutventile sind auch etwas für Kinder; finden Sie heraus, was Sie gemeinsam mit den Kindern tun können, um Wut rauszulassen (Sie müssen das mitmachen!).*

- *Ermutigen Sie das Annehmen von fachlicher Unterstützung als etwas ganz Normales. Die Kinder/Jugendlichen sind selbst nicht gern so aggressiv und unberechenbar.*

Scham

Scham ist auf Trauerwegen oft präsent, weil Menschen sich schlecht damit fühlen, ihre Emotionen nicht unter Kontrolle zu haben. Man schämt sich auch für Einsamkeit, für sozialen Abstieg oder die mitleidigen Blicke. Es gibt Todesarten, für die man sich schämt, z. B. einen Suizid oder das Sterben an Drogen. Dann schämt man sich vielleicht für den Verstorbenen. Man schämt sich diffus auch für sich selbst, dass man mit »so jemandem« zusammen war oder verwandt ist. Scham ist ein verheerendes Gefühl, es treibt die »Schamesröte« ins Gesicht und führt dazu, dass wir den Kopf senken. Wir meinen, »das Gesicht verloren« zu haben und niemandem mehr in die Augen sehen zu können. Es kann auch sein, dass man von anderen »beschämt« wird durch Vorwürfe oder schlicht durch entwürdigendes Mitleid. Scham vernichtet das Selbstwertgefühl. Wie soll man ohne Selbstwertgefühl mit anderen in Kontakt treten oder sogar um Unterstützung bitten? Man ist es ja vermeintlich »nicht wert«, überhaupt zu existieren.

Tipp

- *Als UnterstützerIn achten Sie bitte darauf, die Trauernde nicht zu beschämen. Geben Sie ihr nicht das Gefühl, unfähig zu sein oder falsch zu trauern.*

- *Verzichten Sie auf Vorwürfe und suchen Sie nach Verständnis und Respekt für den Trauerweg der anderen. Dazu gehört auch, sich einzufühlen, wenn Sie den Eindruck haben, dass jemand mit den eigenen trauernden Kindern »falsch« umgeht. Beschämende Vorwürfe sind nicht geeignet, um eine Änderung anzuregen.*

- *Es kann sein, dass Sie sich selbst für »falsche« oder unvollständige Unterstützung schämen und vor lauter Scham zurückziehen. Das ist verständlich, aber nicht hilfreich. Springen Sie über Ihren eigenen Schatten und akzeptieren Sie, dass Sie nicht alles perfekt hinbekommen.*

Geschichte von meinem eigenen Perfektionsanspruch

Eine Freundin von uns verlor innerhalb von fünf Jahren beide Geschwister. Wir hatten sie bei der ersten Beerdigung und während der Trauerjahre unterstützt und standen ihr dann auch bei der Beisetzung ihrer jüngeren Schwester zu Seite. Verschiedene Freunde waren für verschiedene Dinge zuständig. Wir hatten die Aufgabe übernommen, uns eine Stunde früher mit ihr zu treffen und während der Bestattung immer nah bei ihr zu sein als »stabile Personen«. Als ich sie fragte, was ihr besonders wichtig sei, sagte sie: »Dass ihr immer ruhig bleibt! Meine Eltern und alle werden so aufgeregt sein, ihr müsst bitte ruhig bleiben.« Die Feier fand in der Friedhofskapelle statt, von dort aus waren es mehrere hundert Meter bis zum Grab, sie wollte unbedingt dabei sein, wenn der Sarg in die Erde gesenkt wurde. Es regnete aber stark, und unsere Freundin war an diesem Tag sehr krank. Wir blieben mit ihr in der Kapelle, aber sie schickte uns schließlich zur Trauergemeinde ans Grab. Dort wurde nach unserer Ankunft der Sarg langsam in die Erde gesenkt. In diesem Moment sah ich unsere Freundin langsam den Weg von der Kapelle hinunterkommen, und ich lief hektisch los, um ihr Bescheid zu sagen. Atemlos kam ich bei ihr an und stammelte los, bis mir wieder ihr Wunsch einfiel, wir sollten bitte ruhig bleiben. Ich hätte vor Scham im Boden versinken können! Stattdessen konzentrierte ich mich darauf, ruhig zu werden, und ging ganz langsam mit ihr zum Grab. Als die Trauergemeinde schon auf dem Weg zum Beerdigungskaffee war, blieben wir bei ihr am Grab für ihren ganz persönlichen Abschied und hielten einfach einen großen Schirm über sie.

Neid

Ein weiteres, als beschämend und peinlich empfundenes Gefühl kann in Trauernden entstehen: Neid. Neid auf alle die Lebenden, die nicht so wunderbar und einzigartig sind, wie der

Verstorbene es war – natürlich kann man das niemandem sagen! Es kann auch ein ungewollter, leidvoller Neid entstehen auf vollständige Familien, auf unbelastete Menschen, auf Paare ... dann meidet man die Nähe dieser Menschen, auch wenn sie einem freundlich und unterstützend begegnen. Sie sind trotzdem unerträglich, einfach weil sie nicht so schrecklich unglücklich sind wie man selbst. Viele Trauende kennen dieses Gefühl, auch wenn sehr selten darüber gesprochen wird. Es führt zurück zum Gefühl der Scham, man möchte nicht so fühlen, kein »Neidhammel« sein.

Tipp

- *Als UnterstützerIn erleben Sie Neidgefühle einer Trauernden meistens indirekt, wenn sie sich zurückzieht oder nicht zu einer Einladung kommt, weil sie es einfach nicht aushält, unter lauter intakten Paaren und Familien zu sitzen.*

- *Sie können diesen von der Trauernden selbst nicht gewollten Neid nur aushalten, wenn Sie bedenken: Er wächst aus der Verlust-Situation und ist kein genereller Charakterzug!*

Erleichterung

Ein Gefühl, das selten benannt wird, ist Erleichterung. Sie taucht nicht allein auf, meist ist sie nur ein winziger Teil des Gefühlsdurcheinanders. Es kann erleichternd sein, wenn man nach langer Pflege, die Tag und Nacht Aufmerksamkeit forderte, wieder durchschlafen kann. Oder wenn man zum ersten Mal wieder Freunde in einem Café trifft, ohne zu fürchten, dass zuhause der todkranke oder demente Angehörige leidet.

Es kann sogar erleichternd sein, wenn ein vorwurfsvoller Mensch »endlich« stirbt, der seine letzte Lebenszeit genauso unfreundlich verbracht hat wie alle anderen Lebensjahre. Manchmal stirbt ein Mensch, der bedrohlich und zerstörerisch gegen seine Angehörigen gehandelt hat; sein Tod löst verständlicherweise Erleichterung aus!

Erleichterung kann auch einsetzen, wenn Menschen vor ihrem Tod psychisch erkrankt oder süchtig waren. Im Rahmen ihrer Erkrankung agierten diese Menschen vielleicht verletzend und gewalttätig gegen ihre Angehörigen. Auch die permanente Angst vor ihrem Tod oder einem Suizid kann zermürbend gewesen sein.

Tipp

- *Lassen Sie Erleichterung zu, auch wenn Sie den Verstorbenen nicht mit »Schattenseiten« gekannt haben.*

- *Stärken Sie den Mut des Trauernden, sich etwas besser zu fühlen, weil mit dem Sterben des anderen eine Last von den Schultern genommen scheint.*

- *Aber erwarten Sie nicht, dass der gesamte Trauerprozess nun »fertig« sei. Menschen, die ihren Angehörigen Kummer gemacht haben, wurden trotzdem auch geliebt. Manchmal wiegt es besonders schwer, wenn ein Verstorbener mit seinem Tod die Hoffnung auf eine Verbesserung oder Versöhnung unmöglich gemacht hat. Es wäre eine großartige Unterstützung, wenn Sie diese widersprüchlichen Emotionen mitfühlend mit aushalten könnten.*

Einsamkeit

Trauernde können sich sehr einsam fühlen, unabhängig davon, wie viele Menschen um sie herum sind. Die Lücke, die der Verstorbene hinterlässt, kann zum Schwarzen Loch werden, das Zuneigung und Verbundenheit auffrisst. Bis zu diesem Tod war er mit vielen Menschen verbunden; es war vielleicht so, als ob verschiedenfarbige Bänder ihn mit Eltern, Geschwistern, Partnern, Freundinnen, Kollegen, Nachbarinnen, Sportskameraden etc. verbunden hätten. Nun ist einer dieser Fäden gerissen, und damit scheint sich das gesamte Netz in Nichts aufzulösen. Wenn dieser eine Mensch tot ist, dann verlieren manche Trauernde das Bewusstsein für die Bedeutung anderer Menschen in ihrem Leben. Nach dem Tod eines Kindes bekommen das die lebenden Kinder besonders schmerzhaft zu spüren – ein Kind ist tot, und es kann sein, dass alle Aufmerksamkeit, alles Gefühl in diese Richtung zieht. Die lebenden Kinder bekommen in extremen Fällen das Gefühl, nichts mehr wert zu sein. Die trauernden Eltern sagen dann, dass sie für eine Weile nicht die Kraft haben, neben dem Weg der Trauer um das verstorbene Kind auch noch den Weg der Liebe für ihre lebenden Kinder zu gehen. Wenn ein Partner/eine Partnerin gestorben ist, den man als Seelengefährten empfunden hat, als den einzigen Menschen auf der Welt, dem man sich wirklich nah fühlte, dann ist die Welt nach dem Tod dieses Seelenverwandten ein trostloser, öder Ort. Das gilt manchmal auch nach dem Tod eines sehr vertrauten Freundes, eines Geschwisters, Enkelkindes oder Großelternteils. Der Tod eines Geschwisterkindes kann sehr einsam machen – für Geschwister im Kindesalter und ebenso im Erwachsenenalter fehlt nun der Mensch, der die kleinen und großen Kindergeheimnisse gekannt und geteilt hat. Geschwister sind einander manchmal Bündnispartner in der Verantwortung für anstrengende Eltern, die sich sogar angesichts von Gewalt und Missachtung in einer Familie gegenseitig stützen. Ohne den Bruder oder die Schwester fehlt ein Stützpfeiler der eigenen Existenz, der »immer« dagewesen war und »für immer« angenommen wurde. Einsamkeit kann auch entstehen, wenn ein Elternteil stirbt und mit ihm das Gefühl, ein Zuhause zu haben, in das man immer zurückkehren kann. Ein Gefühl von Schutzlosigkeit und Alleingelassensein kann (auch bei »gestandenen« Erwachsenen) auftauchen, als wäre man ein kleines Tier in einer feindlichen Umgebung ohne Eltern.

Tipp

- *In Ihnen als Unterstützerin kann eine große Einsamkeit des Trauernden den Wunsch wecken, die entstandene Lücke mit Ihrer eigenen Wärme und Nähe zu füllen. Beachten Sie dabei bitte: Wenn Sie sich in Ihrer Bedeutung mit dem Verstorbenen messen, können Sie nur verlieren!*
- *Sie können Wärme und Nähe geben, die helfen, den Trauerweg zu gehen. Aber das kann kein Ersatz für die Wärme und Nähe des Verstorbenen sein.*
- *Um Frustration, aber auch Überforderung zu vermeiden: Geben Sie großzügig das, was in Ihrer Möglichkeit liegt, und akzeptieren Sie gleichzeitig, was Sie nicht sein und geben können.*

Angst

Trauernde können verschiedene Ängste entwickeln. Ihre Ängste beziehen sich vor allem darauf, dass noch etwas passieren und wieder jemand sterben könnte. Kinder können sogar wieder einnässen vor lauter Angst. Auch Erwachsene können Angst vor dem Alleinsein entwickeln und müssen dann – ebenso wie Kinder und Jugendliche – Stück für Stück wieder lernen, es mit sich allein auszuhalten. Viele Familien handeln intensivierte »Melderoutinen« aus, das Handy wird dabei zum wichtigsten Kommunikator. Jugendliche melden sich in vereinbarter Form z. B. zweimal am Tag bei ihren Eltern, wenn sie ausgehen, und schicken jede Stunde ein Lebenszeichen. Wenn jemand losfährt nach einem Besuch, ruft er an, sobald er angekommen ist. Ehepartner und Freunde sind ständig in Kontakt, um sich zu vergewissern, dass alle noch leben und es allen gut geht.

Im Lauf des ersten Trauerjahres sollten sich diese angstmindernden Kontaktroutinen mehrmals ändern. Für manche

Trauernde und für manche Unterstützende entsteht im Lauf der Monate ein Konflikt zwischen dem Bedürfnis nach Sicherheit und dem nach Autonomie und Freiheit. Es muss immer wieder neu ausgehandelt werden, wieviel die »Freiheitsliebenden« (meist Jugendlichen) an Kontakt zusichern können und wieviel die eher »Ängstlichen« unbedingt brauchen. Andere Ängste beziehen sich auf unsensible Reaktionen von anderen und auch auf eigene Gefühlsüberflutungen. Dann geht man nicht mehr zur gewohnten Zeit einkaufen, sondern sehr früh morgens oder im Kilometer entfernten Supermarkt. Kinder mögen dann nicht in Schule oder Kindergarten zurück, ebenso wie Erwachsene sich vor der Rückkehr zur Arbeit fürchten. Solche Ängste sind mit guter Vorbereitung zu mindern.

Tipp

- *Als UnterstützerIn können Sie Gespräche über die verschiedenen Möglichkeiten des absichernden Handelns anbieten, in denen alle Beteiligten zu Wort kommen.*
- *Für Situationen, die dem Trauernden viel Angst machen, können Sie Ihre Begleitung anbieten.*
- *Achten Sie darauf, den Trauernden nicht zu entmündigen. Vertrauen Sie darauf, dass er Wege findet, mit der neuen Verunsicherung umzugehen!*

Sehnsucht und Liebe

Die Liebe zu einem Menschen hört nicht einfach auf, wenn er gestorben ist. Sie wird vielleicht niemals aufhören. Irgendwann wird sich diese nicht-endende Liebe tröstlich und warm anfühlen, doch im ersten Trauerjahr kann sie Trauernde zur Verzweiflung treiben. Die Liebe hat noch lange nicht begriffen, wie sie sich zeigen kann, wenn der Geliebte nicht mehr in einem Körper anwesend ist: Wie geht das mit dem Lieben, mit all der Zärtlichkeit und dem Mitteilungsbedürfnis, wenn es keine Augen mehr gibt, in die man sehen, keine Hand, die man spüren kann? Die Liebe zum Verstorbenen kann sich zunächst nur in einem schmerzhaften Vermissen und einer wachsenden Sehnsucht äußern. Dann sind Träume sehr beglückend, in denen die Verstorbene da ist, einen Blick oder eine Berührung hinterlässt, die sich seltsam real anfühlen. Im Wachzustand bleibt die Leerstelle, an der er/sie anwesend war. Manche meiner KollegInnen bringen es auf die Formel: »Trauer ist Liebe«. Wo im Vorfeld keine Liebe war, entsteht auch kein Trauerschmerz, sagen sie. Ich stimme dem zu, mit der Ergänzung, dass Liebe etwas Vielgestaltiges und manchmal auch Widersprüchliches sein kann. Gelebte Liebe enthält oft auch Enttäuschungen, unbeantwortetes Bemühen, Warten und Hoffnung auf Besserung einer Beziehung. Auch dort, wo diese Gefühle die zärtlichen Aspekte einer Liebe überdeckt haben, kann tiefe Trauer entstehen.

Rituale

Rituale sind ein privater oder gemeinschaftlicher Ausdruck für Gefühle und Verbundenheit. Neben den Ritualen, die man für sich allein oder in der Familie entwickelt, gibt es auch Rituale, die von einer Kirche oder einer Institution angeboten werden. Es ist wohltuend, nicht für alles allein zuständig zu sein, sondern sich im Rhythmus eines gemeinsamen Rituals zu bewegen. Die Gemeinschaft mit anderen – auch wenn man sie gar nicht kennt – tut gut. Hier sind lauter Menschen, die auch trauern. Alle verstehen die Tränen und die Beklommenheit, aber auch die Dankbarkeit für das gemeinsame Leben:

Der November ist voller traditioneller Erinnerungstage an die Verstorbenen; da gibt es Gottesdienste, in denen man ihre Namen verliest und für sie betet. Die Friedhöfe sind geschmückt und mit Lichtern versehen. Hospize, Bestattungshäuser und Krankenhäuser veranstalten ein- oder zweimal im Jahr Gedenkfeiern für die Verstorbenen; auch hier kann man wohltuende Gemeinschaft und Trost finden.

Geschichte eines neuen Rituals

Trauernde Eltern aus den USA haben 1996 begonnen, am zweiten Sonntag im Dezember in der Dämmerung ein Licht ins Fenster zu stellen – zum Gedenken an ihre verstorbenen Kinder. Inzwischen werden an diesem Abend an vielen Orten der Welt Lichter entzündet und Feierstunden oder Gottesdienste gehalten, sodass der Lichtschein einmal rund um den Globus wandert. Aus einem zunächst eher persönlichen Ritual ist so etwas Weltumspannendes geworden. Unter dem Stichwort »Worldwide Candlelighting« finden Sie im Internet zahlreiche Hinweise auf regionale Aktionen und Berichte aus den vergangenen Jahren.

Trauer oder Depression?

All diese vielen Gefühle gehören zum Trauerweg. Dazwischen gibt es Phasen der Erschöpfung, der Mutlosigkeit, und Zeiten, in denen die Trauernde keine Lust auf gar nichts hat. Das veranlasst den Hausarzt vielleicht dazu, von Depressionen zu sprechen. Die psychische Erkrankung Depression in all ihren verschiedenen Erscheinungsformen hat in den zurückliegenden Jahren viel Aufmerksamkeit bekommen. Das hat dazu geführt, dass viele Hausärzte deutlich mehr über Depressionen wissen als über Trauerprozesse. Die »Symptome« eines Trauerweges ähneln an manchen Stellen denen einer depressiven Erkrankung; deshalb ist eine Verwechslung möglich, wenn Fachleute sich noch nicht um aktuelles fachliches Wissen über Trauerwege bemüht haben.

Behandlungsbedürftige depressive Episoden erkennt man daran, dass über Wochen alle Gefühle an Intensität verlieren. Es fühlt sich dauerhaft und schier nie wieder endend grau und leer im Innern an. Daraus entsteht eine wochenlange Antriebslosigkeit, die dazu führt, dass man seinen Alltag viele Tage hintereinander nicht bewältigen kann. (Wenn man zweimal hintereinander nicht aufstehen konnte/wollte, ist das noch keine Depression!) Dazu kommen möglicherweise ernst zu nehmende Suizidgedanken, die dazu führen, dass man sich schon recht genau überlegt, wie und wo man »es« tun würde. Manche Menschen sind in ihrer Depression auch extrem unruhig und nervös. Alle depressiv Erkrankten haben Schlafstörungen und grübeln viel über Dinge, die sie nicht ändern können. Depressionen sind eine ernst zu nehmende Erkrankung, die zum Glück gut auf Behandlungen durch Psychopharmaka und spezialisierte Psychotherapie anspricht. Aber – Trauerprozesse bessern sich weder durch Medikamente noch durch Therapieformen, die gegen Depressionen wirken. Das ist, als würden Sie Erkältungsmittel gegen Magenbeschwerden einsetzen.

Bitte nicht

- *Das Diagnostizieren einer Depression braucht Fachkenntnis. Als UnterstützerIn können Sie nicht sagen, ob diese Erkrankung vorliegt! Sie können eine vorsichtige Vermutung äußern und die Trauernde ermutigen, einen Facharzt aufzusuchen.*

- *Bitte unterstellen Sie nicht sofort eine psychische Erkrankung, wenn jemand auch Monate nach einem Todesfall viel weint und niedergeschlagen ist. Das gehört zum normalen Trauerprozess.*

Trauerfacette Sich anpassen – Konkrete Angebote, Hilfe zur Selbsthilfe und Abgrenzung

Im Leben von Trauernden ist plötzlich vieles anders als vor dem Tod eines vertrauten Menschen. Dafür müssen sie Stück für Stück Lösungen finden. Es gibt die deutlich sichtbaren Veränderungen wie das Zimmer des verstorbenen Kindes, das leer bleibt, die Zahnbürste des verstorbenen Partners, die nicht mehr benutzt wird. Daneben gibt es die veränderten Alltagsroutinen. Die Essenszeiten, die auf das Zusammenleben abgestimmt waren, sind so nicht mehr nötig, das gewohnte abendliche Geplauder über die Ereignisse des Tages ist nicht mehr möglich, Aufgaben im Haushalt müssen neu verteilt werden. Die Veränderungen betreffen aber auch das Zusammentreffen mit Freunden, Kolleginnen, Bekannten und Nachbarn. Trauernde sind vielleicht weniger lustig und weniger leistungsfähig als zuvor. Freunde sind vielleicht unsicher und können in ihrem Verhalten zwischen Mitgefühl, Neugier und dem Wunsch nach Normalität schwanken. Aus gleichberechtigten Freunden sind vielleicht UnterstützerInnen und Unterstützte geworden. Das war zu Beginn des Trauerprozesses für Sie als UnterstützerIn selbstverständlich und für die Trauernde wohltuend. Im Lauf der Monate kann sich diese einseitige Rollenverteilung jedoch ungünstig auf die Beziehung zueinander auswirken. Angenehme und beglückende Beziehungen basieren auf einem Gleichgewicht des Gebens und Nehmens. Die mitfühlende Normalität gewinnt im Lauf der Trauerjahre immer mehr an Bedeutung. Das kann Ihnen schwerfallen. Sie trauen dem Trauernden vielleicht noch nicht zu, mit Ihnen zu lachen oder sich Ihre Probleme anzuhören. Das täte Ihrer Freundschaft/Beziehung aber gut!

Geschichte einer stabilen Anteilnahme

Eine Klientin erzählte mir, wie sie wenige Monate nach dem Tod ihrer Tochter mit einer guten Freundin ein Meditationsseminar besuchte. An einem der freien Abende saßen sie mit anderen Teilnehmern zusammen und sprachen über ihre Familien. Als eine Teilnehmerin sie fragte, ob sie Kinder habe, schossen ihr die Tränen in die Augen und sie bekam keine Luft mehr. Ihre Freundin bemerkte das und rückte etwas näher. Sie legte ihr eine Hand auf den Arm und blieb ganz ruhig. Die andere Kursteilnehmerin war sehr aufgeregt darüber, was ihre Frage angerichtet hatte, aber die Freundin blieb ruhig und freundlich. So konnte meine Klientin sich wieder beruhigen und kurz mitteilen, dass ihre Tochter vor kurzem gestorben sei und das noch sehr schwer für sie sei. Zusammen mit der Freundin ging sie dann eine halbe Stunde spazieren und besprach, was gerade passiert war. Die stabile Anteilnahme ihrer Freundin machte es möglich, dass sie trotz der intensiven Emotionalität des Moments in dieser Nacht schlafen und am nächsten Tag wieder am Seminar teilnehmen konnte.

»Mitmenschliche Normalität«

Im Lauf der Trauerjahre brauchen Trauernde immer weniger praktische Unterstützung, weil sie mit der Facette »Sich anpassen« Stück für Stück neue Lösungen für ihre veränderten Lebensumstände gefunden haben. Die »mitfühlende Normalität« wird immer wichtiger, auch in engen Beziehungen. »Mitmenschliche Normalität« nimmt weiter Rücksicht, aber sie packt den Trauernden nicht auf Dauer »in Watte«, sondern traut ihm wieder etwas zu:

- *Am Arbeitsplatz wird wieder mehr die Lösung der gestellten Aufgaben erwartet.*

- *In der Freundschaft geht es auch mal um andere Themen und sogar die Schwierigkeiten, die der Unterstützer in seinem Leben gerade hat.*
- *Das gilt auch für Familien: Kinder von trauernden Eltern können wieder elterliche Verantwortung erwarten.*

»Mitmenschliche Normalität« traut dem Trauernden das Weiterleben zu und reduziert ihn nicht auf seinen Trauerschmerz. Das tut Trauernden gut, weil sie sich in den »normalen Kontaktangeboten« als »normale Menschen« erleben und spüren, wie viele Fähigkeiten und Kontakte sie trotz des einschneidenden Verlusts haben.

Geschichte von wohltuender Normalität

Eine Klientin erzählte mir, wie wohltuend sie eine Freundin erlebt, die ganz normal mit ihr umgeht. Diese Normalität umschließt auch den gemeinsamen Spaziergang zum Grab und das Gespräch über Gefühle und Gedanken des Trauerns. Das ist für die beiden genauso »normal« wie andere Gesprächsthemen, es gibt keine Trennung von leichten und schweren Themen. Die Unverkrampftheit und Angstlosigkeit dieser Freundin ist für meine Klientin ein Lichtblick. Von anderen Freunden fühlt sie sich bedrängt, nicht mehr über ihre Trauer zu sprechen und genauso zu sein wie vorher. Das macht sie aber umso trauriger und verhindert einen selbstverständlichen Kontakt. Mit dieser bestimmten Freundin fühlt sie sich jedoch immer wieder auch leicht und erlebt für einige Momente eine Lebensfreude, die sie sonst sehr vermisst.

Haushalt und Erinnerungsstücke

Es gibt Situationen, in denen man gezwungen ist, einen Hausstand oder ein Zimmer in kürzester Zeit aufzulösen, z. B. wenn der/die Verstorbene in einer stationären Einrichtung gelebt hat, das ist eine bedrängende Erfahrung. Auch der Auftrag an eine Firma, die die Wohnung der verstorbenen alten Tante auflöst und dabei ohne Ansicht des Erinnerungswerts fast alles in einen Container wirft, fällt schwer. Zum Glück hat man meistens mehr Zeit, die zurückgelassenen Dinge zu betrachten und zu sortieren. Es gibt keinen psychologischen Grund dafür, alles innerhalb der ersten Wochen wegzuwerfen, wie es manchmal geraten wird. Unterstützen Sie Trauernde dabei, die eigenen Bedürfnisse zu erkennen und bieten Sie »handfeste« Hilfe an, wenn sie gebracht wird. Die Entscheidungen über Räume und Dinge, die zurückgeblieben sind, fallen Stück für Stück immer wieder neu im Lauf der Trauerjahre, und es sind die Entscheidungen des Trauernden:

- *Was kann eine neue Bedeutung bekommen?*
- *Was bleibt als Erinnerungsstück?*
- *Was wird anderen als Erinnerungsstück überlassen?*
- *Was kann noch für andere nützlich sein, z. B. in der Altkleidersammlung?*
- *Was kommt wirklich in den Müll?*

Geschichte praktischer Unterstützungen

Ich erinnere mich an eine Klientin, deren Partnerin an einer Krebserkrankung gestorben war. Die Partnerin hatte in der Politik gearbeitet und sehr viele Artikel, Bücher und persönliche Aufzeichnungen zu verschiedenen Themen gesammelt. Bei ihrem Tod blieben Dutzende von Umzugskisten voller Aktenordner zurück. Im ersten halben Jahr nach ihrem Tod ordnete meine Klientin zunächst die gemeinsame Wohnung und räumte die Zimmer um, denn die erkrankte Partnerin war zu Hause gestorben, wo das Wohnzimmer zum Pflegezimmer umfunk-

tioniert worden war. Die Aktenordner voller Material stapelten sich in verschiedenen Räumen der Wohnung und im Keller, sie wirkten wie eine unüberwindbare Hürde auf sie. Ein dreiviertel Jahr nach dem Tod hatte sie endlich Zeit und begann, die Materialordner zu sichten. Doch je näher der Todestag kam, desto schwerer fiel es ihr und sie beschloss, die Ordner in Kartons zu packen und von einer Firma in der Garage aufstapeln zu lassen. Erst in ihrem nächsten Urlaub nahm sie das Projekt wieder in Angriff. Es war ein warmer und trockener Sommer, sodass sie mehrere Tapeziertische in die Einfahrt vor der Garage stellen konnte. Jeden Vormittag saß sie hier einige Stunden und sah sich gewissenhaft jeden Ordner an, um zu entscheiden, was sie behalten wollte, was an Stiftungen gehen konnte und was durch eine Firma sicher vernichtet werden sollte. Es war trotzdem nicht allein zu schaffen. Nach zwei Wochen bat sie eine Cousine um Hilfe, die sofort für einige Tage zu Besuch kam und eine Vorsortierung vornahm. Jetzt hatte meine Klientin mehr Zeit, sich die wichtigen Unterlagen in Ruhe anzusehen. Sie fanden einige Bücher und Reiseberichte, die für eine politische Stiftung von großem Wert waren. Einige Erinnerungsstücke, von denen sie gedacht hatte, sie seien verloren gegangen, tauchten auf und fanden einen Platz in ihrer neuen Wohnung. Vor dem Ende des Sommers waren alle Kartons leer und viel freier Platz in der Garage. Meine Klientin war sehr erleichtert, dass es ihr gelungen war, die belastende Materialmenge zu reduzieren und dabei das Lebenswerk ihrer Partnerin zu würdigen.

Umgang mit Rollen

Was hat der Verstorbene im gemeinsamen Leben erledigt, das jetzt brachliegt? In einer Ehe ist das am einfachsten festzustellen. Dort hat jeder seinen Bereich gehabt – Haushalt oder Geldgeschäfte, Einkaufen oder Putzen, Reparieren oder Dekorieren. Der Bereich des Verstorbenen ist jetzt offen, und der Überlebende muss entscheiden, wie er mit dieser Lücke umgeht. Eine verwitwete Frau, deren Mann ein begeisterter Heimwerker gewesen war, erzählte mir, wie sehr es ihr auf die Nerven ging, bei jeder kleinen Haushaltsreparatur einen Nachbarn fragen zu müssen. Sie lebte in einer intakten Nachbarschaft und verschiedene Nachbarn waren gern bereit, einzuspringen. Aber zu der anfänglichen Dankbarkeit gesellte sich im Lauf der Monate auch das Gefühl von Abhängigkeit. Sie begann, sich mit den Werkzeugen ihres verstorbenen Mannes vertraut zu machen und erzählte mir stolz von ihrem ersten eigenen Bohrloch, um ein kleines Regal für ihre Tochter anzubringen. Gleichzeitig hatte sie Angst, die Nachbarn würden es als Zurückweisung empfinden, wenn sie kleine Reparaturen nun selbst durchführen konnte.

Tipp

- *Versuchen Sie, innere Widersprüche beim Thema »Hilfe annehmen« zu verstehen. Jeder trauernde Mensch sehnt sich nach Unterstützung, aber auch nach Selbstständigkeit. Die Unterstützung für trauernde Freunde und Verwandte sollte daher als »Hilfe zur Selbsthilfe« gesehen werden.*

Es kann sein, dass Sie selbst sich in der Rolle der Unterstützerin gut gefühlt haben. Vielleicht haben Ihre Unterstützungen Ihnen eine Art von »Erfolgserlebnis« vermittelt, vielleicht haben Sie eine wohltuende tiefe Nähe zu dem/der anderen erlebt. Dann mag die wieder zunehmende Selbstständigkeit des Trauernden irritierend auf Sie wirken. Versuchen Sie, sich rückwirkend nicht nur benutzt zu fühlen. Sie haben aus freien Stücken Unterstützung angeboten, und eigentlich ist es wunderbar, dass das nicht nur anstrengend für Sie war, sondern Ihnen auch selber etwas gegeben hat. Es ist unter anderem der »Erfolg« Ihrer Unterstützung, wenn die Trauernde nun wieder mehr allein schafft.

Geschichte von zwei Abenteurern

In seinem Buch »Meinen Hass bekommt ihr nicht« beschreibt Antoine Leiris sehr genau, wie er Aufgaben übernehmen muss, die vorher seine verstorbene Frau Hélène erledigt hat, z. B. das Schneiden der Fingernägel bei seinem siebzehn Monate alten Sohn Melvil: »Heute Abend lerne ich etwas Neues. Wir müssen ihm die Nägel schneiden. Das habe ich noch nie gemacht. Doch heute kann ich nicht warten, bis Hélène heimkommt. Ich setze ihn auf meinen Schoß, er ist vollkommen ruhig. Seine kleine Hand in meiner großen lasse ich die Schere darüber schweben, weil ich nicht recht weiß, mit welchem Finger ich anfangen soll. Er wird ungeduldig. Ich gebe mir einen Ruck. Ein Schrei zerreißt die Stille. Ja, ich war es, der geschrien hat. Ich habe ihm gerade ein Stück von seinem Finger abgeschnitten. In Wahrheit ist es ein Stück Haut, das ich abgeschnitten habe. Der Finger, den ich mir schon vollständig abgetrennt vorgestellt habe, ist noch ganz. Und wenn er denkt, ich hätte ihm wehtun wollen? Instinktiv drehe ich mich um. Suche sie mit meinem Blick. Sie ist nicht da, um mich zu beruhigen. Ist nicht da, um mir einen Rat zu geben. Ist nicht da, um mich abzulösen. Schwindelnde Einsamkeit. Es gibt nur noch mich. Er sieht mich immer noch an, zunehmend verblüfft. Er weint nicht. Er hat keine Angst. Er ist da. Ich bin da. Wir sind ein Team. Zwei Abenteurer.« (S. 99-101)

Trauerfacette Verbunden bleiben – Aushalten, zuhören, Eifersucht vermeiden

Die innere Verbundenheit von Trauernden mit den Verstorbenen kann für Unterstützende eine große Herausforderung sein. Wer den Tod eines nahen Menschen noch nicht selbst erlebt hat, steht manchmal vor einem Rätsel, was das heißen soll: über den Tod hinaus verbunden sein. Vor allem fragt man sich, wozu das gut sein kann. In der Sicht auf diese Facette des Trauerweges hat es in den letzten Jahrzehnten die größten Veränderungen gegeben. Während der Volksmund schon immer wusste, dass die Toten unvergessen sind und in unseren Herzen weiterleben, hat der große Sigmund Freud eine Idee des »notwendigen Loslassens« vorbereitet. Mit seinem Satz, es sei die »Aufgabe des Trauerns, alle Energie von den Verstorbenen abzuziehen«, hat er eine fatale Entwicklung eingeleitet. Trauernden wurde eingeredet, sie könnten nur dann wieder am allgemeinen Leben teilnehmen, wenn sie jede innere Verbundenheit mit den Verstorbenen beendet hätten. Diese Idee ist so tief in unsere Gesellschaft eingedrungen, dass sie heute immer noch in manchen Büchern, Gebeten, Ansprachen und Ratschlägen unreflektiert wiederholt wird. Das ist eine sehr mechanische Sicht auf menschliche Beziehungen: als könne man einen Verstorbenen einfach durch eine andere Person ersetzen wie ein kaputtes Maschinenteil. Dabei hat die Trauerforschung längst das Wissen des Volksmunds neu belebt und Forschungsergebnisse vorgelegt, dass es kein bisschen krankmachend oder depressionsfördernd ist, den Verstorbenen nah bei sich zu spüren. Begriffe wie »fortgesetzte Bindung« wurden dafür gefunden oder »Den Verstorbenen einen neuen Platz zuweisen«. In dieser Formulierung wird deutlich, dass die Verbundenheit zu Verstorbenen eine andere ist als die zu den Lebenden. Diese Verbundenheit schöpft aus den gemeinsamen Erfahrungen während der Lebenszeit des Verstorbenen, aber sie ist grundlegend anders als das, was zu Lebzeiten da war. Deshalb kann es so anstrengend und verwirrend sein, diese »neue und gleichzeitig bleibende Verbundenheit« herzustellen. Das innere Verbundenbleiben kann viele Formen annehmen. Es kann ein dauernder Zustand sein oder ein seltenes Ereignis, man kann es bewusst herbeiführen oder auf sich zukommen lassen. Dabei gibt es auch unangenehme, anstrengende und sogar bedrohliche Formen dieser inneren Verbundenheits-Erlebnisse. Das erste Trauerjahr ist eine Art Versuchslabor in dieser Facette des Trauerweges. In den kommenden Trauerjahren werden noch viele weitere Anknüpfungs- und auch Loslösungsversuche gemacht werden. Ja, auch Ablösungsversuche, denn so, wie man auch von Lebenden ab und zu mal seine Ruhe braucht, so geht es einem manchmal auch auf dem Trauerweg.

Für die meisten Trauernden und ihre UnterstützerInnen ist die beglückende Erfahrung irgendwann, dass Liebe in alle Richtungen zugleich wächst: Wenn man mit den Verstorbenen eine positive liebevolle Verbundenheit spürt, ist das Herz nicht mehr so wund, und mit einem weniger zerbrochenen Herzen kann man die Lebenden besser lieben.

Tipp

- *Lassen Sie es »normal« sein, dass über die Verstorbene gesprochen wird. Solange Sie z. B. darauf bestehen, dass der Name des Verstorbenen in Ihrer Gegenwart nicht erwähnt wird, entsteht ein Bereich, in dem der Trauernde, den Sie eigentlich unterstützen möchten, allein bleibt.*

- *Lassen Sie den Verstorbenen Teil des Alltags werden. Erinnern Sie sich selbstverständlich an die besonderen Gedenktage. Gehen Sie ohne Berührungsängste mit zum Grab. Zeigen Sie den Trauernden in kleinen Gesten, dass auch Sie weiter an den Verstorbenen denken. Fotos vom Verstorbenen in der gemeinsamen Wohnung sollten selbstverständlich sein.*

- *Versuchen Sie, diesen Menschen kennenzulernen wie einen entfernten Verwandten, der immer mal zu Besuch kommt.*

Geschichte über heilsame Geschichten

Bettina aus Essen hat mir diese Geschichte über den zweiten Todestag ihres Mannes Micha zur Verfügung gestellt: »Ich habe Bekannte, Freunde, Verwandte und auch die behandelnden Ärzte um Geschichten über Micha gebeten. Es dauerte fast zwei Jahre, bis ich alle Geschichten zusammen hatte. Letztendlich waren es über zwanzig. Ich ließ daraus ein Buch binden, zum Gedenken an meinen lieben Mann Micha. Zum zweiten Jahrestag habe ich alle Verfasser der Geschichten in unseren Garten eingeladen. Es gab Tee, Kaffee, Wein und eine Kleinigkeit zu essen. Jeder hat seine Geschichte aus diesem Buch vorgelesen. Wir haben einen Platz zentral in der ersten Reihe (so eine Art Thron) bereitgestellt. Dort nahmen die Vorleser Platz. Wir machten Kerzen an. Alle Anwesenden waren still. Selbst die kleinen Kinder haben es sich gemütlich und bequem gemacht und aufmerksam zugehört, wie der Opa, Onkel, Bruder, Schwager, Vater, Ehemann, Freund usw. von anderen gesehen wurde und was er so gemacht hat mit ihnen. Es waren sehr lustige Geschichten dabei. Wir haben alle gelacht und auch geweint. Zuerst waren die Verfasser etwas zurückhaltend, haben sich etwas geschämt. Nach jeder Geschichte, die vorgelesen wurde, wurden alle Verfasser mutiger und nach kurzer Zeit haben sich selbst die Jugendlichen freiwillig gemeldet, die Geschichten vorlesen zu dürfen, von denen, die nicht anwesend sein konnten. Wir haben uns alle unterhalten und jeder konnte seine Erlebnisse mit Micha nochmal erzählen und etwas hinzufügen. Ich habe nur zugehört und war so berührt, weil ich so viel über meinen geliebten Mann erfahren durfte. Zum Schluss haben wir ein großes Herz aus Teelichtern dargestellt und die Bücher dort hineingelegt. Jedes unserer Kinder hat eins von diesen Büchern bekommen. Das ist nun wieder drei Jahre her. Wir denken sehr gerne an diesen Tag und holen das Buch regelmäßig heraus und lesen uns die Geschichten durch. Es war ein wunderschöner Abend. Für jeden, der da war. Mit einem Lächeln im Gesicht sind alle nach Hause gegangen und mit der Verabschiedung: »Das war ein sehr schöner Jahrestag für Micha.«

Die Angst vor dem Schmerz der Erinnerung

Manche meiner Klienten wollen sich nicht erinnern. Sie empfinden Erinnerungsbilder nicht als wärmenden Schatz, sondern als schmerzhaften Stich, der ihnen nur zeigt, was jetzt nicht mehr da ist. Jeder erinnerte glückliche Moment macht ihnen die Leere der Gegenwart deutlicher. Trauernde, die diese Leere nicht spüren möchten, stellen oft keine Fotos auf und räumen sehr bald alles weg, was an den Verstorbenen erinnert. Das »Nichts«, wo vorher der Verstorbene war, soll so leichter auszuhalten sein. Die Erinnerungsgegenstände, Fotoalben und Videofilme vom Verstorbenen werden zu unantastbaren Tabus, wenn sie das ganze erste Jahr lang versteckt bleiben. Nach einem oder mehreren Jahren wird es dann immer schwerer, sie anzusehen und Erinnerungen zuzulassen.

Tipp

- *Als UnterstützerIn können Sie Ihren eigenen furchtlosen Umgang mit Fotos und Erinnerungen zur Verfügung stellen.*
- *Regen Sie an, dass ein einziges Foto oder Erinnerungsstück reicht, um die Hemmschwelle ein kleines Stück abzubauen.*
- *Bieten Sie vorsichtig Ihre Unterstützung an, z. B. wenn es um das Renovieren eines Zimmers oder das Aussortieren von Kleidern geht, aber berücksichtigen Sie, wie schwer das für die Trauernde sein kann!*

Geschichte über die Möglichkeit, sich etwas voneinander abzuschauen

Ich erinnere mich an ein Elternpaar, das nach dem Tod des siebzehnjährigen Sohnes zu mir kam. Sein Zimmer im Elternhaus war auch sieben Monate nach dem Tod für seine Mutter ein unerträglicher und gleichzeitig heiliger Ort. Sie ging im

Flur mit abgewandtem Gesicht an der geschlossenen Zimmertür vorbei und war gleichzeitig voller Phantasien von seinen Schulsachen, Kleidern und Büchern, die sie dort in der üblichen Unordnung vermutete. Niemand durfte dort etwas verändern. Ihr Mann erzählte daraufhin, dass er für sich eine andere Umgangsform mit dem Zimmer seines toten Sohnes gefunden habe. Die beiden hatten darüber bisher noch nicht gesprochen, denn der Mann wusste, wie schwer das Thema für seine Frau war. Nun erzählte er, dass er zunächst nur blicklos hineingegangen war, um das Fenster zum Lüften zu öffnen und dann wieder zu schließen. Nach einigen Wochen hatte er kurz den Blick schweifen lassen. Einmal hatte er sich sogar schon auf den Schreibtischstuhl gesetzt und eines der Bücher vom Nachttisch in die Hand genommen, um darin zu blättern. Seine Frau hörte aufmerksam zu und konnte sich zum ersten Mal vorstellen, irgendwann auch selber in das Zimmer ihres toten Sohnes zu gehen.

Dramatische Erinnerungen

Nach einem gemeinsamen Leben voller Momente, an die man sich erinnern könnte, ist es manchmal der eine Moment, in dem jemand gestorben ist, der alles andere überdeckt. Wenn das Sterben unerwartet kam, wenn es mit Schmerzen und Schrecken verbunden war, dann graben sich diese Bilder tief ins Gedächtnis ein. Solche Bilder sind wie ein heftiger Schlag, es kann sein, dass ein Trauma entsteht, das ist eine Verletzung in der Art, wie wir über Erlebtes denken und welche Gefühle wir dazu aufbauen. Sogar die körperlichen Kreisläufe werden durch so einen traumatisierenden »Schlag« verletzt. Dieser »Schlag« kann geschehen durch das Mitansehen eines plötzlichen Sterbens oder starker Verletzungen sein. Durch hektische Betriebsamkeit z. B. an einem Unfallort oder auf der Intensivstation, durch helle Lichter und laute, schrille Geräusche wird das noch verschlimmert. Wie bei jeder Verletzung sind wir ziemlich gut darin, auch einen traumatisierenden Schlag zu überwinden. Innerhalb der ersten Monate nach den verletzenden Bildern und Erlebnissen beruhigen sich meistens das Denken, Fühlen und Erinnern mehr oder weniger von alleine. Nur wenn die Unruhe, die Ängste, die immer wieder auftauchenden Bilder von dem erschreckenden Geschehen mehr als sechs Monate anhalten, gelingt es dem Körper und der Psyche nicht, die Verletzung aus eigener Kraft zu überwinden. Man spricht dann von einer »Traumafolgestörung« oder »Psychotraumatisierung«. Ähnlich wie bei der Depression braucht es dann eine sorgfältige Untersuchung, um eine Traumafolgestörung zu diagnostizieren. Sie können den Trauernden behutsam darauf hinweisen, dass lange anhaltende Unruhe, chronische Schreckhaftigkeit und immer wiederkehrende angstvolle Erinnerungen etwas mit einem möglichen Trauma zu tun haben könnten. Darüber hinaus können Sie im Gespräch darauf achten, dass die geteilten Erinnerungen sich nicht ausschließlich auf dramatische Todesumstände oder vermutete Versäumnisse konzentrieren. Dann empfiehlt es sich, stattdessen mit Ihren Fragen und Gesprächsimpulsen das Leben und die Besonderheit des Verstorbenen in den Vordergrund zu rücken.

Gegenstände

Die Kleider der Verstorbenen, auch ihr Schmuck werden oft zu Erinnerungsstücken; man kann sie tragen, um Verbundenheit zu zeigen und zu spüren. Aber auch Alltagsgegenstände wie der Kochlöffel der Mutter, die Lieblingstasse der Freundin oder die Lederjacke des großen Bruders werden zu verbindenden Gegenständen. Wenn man sie berührt, spürt man ein Stück der alten Geborgenheit. Es gibt inzwischen viele Möglichkeiten, Erinnerungsschmuck herzustellen, z. B. einen Anhänger mit einem in Gold geprägten Fingerabdruck und/

oder Namenszug des Verstorbenen. Medaillons können mit einem oder mehreren Fotos gefüllt werden, und seit einigen Jahren kann man sogar einen Teil der Asche des Verstorbenen zu einem Diamanten pressen oder unter einen Schmuckstein legen lassen. Verbindende Gegenstände können trösten und Halt geben, sie tragen die Erinnerung an bestimmte Situationen oder die ganze Person in sich.

Geschichte von einem Stein in der Hosentasche

Barbara aus Nürnberg hat mir diese Geschichte zur Verfügung gestellt: »Ich habe mir kurz nach dem Tod meines Mannes Bernd einen schönen flachen Stein gesucht und ihn mit seinem Namen, den Lebensdaten und einer Widmung an ihn versehen. Diesen Stein trage ich immer in der Hosentasche bei mir. Wenn mir etwas zu viel wird oder ich Bernd ganz stark vermisse, nehme ich den Stein in die Hand, halte ihn einfach oder umklammere ihn auch mal ganz fest. Das tut mir gut. Einmal ist er mir heruntergefallen und ein Stück ist abgesprungen. Zunächst war ich sehr traurig, aber dann habe ich mir gesagt – mein Stein verändert sich – wie auch ich mich verändere. Man wandelt sich, und inzwischen ist diese scharfe Kante durchs dauernde Herumtragen auch wieder ganz weich geschliffen (wie auch bei mir manches mittlerweile wieder weicher geworden ist). Die Inschrift muss ich regelmäßig erneuern, aber das macht nichts, so kann ich immer mal wieder was Anderes an ihn schreiben.«

Orte

Es gibt einen Ort, der für viele Menschen ein »Treffpunkt mit dem Verstorbenen« wird, das ist das Grab. Manche Trauernde gehen jeden Tag dorthin, manchmal sogar mehrmals. Dort fühlen sie sich dem Verstorbenen so nah wie irgend möglich, sie halten Zwiesprache, sie gestalten das Grab so schön, wie es geht.

Tipp

- *Als UnterstützerIn können Sie dafür sorgen, dass das Grab ein verbindender Ort für die Lebenden und die Verstorbenen bleibt und nicht zu einem Ort wird, der die Trauernden von den Lebenden und ihrem eigenen Weiterleben trennt.*

- *Sie können gemeinsam mit dem Trauernden zum Friedhof gehen, einfach als Spaziergang oder um die Bepflanzung zu erneuern.*

- *Sie können anbieten, die Blumen zu gießen und das Grablicht anzuzünden, wenn der Trauernde wegfahren möchte.*

- *Sie können das Grab auch allein besuchen und Ihre eigene Trauer dort zum Ausdruck bringen.*

Es gibt auch Orte, die belastende Erinnerungen wachrufen. Das kann das Krankenhaus sein, in dem jemand gestorben ist. Oder ein Unfallort. Diesen Orten geht man dann aus dem Weg, weil sie die überwundene Angst und Fassungslosigkeit in Sekundenbruchteilen wieder hervorrufen könnten. Manchmal ist es nicht der Anblick eines Ortes, der einen so erschreckt, sondern die Geräusche oder Gerüche, die mit diesen Orten verbunden sind. Dann meidet man z. B. nicht nur ein bestimmtes Krankenhaus, sondern geht allen Krankenhäusern aus dem Weg, weil man den typischen Geruch dort nicht ertragen kann. Die Vermeidung von Orten kann das Leben jedoch sehr einschränken und den Trauerweg auf Dauer zu einem Vermeidungsweg weg von bestimmten Orten und Situationen machen. Ängste vor bestimmten Orten und Panik, die durch Gerüche und Geräusche ausgelöst wird, können ein Anzeichen für eine Traumafolgestörung sein. Dann können eine Trauma-Ambulanz oder ein Traumatherapeut unterstützen.

Tipp

- *Nehmen Sie es ernst, wenn der Mensch, den Sie unterstützen, Ängste und Unbehagen gegenüber bestimmten Orten oder auch Geräuschen äußert. Durchhalteparolen helfen nicht weiter.*
- *Überlegen Sie zusammen mit der Trauernden, wie es möglich wäre, sich mit dem erschreckenden Ort zu konfrontieren. Gibt es Atemübungen oder einen hilfreichen inneren Satz, die helfen, sich zu beruhigen?*
- *Ist es möglich, sich die Wegstrecke in viele kleine aushaltbare Abschnitte einzuteilen? Und könnten Sie – oder jemand anderer – als »stabile Person« dabei sein?*

Geschichte von gleichzeitigem Verbundensein

Christiane aus Gladbeck hat mir diese Geschichte zur Verfügung gestellt: »Ich habe mich sehr schwer getan mit dem Grabstein. Lange Zeit konnte ich nicht einmal darüber nachdenken, einen Stein anfertigen zu lassen. Erst nach fast eineinhalb Jahren habe ich mich kräftig genug gefühlt, mich an die Arbeit zu machen. Eigentlich erst, nachdem ich im Fernsehen gesehen hatte, dass eine Mutter die persönliche Unterschrift ihrer Tochter in deren Grabstein hatte gravieren lassen. Eine eigenhändige Unterschrift kam für mich zwar nicht in Frage, im Gegenteil, allein die Vorstellung, bei jedem Friedhofsbesuch auf die Handschrift von Olli zu blicken, fand ich schrecklich. Aber ich kalligrafiere sehr gerne und wollte deshalb den Namenszug für den Grabstein selbst entwerfen. So suchte ich mit den Kindern gemeinsam einen Stein aus, wir überlegten zusammen kurz, was auf den Stein geschrieben werden sollte, und ich ließ mir schließlich von einer ausgebildeten Kalligrafin dabei helfen, eine Idee für einen Schriftzug zu finden. Als ich mit dem Steinmetz anschließend die weiteren Einzelheiten besprach, darunter auch, wie der Stein ausgerichtet werden solle, wurde klar, dass ich dabei sein musste, wenn der Stein gesetzt würde. Bei dem Gedanken daran bekam ich einen dicken Kloß im Hals. Dabei zu sein, wenn ein Grabstein auf Ollis Grab gesetzt würde, war eine bedrückende, düstere und äußerst beklemmende Vorstellung für mich. Das konnte ich nicht alleine aushalten. Aus diesem Grund habe ich den besten Freund meines Mannes gefragt, ob er sich vorstellen könnte, dabei zu sein, wenn es so weit ist, und ob er vielleicht noch ein paar Freunde meines Mannes fragen könne. Daraus ist dann der Gedanke entstanden, warum nicht eine große Sache daraus machen? So habe ich, als der Stein fertig war und der Termin schließlich feststand, den Freundeskreis meines Mannes eingeladen, meine engsten Freundinnen und Ollis Familie, um aus Anlass der Grabsteinsetzung bei ihm am Grab noch einen Schluck auf sein Wohl zu trinken. Es sollte sein Lieblingsgetränk geben: Bacardi Cola – allerdings nur aus winzigen Gläsern. Und im Anschluss haben wir uns außerhalb des Friedhofs noch auf eine Currywurst getroffen und bei einem Bier die ein oder andere Geschichte erzählt.

Wenn ich anderen im Vorfeld davon erzählt habe, habe ich gesagt: ›Wir feiern eine Grabsteinparty.‹ Das war krass ausgedrückt, aber im Nachhinein betrachtet, hat die Beschreibung recht gut gepasst. Da Ollis Freunde keine Freunde großer Worte sind, habe ich mich schlicht für ihr Kommen bedankt und sonst nicht viel gesagt. Wir haben angestoßen und fast alle haben – zumindest einen kleinen Schluck – mitgetrunken. Anschließend hat niemand mehr etwas sagen wollen, es wurde recht still, aber die Atmosphäre war dennoch gut. Es fühlte sich nach Zusammenhalt und nach Erinnerung an. Es fühlte sich gut und richtig an. Es war ein tröstliches Gefühl, zusammen am Grab zu stehen und an Olli zu denken. Und es hat lange gedauert, bis wir den Bann brechen und gehen konnten. Es war kein ›schöner‹ Tag, aber es war ein besonderes Erlebnis. Und seiner Schwester, die während der Beerdigung wegen ei-

nes Herz- und Niereninfarkts auf der Intensivstation lag, konnte es ein klein wenig den verpassten Abschied ersetzen.«

Selbstgewählte Symbole

Sind Sie schon mal in eine Kirche gegangen und haben dort eine Kerze angezündet für eine Verstorbene oder jemanden, der gerade Beistand braucht? Das Entzünden von Kerzen ist ein verbindendes Symbol für Trauernde. Zuhause stehen vor dem Foto des Verstorbenen meist eine Vase mit Blumen und eine Kerze. Auf dem Friedhof brennt das Totenlicht, in der Trauergruppe wird manchmal für jeden Verstorbenen ein Teelicht entzündet. Hoffnung, Licht, Wärme, ein Leuchten in der Dunkelheit drückt die Kerze aus. Herzen sind ein weiteres Symbol, das für viele Trauernde Bedeutung hat. Sie legen Herzsteine auf das Grab, tragen ein Herz an der Halskette.

Eine Klientin, die siebzehn war, als ihr Vater an einer seltenen Stoffwechselkrankheit starb, hat sich z. B. das Unendlichkeitszeichen (eine liegende Acht) auf die Innenseite ihres Knöchels tätowieren lassen, weil ihr Vater dieses Zeichen liebte. In seiner Bedeutung als Unendlichkeitssymbol erinnerte es sie auch an das Versprechen ihres Vaters, immer bei ihr zu sein und über sie zu wachen.

Das alles sind Symbole, die wir selbst wählen, um uns an die Verstorbenen zu erinnern und unsere Verbundenheit auszudrücken.

Tipp

- *Selbstgewählte Symbole der Verbundenheit sind ein kreativer und vor allem selbstbestimmter Ausdruck. Sie stärken die Lebenskraft.*
- *Versuchen Sie deshalb nicht, Trauernden ihre selbstgewählten Symbole auszureden, lassen Sie sich stattdessen berühren.*

Geschichte von der Regenbogenkerze

Barbara aus Nürnberg hat mir diese Geschichte zur Verfügung gestellt: »Auf dem Weg zum Bestattungsamt kamen wir an einem Laden vorbei, der wunderschöne Regenbogenkerzen in verschiedensten Größen ausstellte. Auf dem Rückweg beschlossen wir, zwei dieser Kerzen zu kaufen: eine große Regenbogenkerze, die wir während der Trauerfeier in der Kirche anzünden wollten, und eine kleine für uns daheim. Mittlerweile sind viele solcher Kerzen hier abgebrannt, denn immer, wenn ich zu Hause bin, brennt sie in Erinnerung an meinen geliebten Mann Bernd. Aber nicht nur hier bei mir daheim! Auch bei meiner Mutter brennt häufig solch eine Kerze, und auch sehr gute Freunde von uns besorgen sich immer welche. Mit diesen Freunden treffen wir uns schon viele Jahre, auch schon vor dem Suizidtod meines Mannes im wöchentlichen Wechsel abends zum gemeinsamen Essen und Zusammensitzen. Nach dem Tod meines Mannes führten wir, trotz anfänglicher Beklemmungen auf beiden Seiten, diese Tradition weiter fort. Doch wir kamen lange immer nur zu ihnen und bekamen immer reichlich Essen mit. Es wurde sogar extra viel gekocht, dass wir für die folgenden Tage noch etwas übrig hatten.

Und wenn wir heute zu ihnen kommen, brennt stets eine Regenbogenkerze – so ist Bernd irgendwie doch immer ein wenig mit dabei. Als unsere Tochter jetzt im Frühjahr ihren Freund geheiratet hat, war es den beiden klar, dass auch ihr verstorbener Vater bzw. Schwiegervater auf jeden Fall erwähnt werden sollte. So wurde gleich während der allgemeinen Begrüßung der Festgemeinde von der Pfarrerin an den fehlenden Vater erinnert, der sicher gerne bei der Hochzeit der einzigen Tochter dabei gewesen wäre. Und gleichzeitig wurde wieder dieselbe Regenbogenkerze entzündet, die schon während seines Trauergottesdienstes gebrannt hatte. Sie leuchtete während der gesamten Hochzeitsfeier tröstlich vom Brauttisch und erinnerte immer wieder an Bernd. Es war ein stilles Symbol und tat uns allen gut.

Geschichte von der »Baumzeit«

Jeanette, die zurzeit in Malaysia lebt, schrieb mir von diesem kreativen Ritual, in dem das ganze Leben sichtbar wird, das sie für ihre drei kleinen Kinder entwickelt hat, nachdem die große Schwester gestorben war:

»Die besondere Trost-Zeit, die ich mit den Kindern alleine verbringe, nennen wir inzwischen die ›Baumzeit‹. Auf einen großen Keilrahmen malte ich zu Beginn mit den Kindern zusammen einen großen schwarzen Baum. Er symbolisierte die Verzweiflung, Traurigkeit, Kraftlosigkeit und die dunklen Zukunftsaussichten der ganzen Familie, die nach dem Tod der Schwester alles nur noch schwarz und hoffnungslos sah. Aus verschiedenfarbigem Tonpapier schnitten wir dann schön geformte kleine Baumblätter. Zu jeder ›Baumzeit‹ durften sich Lasse, Kalle und Amelie ein Baumblatt aussuchen, welches wir dann am Ende unserer Stunde mit dem schönsten Erlebnis des Tages (später, als es den Kindern besser ging, der Woche) beschrifteten. Dieses Baumblatt wurde dann mit Stecknadeln an unserem Baum befestigt. Es standen da Dinge wie z. B.: gemeinsamer Besuch der Weihnachtsfeier in der Schule, ein Telefonat mit ihren Verwandten oder Freunden in Deutschland, zusammen mit der ganzen Familie einen besonderen Film schauen, ein Ausflug zum Park. Nach einiger Zeit konnten die Kinder sehen, wie der traurige und hoffnungslose Baum sich immer mehr zu einem bunten schönen Baum entwickelte. Ganz langsam kam das Leben wieder zurück! Sowohl bei ihrem Baum als auch in ihrer Wirklichkeit. Es wurde sichtbar und spürbar für die Kinder, dass es weitergehen kann, dass es trotzdem schöne Dinge im Leben gibt, auch wenn ihre Schwester nie mehr zurückkommen wird.«

»Zeichen«

Es gibt Symbole und Zeichen, die wählen wir nicht, sondern sie geschehen einfach. Man könnte sie übersehen oder als

Zufall abtun. Es gibt keinen naturwissenschaftlichen Beweis dafür, dass sie Zeichen des Verstorbenen, eines freundlichen Schicksals oder einer göttlichen Macht sind. Es gibt auch keinen Gegenbeweis. Also ist es Einstellungssache, wie wir sie deuten. Eigentlich tun wir das ja schon immer – wenn wir z. B. etwas gern kaufen würden, das wir uns eigentlich nicht leisten können, und plötzlich erscheint es zu einem deutlich herabgesetzten Preis in einem Geschäft, das auch noch ein Bonusgeschenk dazugeben würde – dann sagen wir schon mal: »dann soll das wohl so sein.« Dieses »Hineinlesen« von Bedeutung in unerwartete Begebenheiten kann nach dem Tod eines vertrauten Menschen ein Rettungsanker sein. Sehr häufig tauchen bestimmte Tiere auf, z. B. ein kleiner Vogel, der morgens am Fenster sitzt, nachmittags am Grab und abends auf dem Balkon immer dieselbe tröstliche kleine Melodie pfeift. Ein Schmetterling, der mitten im Winter am Grab herumflattert und auch in der Wohnung plötzlich auftaucht. Sonnenstrahlen, die an einem stürmisch verregneten Tag durch die Wolkendecke brechen und genau auf die Erinnerungsecke vor dem Fenster fallen. Regenbogen zu bestimmten Zeitpunkten an bestimmten Orten. Brechungen von Licht an der Zimmerwand, die wie ein Stern oder ein Regenbogen aussehen. Ein Windhauch mit dem vertrauten Geruch. Die Lieblingsblume des Verstorbenen in einem Strauß, einem Schaufenster, auf dem Feld, wenn man gerade ganz verzweifelt ist. Ein Text, der das Herz berührt, irgendwo in einer Zeitschrift. Ein Liedtext, der genau die richtigen Worte sagt in einem trostlosen Moment.

Tipp

- *Als UnterstützerIn haben Sie vielleicht große Zweifel an der Realität der zeichenhaften Ereignisse. Eventuell fürchten Sie um den Verstand des Trauernden. Das brauchen Sie nicht.*

- *Zeichenhafte Ereignisse schaden niemandem, sie werden als stärkend und wohltuend erlebt, und sie kommen so häufig vor, dass man selbst als Naturwissenschaftler darüber nachdenken könnte, ob sie nicht doch existieren.*

Geschichte von den Grenzen der Naturwissenschaften

Einer meiner Klienten war sehr naturwissenschaftlich geprägt, und es verwirrte ihn maßlos, dass er nach dem Tod seiner Frau ständig etwas erlebte, was mit seiner Frau zu tun hatte. Jedes Mal, wenn er das Radio anschaltete oder an einem Café vorbeiging, wurde das Lied von ihrer Hochzeit gespielt. Der gemeinsame Hund verschwand genau vier Wochen nach ihrem Tod genau um die Zeit, als sie das letzte Mal ins Krankenhaus eingeliefert worden war, und tauchte genau eine Woche später wieder auf um die Zeit, als sie gestorben war. Natürlich erklang in dem Moment, als der Hund in die Wohnung lief, wieder das Hochzeitslied. Es gab noch viele weitere solcher Begebenheiten. Wir sprachen darüber, dass das vielen trauernden Menschen so geht und es nicht heißt, dass sie alle verrückt werden. Mit der Zeit konnte mein Klient seinen naturwissenschaftlichen Zweifel zur Seite schieben und sich in diese unerklärlichen Geschehnisse einfinden. Sobald ihm das gelang, erlebte er sie als tröstlich, als sende seine Frau ihm Zeichen, dass alles gut sei. Die seltsamen Ereignisse waren ja nie erschreckend oder bedrohlich, sondern stets Erinnerungen an glückliche gemeinsame Zeiten. Er begann, sie als Zeichen der Verbundenheit über den Tod hinaus zu deuten – auch wenn der Naturwissenschaftler in ihm immer noch Schwierigkeiten damit hatte.

Präsenzerlebnisse und gefühlte Begegnungen

Präsenzerlebnisse werden von Außenstehenden noch kritischer gesehen als zeichenhafte Ereignisse. Ein Präsenzerlebnis ist z. B. das Empfinden, der Verstorbene sei im Raum, nicke einem zu, streiche tröstlich über die Wange. Das wurde vor zwanzig Jahren meist als Zeichen einer beginnenden Psychose gedeutet. Heute kann man eher damit rechnen, dass jemand offen für solche Erlebnisse ist, ohne gleich an Psychiatrie zu denken. Erklärbar sind sie nicht, diese Wahrnehmungen von Präsenz, die über das lebhafte Erinnern hinausgehen. Aber schaden tun sie in der Regel auch nicht. Manche KlientInnen erzählen mir, dass Verwandte ganz überzeugt sind, den Verstorbenen »gesehen« zu haben, sie erzählen von Botschaften wie: »Es geht mir gut, macht euch keine Sorgen!« und von Frieden, der zu spüren war. Auch kleine Kinder zeigen manchmal angstfrei auf irgendeinen Punkt und nennen freudig den Namen des Verstorbenen, als sei er dort.

Manche Klienten suchten ein »Medium« auf, jemanden, der – nach eigenen Angaben – Kontakt in andere Dimensionen hat und mit Verstorbenen kommunizieren kann. Auch hier sind die »Botschaften« positiv und liebevoll, es werden aber niemals klare Antworten gegeben auf Fragen wie: »Warum hast du uns nicht gesagt, wie schlecht es dir geht?«, oder: »Wieso hast du dir das Leben genommen?« Das eigentliche Präsenzerlebnis hat dabei das »Medium«, die Trauernden müssen sich mit den »Botschaften« begnügen. Für manche ist solch eine »Botschaft« eine große Erleichterung und für sie glaubhafter als eigene Wahrnehmungen und Träume.

Tipp

- *Als UnterstützerIn sollten Sie weder dazu raten noch davon abraten, ein Medium aufzusuchen. Besprechen Sie gegebenenfalls die Vor-und Nachteile mit dem Trauernden, und wenn es mehr vermutete Vorteile gibt, ist es vielleicht einen Versuch wert.*

Spiritualität und Glaube

Für viele Trauernde ist das »Wiedersehen im Himmel« eine wichtige Glaubensvorstellung, um den Alltag auf der Erde bewältigen zu können. Irgendwann wird es eine sicht- und fühlbare Wiederbegegnung geben und mit dieser Glaubenssicherheit können sie es ertragen, im Hier und Jetzt getrennt zu sein. Die Vorstellung von einem gnädigen Gott, der die Verstorbenen in einem wunderschönen Paradies empfängt, ist für viele sehr tröstlich. Umso beängstigender sind religiöse Regeln, die bestimmten Menschen eher eine Hölle androhen. Mir gefällt dieser Satz sehr gut: »Niemand fällt tiefer als in Gottes Hand«, der auf vielen Beerdigungen gesprochen wird, gerade wenn ein religiöses Dogma wie die »Todsünde« z. B. durch einen Suizid im Raum steht. Die innere Verbundenheit mit einem gnädigen und freundlichen Gott, der gleichzeitig verbunden ist mit dem Verstorbenen, schafft Beruhigung und Trost. Die Einbindung in eine Glaubensgemeinschaft bzw. eine Gemeinde ist für manche Menschen eine große Quelle des Trostes. In den jeweiligen religiösen Ritualen fühlen sie sich den anderen Gemeindemitgliedern, Gott und dem Verstorbenen nah. Die religiösen Texte und ihre Auslegung in einer Predigt sind immer wieder verblüffend passend für die eigene Situation und bekommen dadurch den Rang eines »Zeichens« (vergleichen Sie S. 166). Andere Menschen erleben diese Geborgenheit zwischen Göttlichem und Menschlichem, Irdischem und Nicht-Irdischem in einer von vielen Meditationsformen. Andere fühlen sich im indianisch geprägten Schamanismus zuhause. Wieder andere erleben die Natur als etwas »Göttliches« und finden ein Gefühl von All-Einssein mit allem, und damit auch dem Verstorbenen, in den Rhythmen von Werden und Vergehen durch die Jahreszeiten oder von Ebbe und Flut. Viele Trauernde erleben die Verstorbenen als schützende Wesenheiten, die ihnen in schweren Zeiten beistehen, über sie wachen und ihnen Rat geben. Auch Eltern von so genannten »Schmetterlingskindern«, die vor, während oder kurz nach der Geburt gestorben sind, empfinden ihre so früh verstorbenen Kinder häufig als Engelwesen. Diese Engel können als Schutzengel bei ihnen bleiben, auch wenn sie kaum ein irdisches Leben erleben konnten. Solche Engelwesen sind in der Vorstellung voller Licht und Güte und stärken die ganze Familie.

Geschichte von tröstlicher Gemeinschaft

Seit vielen Jahren leite ich mit Kolleginnen zusammen Wochenendseminare unter anderem für trauernde Eltern nach dem Suizid eines Kindes. Wir stellen einen ganzen Nachmittag zur Verfügung, um Erinnerungen an die Verstorbenen auszutauschen und uns Bilder von ihnen anzusehen. Diese Fotos und auch die mitgebrachten Erinnerungsstücke sind große Schätze für die Eltern, und sie möchten sie selbstverständlich am Abend alle wieder mit auf ihre Zimmer nehmen. Dann jedoch bieten wir an, dass manche Bilder und Gegenstände auf einem bereitgestellten Tisch im Seminarraum (oder in einer Kapelle) bleiben könnten. Nach einigem Nachdenken entscheiden alle Eltern, eines ihrer Fotos oder Erinnerungsgegenstände auf diesen Tisch zu legen, und gestalten den Platz mit einer Kerze, einem schönen Tuch, einer Blume. In der Rückmelderunde wird immer wieder gesagt, es käme den Eltern vor, als seien ihre Kinder jetzt ebenso in einer Selbsthilfegruppe wie sie selbst. Diese Fantasie von den Kindern, die alle allein gestorben sind und die nun in einer Gemeinschaft sind, wird als sehr tröstlich empfunden. Das Bild des gemeinschaftlich liebevoll dekorierten Gedenktisches für diese »Selbsthilfegruppe der Verstorbenen« berührt mich jedes Mal sehr.

Bleibendes

Von meinem Kollegen Robert Neimeyer habe ich eine Sichtweise gelernt, die das Bleibende aus einem gemeinsamen Leben betont. Er spricht von dem »Abdruck«, den jemand in unserem Leben und sogar auf uns hinterlassen hat. Dieser Abdruck ist da und bleibt, unabhängig von dem, der diesen Abdruck einmal verursacht hat. Bleibende Spuren des gemeinsamen Lebens mit dem Verstorbenen bleiben an uns und in unserer Lebensführung, auch wenn der, der diese Spuren an uns hinterlassen hat, längst nicht mehr lebt. Diese Spuren können sich sogar weiterentwickeln, sie sind nicht mit dem Menschen zusammen gestorben. Diese erlernten Fähigkeiten und aufgebauten Projekte können mit dem Trauernden (und gleichzeitig in Würdigung des Verstorbenen) weiterleben.

Tipp

Sie als UnterstützerIn bemerken vielleicht, dass bestimmte Fähigkeiten, Vorlieben oder Gewohnheiten des Trauernden aus der gemeinsamen Zeit mit dem Verstorbenen stammen. Sie können das positiv zurückmelden. Sie können auch anregende Fragen stellen, z. B.:

- *Gibt es etwas, was du ohne diesen Menschen nie getan hättest?*
- *Gibt es etwas, was nur entstanden ist, weil Ihr beide zusammengetroffen seid?*
- *Gibt es etwas, was du heute besser kannst als vor der Zeit mit dem Verstorbenen?*
- *Hast du etwas ganz Neues mit ihm/ihr gelernt, das du heute immer noch kannst?*

Bestätigen Sie die Spuren, von denen der Trauernde spricht, lassen Sie ihn spüren, dass Sie ihn gernhaben, gerade mit den Eigenheiten und Fähigkeiten, die er aus der Zeit mit dem Verstorbenen mitgenommen hat.

Für Kinder, deren Eltern sehr früh gestorben sind, wird die Suche nach dem Bleibenden zu einem wichtigen Teil ihrer Identitätsfindung. Ihr Heranwachsen ist dann womöglich geprägt von einem Familienleben, in dem Trauer und oft auch Einschränkungen das Gedächtnis an den Verstorbenen düster einfärben. Erwachsene Familienmitglieder und enge Freunde der Familie, die den Verstorbenen gekannt haben, haben dann die wichtige Aufgabe, den Kindern dabei zu helfen, positive Vermächtnisse zu finden. Dazu gehört es, Erinnerungsstücke aufzubewahren und Erinnerungen lebendig zu halten, denn eventuell können sich die Kinder nicht selbst an den verstorbenen Elternteil erinnern und sind angewiesen auf die Erzählungen anderer Familienmitglieder, auf Fotos und Videos. Als UnterstützerIn brauchen Sie hier einen sehr langen Atem, weil das Aufbewahren von Erinnerungsstücken und Geschichten kurz nach dem Tod eines Elternteils beginnt, aber vielleicht erst zwanzig Jahre später von den inzwischen erwachsen gewordenen Kindern genutzt wird.

Tipp

- *Wenn Sie selbst um den Verstorbenen trauern, passiert es Ihnen vielleicht, dass Sie in den heranwachsenden Kindern Ebenbilder des Verstorbenen sehen. Das kann Sie beglücken oder manchmal auch erschrecken, es ist aber auf jeden Fall eine Bürde für die Kinder. Lassen Sie der neuen Generation die Chance, anders zu sein und in diesem Anderssein einige Ähnlichkeiten mit dem Verstorbenen zu zeigen.*

Schuld und Hass

Wer das noch nicht selbst »gemacht« hat, steht ungläubig vor der Tatsache, dass man sich auch durch Vorwürfe und sogar Hass innerlich verbunden fühlen kann. Wenn man jemanden hasst, denkt man ständig an ihn und beschäftigt sich mehr mit den eigenen Rachephantasien als mit sich selbst oder mit dem Verstorbenen. Sobald man jemandem die »Schuld« am Tod eines anderen zuweist und die Vorwürfe in bunten Einzelheiten ausmalt, ist man emotional sehr stark mit dem Menschen verbunden, auf den sich die Vorwürfe richten. Das kann z. B. ein Arzt sein, mit dessen Behandlung man nicht einverstanden ist, oder die Fahrerin des Wagens, der das eigene Kind überfahren hat. Dann entsteht eine Verbundenheit, die man gar nicht möchte. Eine starke Verbundenheit über den Tod hinaus entsteht sogar, wenn man sich selbst Vorwürfe macht, das Leid oder den Tod des Menschen verursacht zu haben. Nach einem meiner Vorträge fragte mich eine Frau: »Was soll ich nur machen? Ich fühle mich so schuldig am Tod meines Kindes!« Ich fragte sie: »Was wäre, wenn die Schuld weg wäre?« Nach einer Weile des angestrengten Nachdenkens antwortete sie fast erschrocken: »Dann wäre mein Kind ganz weg!« Die Vorwürfe, die diese Mutter sich gemacht hat, waren also ein Mittel, die Trauerfacette des »Verbunden-Bleibens« auszufüllen. Wenn man an den Verstorbenen nur denken kann mit den schmerzhaften Spuren, die er im eigenen Leben hinterlassen hat, entsteht auf Dauer eine tiefe Verbitterung, z. B. wenn man sich an die eigenen Eltern nur mit dem Vorwurf erinnern kann, sie hätten einen nicht genug geliebt. Das »Nicht-geliebt-Werden« wird zum Dauerthema des eigenen Lebens, man fühlt sich in der Vergangenheit ungeliebt, man straft die toten Eltern damit, sie nun auch nicht zu lieben, und die Liebe zu den Lebenden leidet ebenfalls unter der wachsenden Verbitterung. So haben die Eltern eine unauslöschliche Spur hinterlassen, man ist ihnen seltsam nahe und unerwartet ähnlich geworden, aber eben genau mit den Anteilen, die man am schmerzhaftesten fand und am wenigsten haben wollte.

Für UnterstützerInnen ist das Thema »Schuld« eine besondere Herausforderung. Man glaubt, man müsse Trauernden die Schuldfragen ausreden. Sätze wie »Da ist doch keiner schuld« werden dann schnell gesagt. Doch solche Beteuerungen nehmen Trauernden nichts von ihren Sorgen und Vorwürfen, sie bringen sie nur zum Schweigen. Versuchen Sie, respektvoll und ruhig zu bleiben. Hören Sie zu, was der Trauernde sich oder anderen vorwirft, ohne eigene Urteile zu fällen.

Tipp

- *Stellen Sie sich einen Gerichtssaal vor, in dem der Trauende Verhandlungen führt, gegen andere und immer wieder auch gegen sich selbst. Stellen Sie sich vor, dass Sie gar nicht im Saal sind, weder als Verteidiger noch als Anklägerin und schon gar nicht als Richter.*
  Sie sitzen draußen in der Sonne und lassen sich vom Trauernden erzählen, was in seinem ganz persönlichen Gerichtssaal passiert.

- *Der Trauernde selbst nimmt in diesem Gerichtssaal wechselnde Rollen ein. Mal klagt er an, mal ist er der Angeklagte, mal das Opfer. Und immer spricht er selbst das Urteil über sich und andere. Sie hören ihm zu und sind für ihn da, egal, welche Rolle er gerade einnimmt. Dabei sitzen Sie mit ihm in der Sonne, bieten ihm einen Kaffee an und lassen sich nicht von der Härte eines Gerichtssaals anstecken!*

Achtung

Vielleicht ist Ihr eigenes Verhältnis zum Verstorbenen voller Abwehr und Geringschätzung. Für die Trauernde ist Ihre Abwertung des Verstorbenen jedoch nur bedingt hilfreich, sie braucht Ihre Anteilnahme für Ihr Leiden, aber auch eine Offenheit für die Sehnsucht nach dem Verstorbenen. Versuchen Sie, zunächst für sich selbst etwas Positives, Bereicherndes zu finden, was die Trauernde, die Sie unterstützen, vom Verstorbenen »mitgenommen« hat. Eine einzige positive Eigenschaft oder Begabung würde genügen. Das wiegt den Schmerz nicht auf, den der Verstorbene der Trauernden zugefügt hat! Aber darum geht es auch nicht. In der Trauerfacette »Verbunden bleiben« öffnet dieser eine Punkt, den man dankbar annehmen kann, eine Möglichkeit, die gewalttätigen Spuren der/des Verstorbenen in den Hintergrund zu stellen. Denn sie sind dann nicht mehr die einzige Möglichkeit, um sich verbunden zu fühlen!

Trauerfacette Einordnen – Zuhören, Ideen einbringen

In dieser Facette des Einordnens geht es um die »Unordnung«, die Sterben und Tod in das eigene Denken bringen können. Das Leben kann sich zerbrochen anfühlen: Wie ein Puzzle, das vom Tisch gefegt wurde und nicht wieder zusammenpasst. Tiefe Verunsicherung über die bisherigen Werte und auch die lebenslangen Glaubensvorstellungen können entstehen. Trauernde, die ein Leben lang regelmäßig zum Gottesdienst gegangen sind, sagen z. B.: »Wie kann ich weiter an einen Gott glauben, der zulässt, dass mein Enkelkind überfahren wird?« Sinnfragen stellen sich – welchen Sinn hat das Leben an sich, wenn Pläne, Talente, Bindungen so plötzlich gekappt werden können? Und welchen Sinn kann das eigene Leben jetzt noch haben? Ohne den geliebten Menschen? Ohne die eigene Fröhlichkeit und Souveränität. Vielleicht mit eingeschränktem Leistungsvermögen. Ohne all die schönen Zukunftspläne? Trauernde entwickeln oft Zweifel an der eigenen Identität und am Selbstwert: Sie erleben sich anders, als sie sich bisher gekannt haben. Sie fragen sich: Kann man in diesem »Anderssein« so wichtig und wertvoll sein wie zuvor?

Geschichte von einem liebevollen Moment

Ich selbst war gerade 22, als meine Partnerin starb. Um mich herum waren junge Leute, die das Leben genossen, Pläne schmiedeten und sorglos waren. Ich war vorher auch experimentierfreudig und mutig gewesen. Doch jetzt hatte ich neue Ängste, neue Unsicherheiten, und wie vielen anderen Trauernden waren mir die Leichtigkeit und Unbekümmertheit der Zeit davor abhandengekommen. Menschen, die mir mit Vorhaltungen und Enttäuschung über mein verändertes Verhalten begegneten, gab es viele, und mit all ihren Aufforderungen haben sie meine Selbstzweifel nur noch verstärkt. Meine Großmutter, die damals schon begann, dement zu werden, nahm einmal meine Hand in ihre wunderschönen runzligen alten Hände und sagte mit einem liebevollen Blick: »Du bist so traurig!« Wir saßen da, beide nicht so funktionsfähig wie alle um uns herum, und waren für einen Moment zufrieden mit uns selbst.

Für manche Hinterbliebenen öffnen sich durch den Tod eines nahen Menschen unerwartete Türen und Freiräume. Das kann beglückend oder verwirrend sein – was tut man mit so viel Platz und Entscheidungsmöglichkeiten? Ist es nicht peinlich, sich gut zu fühlen nach dem Tod eines sehr bestimmenden geliebten Menschen? Als UnterstützerIn haben Sie bei solchen Fragen manchmal mit Ihren eigenen inneren Regeln zu tun, dann finden Sie es vielleicht unangemessen, wenn sich z. B. jemand schnell wieder verliebt oder sein Erbe für ein teures Hobby ausgibt. Versuchen Sie, diese Entscheidungen mit den Augen des Trauernden zu sehen – stärken sie seinen Lebenswillen, machen sie ihn vielleicht sogar glücklich?

Geschichte von der Erfüllung eines alten Traums

Eine Klientin hatte nach dem Tod ihres Mannes einen größeren Geldbetrag geerbt und nun fiel es ihr schwer, dieses Geld zu verwenden. Es kam ihr nicht richtig vor, »Gewinn« aus dem Tod ihres Mannes zu ziehen. Einige Monate nach seinem Tod ging ihr Auto kaputt und eine Reparatur lohnte sich nicht mehr. Der Kauf eines neuen Wagens stand im Raum. Ihr Vater und ihre Brüder, die alle in der Autoindustrie arbeiteten, machten ihr verschiedene Vorschläge für einen preiswerten neuen Wagen. Doch keiner davon gefiel ihr. Erinnerungen an einen alten Traum stiegen in ihr auf: sie hatte schon als Kind von einem roten Cabrio mit Ledersitzen geträumt. Ihre Familie war entsetzt. Doch sie nutzte einen Teil des geerbten Geldes und eine Bonuszahlung ihres eigenen Jobs, um sich ganz allein ihr Traumauto zu kaufen. Der Wagen wurde für sie zum Symbol einer neu gewonnenen Selbstständigkeit, und es machte ihr einfach Freude, darin zu fahren.

Wie passen Tod und Leben zusammen?

Mein Vater erzählte erschüttert und verwundert vom Tod einer alten Bekannten. Sie war im Alter von fast achtzig Jahren am Steuer ihres Wagens gestorben, weil jemand bei Rot über die Ampel gefahren und sie gerammt hatte. »Sie ist immer so gern Auto gefahren, Hunderttausende von Kilometern, immer zu schnell, nie ist was passiert. Und jetzt, an einer Ampel!« Später sagte er: »Sie ist in ihrem Auto gestorben und war sofort tot, das passt zu ihr. So einen Tod hätte sie sich ausgesucht.« Es beruhigt uns, wenn der Tod und das Leben eines Menschen in einer Beziehung zueinanderstehen. Es schafft ein friedliches Gefühl, eine innere Zufriedenheit. Es scheint in diesen Toden eine innere Gesetzmäßigkeit zu liegen, das Einordnen des Sterbens zum Leben gelingt relativ schnell und hinterlässt ein Gefühl, dass alles in der Welt irgendwie richtig ist. Damit kann man vertrauensvoll in die Zukunft gehen. Als UnterstützerIn suchen Sie vielleicht für sich selbst eine Erklärung, wie dieser Mensch auf diese Weise sterben konnte oder sogar sollte. Für den Trauernden sind Ihre Einordnungsversuche ›nur« eine Anregung. Jeder muss das Puzzle aus Leben und Tod so zusammenlegen, wie es für ihn allein stimmig erscheint.

Hier noch einige Einordnungsversuche, die ich kennenlernen durfte: Eltern von jungen Verstorbenen erzählen mir manchmal, ihre Kinder hätten schon immer schneller gelebt, mehr getan und gewollt als andere in ihrem Alter: »Als hätte sie ihre Zeit doppelt und dreifach ausgenutzt.« Oder: »Man hatte immer das Gefühl, dass er mindestens zwei Leben gleichzeitig lebt.« Ein kleiner Trost, wenn das Leben früh endet, weil es ein gefülltes und reiches Leben war. Manche Eltern erzählen mir von einer besonderen Abgeklärtheit ihrer früh verstorbenen Kinder, einer inneren Weisheit, einem Leuchten, das alle beschenkt hat und als Erinnerung mit in ihr weiteres Leben geht. Andere sprechen von den Schwierigkeiten, die gerade dieses Kind immer hatte oder verursachte. So passt es irgendwie zusammen, dass ein ungewöhnliches Leben mit einem ungewöhnlichen Tod endet. Wenn man ein schlechtes Gewissen hat, nicht beim Verstorbenen gewesen zu sein, als er starb, scheint manchmal dieser Gedanke auf: Er war ein Mensch, der viel Wert auf Autonomie gelegt hat. Es passt zu ihm, den allerletzten Schritt allein zu gehen. Sogar eine Selbsttötung kann wirken wie etwas, das mit dem Menschen, der ihn begangen hat, im Einklang steht, z. B. wenn er lieber Suizid beging, als sich in Abhängigkeit zu begeben. Es gibt Tode, die widersetzen sich den Einordnungsversuchen ganz besonders. Gewalttaten, Massaker und Terroranschläge gehören dazu. Aber auch das frühe Sterben einer jungen Mutter an Leukämie, die Fehlgeburt des Wunschkindes und viele andere Tode gehören dazu. Die Hinterbliebenen suchen jeder für sich eine Antwort auf die Frage: Wie passt dieser Tod zu deinem Leben?

Manchmal ist die Kategorie »Zufall« die Antwort, die bleibt. Sie ist schwer auszuhalten. Im ersten Trauerjahr gelingt es wenigen, sich mit dem »Zufall« im Leben abzufinden. Erst im Lauf der weiteren Trauerjahre sagen mir manche Trauernde: »Jetzt schließlich kann ich aushalten, dass es keine Antwort gibt.«

Tipp

Fragen nach Sinn und einem »Warum« sind meist rhetorische Fragen, also der Ausdruck von Ratlosigkeit, der in eine Frageform gekleidet wird. Das heißt, wer so eine Frage stellt, erwartet keine Antwort! Als UnterstützerIn können und sollen Sie sogar aufhören, etwas Kluges als Antwort »aus dem Hut zu zaubern«. Hilfreicher ist es, die eigene Ratlosigkeit zuzugeben und es gemeinsam auszuhalten. Für den Fall, dass Sie für sich eine Antwort auf manche Fragen gefunden haben – bieten Sie die einmal an. Wenn keine Zustimmung kommt, halten Sie sich in Zukunft mit Ihren individuellen Antworten zurück!

Im ersten Trauerjahr haben Trauernde meist noch kein Bewusstsein von Zukunft. Das Weiterleben geht oft mühsam von einem Tag zum nächsten und richtet sich vor allem auf befürchtete Ereignisse wie Festtage oder den ersten Todestag. Für Sie als UnterstützerIn kann das ab und an bedrückend sein, denn Ihre Planungen und Hoffnungen gehen meist viel weiter. Vielleicht brauchen Sie auch die Hoffnung, dass es dem Trauernden, den Sie unterstützen, möglichst bald »endlich« bessergehen wird, um bei ihm bleiben zu können. Tod und Trauer lehren uns, dass nicht alles machbar ist. Im ersten Trauerjahr kommt die Erkenntnis der eigenen Begrenztheit manchmal wie mit einem Vorschlaghammer auf Trauernde zu, weil sie z. B. lange krankgeschrieben sind und nicht in ihren gewohnten Alltagsrhythmus zurückfinden.

Geschichte vom Vertrauen in das Leben

Bärbel aus Duisburg stellte mir die folgende Geschichte zur Verfügung:

Ihre erste Ehe war geschieden. Danach verliebte sie sich wieder und musste erleben, dass ihr neuer Partner im Alter von fünfundvierzig Jahren erkrankte und starb. Sie verlieb-

te sich erneut, und wieder wurde ihr geliebter Mann schwer krank und starb. »Die Parallelen sind Fakten: Wieder war der Mann fünfundvierzig, wieder waren wir kurz vorher im Urlaub gewesen, wieder an einem Samstag gestorben, wieder war mein Sohn nicht dabei. Welche Konsequenz hat das für mich und meine Zukunft? Mein Herz hat nun insgesamt drei Risse. Riskiere ich jemals einen weiteren Riss? Es gibt Momente, in denen ich mir diese Fragen beantworte. Dann gibt es genauso Momente, in denen ich die Antworten wieder über den Haufen werfe. Vermutlich ist dies meine Art der Verarbeitung. Der evangelische Pfarrer, der J. beerdigt hat, bekundete mir sein Mitgefühl mit den Worten: ›Mit jedem Tod geht ein Stück Vertrauen ins Leben verloren.‹ Ich antwortete ihm: ›Mein Vertrauen bleibt, weil ohne wäre doof!‹ Ich bin offen für meinen weiteren Lebensweg. Viele fragen mich, warum.

Vielleicht deshalb: Wir trafen uns unlängst am Wochenende mit ein paar Freunden bei uns im Garten zum Grillen. Wir redeten über alles Mögliche, auch über unser aller Erfahrung mit Tod. Eine Freundin meinte irgendwann: ›Herrje, wir reden hier nur über Tod!‹ Und gleichzeitig waren wir auch alle der Meinung, dass es gut war, dass es sehr wertvoll ist, wenn man sich darüber ohne Hemmungen austauschen kann. Ich freue mich, wenn ich mit meinen Sch…-Erfahrungen ein wenig dazu beitragen kann, dass solche Gespräche stattfinden. Jeder von uns nimmt dann ein Stück Wertvolles, einen kleinen Schatz mit nach Hause. So ist nix umsonst. Alles hat seinen Sinn.«

Geschichte vom Sinnfinden

Melanie aus Bad Oldesloe schickte mir diese Geschichte: »Zwei Tage nach dem ersten Jahrestag verstarb plötzlich der Nachbar meines Vaters. Mein Vater war im Urlaub, und die hinterbliebene Witwe hatte niemanden. In ihrer Not rief sie mich an. Seitdem bin ich für sie da. Kann ihr Unterstützung, Trost und Rat geben, so, wie ich es in meiner Familie erfahren habe. Ich weiß die Hilfe anderer sehr zu schätzen und kann daher das Leid anderer gut nachempfinden und ihnen zur Seite stehen. Durch den Tod meiner Mama sehe ich heute vieles anders, ich selektiere und sortiere mein Leben neu.«

Todestage

Entscheidungen respektieren – Da sein

Im Kalender der Trauernden gibt es ein wichtiges neues Datum: den Todestag des Verstorbenen. Dieser wiederkehrende Zeitpunkt ist oft mehr ein Zeitraum, denn die Gefühle und Gedanken können sich in den Wochen vor dem eigentlichen Todestag immer mehr steigern. Es fühlt sich dann an, als sei alle Stabilität des durchlebten Trauerjahres weggefegt, und die schmerzhaftesten Gefühle und Bilder nehmen wieder ganz viel Raum ein. Doch genauso regelmäßig, wie die belastenden Gefühle sich zum Todestag hin intensiveren, kann man sich darauf verlassen, dass sie nach diesem Datum wieder gegenwartsbezogener und leichter werden. Mit diesem Wissen können Sie als UnterstützerIn stärkende Wegbegleitung anbieten für die emotionalen Turbulenzen in den Wochen vor dem Jahrgedächtnis.

Mitmenschliche Normalität

In diesen Wochen brauchen Trauernde wieder mehr Rücksicht und auch Nachsicht für Stimmungstiefs, Konzentrationsschwierigkeiten und Gereiztheit. Lassen Sie sich als UnterstützerIn nicht beirren in Ihrem Vertrauen und Ihrer Zuneigung. Verzichten Sie auf sorgenvolle Kommentare. Wenn der Trauernde von sich aus sagt, er schaffe das nicht mehr allein, bestärken Sie ihn darin, sich nach einer Trauerbegleitung umzusehen.

Praktische Unterstützung

Bringen Sie von sich aus das Gespräch auf den Todestag, fragen Sie nach Wünschen und Ängsten. Wenn Gestaltungsideen da sind, bieten Sie sich an, etwas zu organisieren oder zu besorgen. Halten Sie sich bereit, noch einmal stärker im Haushalt oder mit den Kindern auszuhelfen, falls die Trauernde Zeit für sich braucht.

Stabile Person

Die Fähigkeiten als »stabile Person« da zu sein, können rund um emotional belastende Tage noch einmal wichtig werden. Sorgen Sie gut für sich selbst, damit Sie von einer eventuellen emotionalen Krise der Trauernden nicht überfordert werden. Denken Sie daran, dass der stärkste Gefühlsausbruch manchmal erst kommt, wenn die Anspannung des eigentlichen Todestages nachlässt.

Trauerfacette Überleben – Anregen, Netzwerken

Wie immer steht das Überleben im Vordergrund – wie können alle Beteiligten den Jahrestag des Todes überstehen? Vielleicht kommt Ihnen oder dem Trauernden selbst das übertrieben vor und Sie wollen den Tag einfach als ganz normalen Tag behandeln und die besondere Bedeutung übergehen. Meine Erfahrung damit ist: Es klappt nicht. Die Erinnerungsspeicher reagieren auf die Wiederkehr des Datums, der Lichtverhältnisse, des Wetters, und melden sich mit Gefühlen aus der ersten Zeit des Trauerweges. Das Verdrängen erweist sich als der größte Stolperstein im Überstehen von Jahrestagen. Trauernden tut es gut, die Entscheidungen über die Gestaltung des ersten Jahrestages selbst zu treffen. Das gilt genauso für alle folgenden Jahrgedächtnisse und auch andere Gedenktage.

Viele Trauernde treffen sich mit der Familie, um z. B. gemeinsam zum Grab zu gehen oder einen Gottesdienst zu besuchen; später laden sie eine Gruppe von Freunden zum Erinnerungsessen ein und gehen noch ein weiteres Mal mit besonders vertrauten Menschen zum Grab. Nach dem Tod eines Kindes oder Jugendlichen sind ganze Schulklassen betroffen und dankbar für die Initiative von Erwachsenen, am Todestag etwas gemeinsam zu tun.

Geschichte von Unbefangenheit

Ein Vater erzählte mir, dass der erste Todestag seiner Tochter auf einen Sonntag fiel. Er traf sich erst mit seiner geschiedenen Frau und den beiden lebenden Kindern am Grab der Tochter, und danach folgte er einer Einladung, die zwei Mütter von Mitschülern seiner Tochter ausgesprochen hatten. Die beiden hatten ihren regelmäßigen Sonntagsbrunch geöffnet für alle, die sich an diesem Tag gemeinsam an das verstorbene Mädchen erinnern wollten. Die Mitschüler zeigten ihm dort unbefangen einige Handyfotos, die er noch gar nicht kannte, und er spürte, wie sehr manche von ihnen seine Tochter vermissten. Es hätte sich nicht getraut, diese Jugendlichen von sich aus anzusprechen, weil er sie nicht mit seiner Trauer belasten wollte, und er war sehr dankbar für die Initiative der beiden Mütter, die er kaum kannte.

Manchmal gibt es keinen genauen Sterbetermin. Es gibt dann z. B. den Tag, an dem jemand zuletzt gesehen wurde, und den Tag, an dem er tot aufgefunden wurde – dazwischen liegt der wahrscheinliche Todeszeitpunkt. Noch schwerer ist es, wenn der/die Tote nie gefunden wurde.

Tipp

- *Ermutigen Sie den Trauernden, auf sein Gefühl zu hören und einen Zeitpunkt festzulegen, der für ihn das Sterbedatum ist – auch wenn auf dem offiziellen Totenschein etwas anderes steht.*

- *Manchmal gibt es eine Serie von schweren Ereignissen schon im Vorfeld des Sterbens, z. B. den Tag des Zusammenbruchs, den Tag der ersten OP, den Tag der zweiten OP, den Tag der Verlegung ins Spezialzentrum, den Tag der dritten OP und des Hirntods, den Tag, an dem die Geräte abgeschaltet wurden und man den Tod feststellte.*

- *Behalten Sie im Blick, dass sich die Belastung für Ihre Trauernde nicht nur auf ein Datum, sondern auf einen längeren Zeitraum bezieht. Sprechen Sie die Trauernde darauf an; es kann guttun, das von außen bestätigt zu bekommen.*

Trauerfacette Wirklichkeit – Blick auf das, was man geschafft hat

Der erste Todestag (und alle folgenden) macht den Tod noch einmal wirklicher. Im Lauf der Zeit macht er auch das eigene Weiterleben immer wirklicher: Man hat es geschafft, diesen schweren Weg bis hierher zu gehen. Ein guter Moment, sich nicht nur an den Schrecken der Todesstunden und der ersten Zeit danach zu erinnern. Das gilt auch für Sie als UnterstützerIn. Konzentrieren Sie sich auf Erinnerungen, in denen der Trauernde Sie überrascht hat mit einem Lächeln oder einer verrückt erscheinenden Entscheidung. Erinnern Sie sich an Unterstützung durch andere, malen Sie sich das Netzwerk aus, das den Trauernden das Jahr über getragen hat. Sehen Sie Ihren Anteil daran und spüren Sie nach, wie Sie sich damit fühlen. Erlauben Sie sich Zufriedenheit und Dankbarkeit. Wenn Sie traurig und müde sind, sich überfordert und hoffnungslos fühlen, dann brauchen Sie selbst mehr Unterstützung und wahrscheinlich auch mehr Zeit für sich allein!

Erschreckende Erlebnisse im Zusammenhang mit dem Sterben können sich vor dem Todestag in den Vordergrund aller Erinnerungen drängen. Ständig wiederkehrende Schreckensbilder, die wie endlos wiederholte kleine Filmsequenzen oder Standbilder auftauchen, können ein Hinweis auf eine Traumafolgestörung sein. Erinnern Sie dann die Trauernde an die Techniken zur Selbstberuhigung, die sich im Lauf des Jahres bewährt haben.

Trauerfacette Gefühle – Aushalten, Rahmen geben

Der Trauernde hat das ganze erste Trauerjahr geübt, mit Gefühlen umzugehen. Auch Sie als UnterstützerIn haben Erfahrungen mit verschiedenen Gefühlszuständen des Trauernden gemacht und gelernt, was er/sie als hilfreich empfand und was nicht. Sie waren vermutlich erleichtert, dass es ein bisschen ruhiger wurde. Nun kommt einiges wieder, als wäre der Trauerweg in eine Wiederholungsschleife geraten. Der Schlaf wird vielleicht wieder unruhiger, der Seelenschmerz breitet sich erneut aus, vielleicht zeigt er sich erst mal in Gereiztheit und schlechter Laune. Die Einsamkeit und die Sehnsucht verstärken sich wahrscheinlich, Hoffnungslosigkeit und Angst können sich breitmachen. Das kann für Unterstützende frustrierend und sogar bedrohlich wirken – muss es aber nicht! Das ist alles ganz normal! Diese Wiederkehr von belastenden und starken Gefühlen vor dem Jahrgedächtnis kommt mit derselben Regelmäßigkeit wie die sogenannten »Eisheiligen« Mitte Mai. Genauso regelmäßig gehen die anstrengenden und niederdrückenden Gefühle auch wieder zurück.

Tipp

- *Erinnern Sie die Trauernde behutsam an alles, was sie im Lauf des ersten Trauerjahres erprobt hat, um ihre Gefühle auszudrücken und so zu regulieren, dass sie aushaltbar waren.*

- *Erinnern Sie sich daneben auch an Ihre eigenen Strategien im Umgang mit starken Gefühlen der Trauernden!*

Trauerfacette Sich anpassen – Aufmerksam sein

Der wiederkehrende Jahrestag des Todes gehört nun zum Leben des Trauernden. Er passt sich im ersten Trauerjahr zum ersten Mal daran an, er »übt« sozusagen damit umzugehen, er probiert Dinge aus und macht dabei erste Erfahrungen, die sich im Lauf der kommenden Jahre vertiefen werden. Für unterstützende Bekannte und die meisten Freunde ist schon der erste Todestag oft kein besonderes Datum, sie erinnern vielleicht an die Jahreszeit eines Sterbens, wenn überhaupt. Die »neue Zeitrechnung«, in der der Sterbetag eine große Rolle spielt, gilt nur für die engsten Familienmitglieder und Freunde. Für alle anderen geht an den Todestagen das Leben ganz normal weiter. Auch das ist ein Teil der Anpassung, mit der Trauernde beschäftigt sind – ihr eigenes Leben ist einschneidender verändert als das der meisten Freunde.

Tipp

- *Als UnterstützerIn sollten Sie den Sterbetag des Verstorbenen auf Dauer in Ihren Kalender eintragen und ernst nehmen als den Tag, der besonders ist für den Menschen, den Sie unterstützen.*

- *Manchmal sind Sie dann der Mensch, der den Trauernden daran erinnern kann, dass schlechte Laune, Unkonzentriertheit und scheinbar unerklärliche Traurigkeit mit dem nahenden Todestag zusammenhängen.*

Mir persönlich ging es so, während ich dieses Buch schrieb. Ich leitete eine Fortbildung mit einer sehr engagierten Gruppe in einem angenehmen Tagungshaus, trotzdem war meine Stimmung seltsam gereizt und melancholisch. Abends erzählte ich meiner Partnerin davon, und sie sah mich nur an und fragte: »Weißt du denn nicht, was für ein Datum heute ist?« Es war der 31. Todestag meiner verstorbenen Freundin. Als es mir klar wurde, konnte ich erleichtert verstehen, dass hier ein paar alte Gefühle erwacht waren. Ich zündete eine Kerze an und dachte über all die Zeit nach, die vergangen war, wie ich mich verändert hatte und was meine Freundin dazu sagen würde. Danach waren Traurigkeit und Reizbarkeit wie weggeblasen.

Trauerfacette Verbunden bleiben – Erinnerungen teilen, da sein und bleiben

Der Jahrestag des Todes ruft Trauernden noch einmal verstärkt das ins Bewusstsein, was seit dem Tod fehlt. Sie können sich einsam und »von Gott und der Welt verlassen« fühlen. Gleichzeitig sind der Verstorbene und sein Tod übermächtig präsent. Trauernde erleben sich manchmal wie besessen von den Fragen nach Ursachen und Schuldigen und von schweren Erinnerungen. Auch das sind Formen des Verbundenseins, aber anstrengende und das Weiterleben dunkel einfärbende Verbundenheiten. – Als UnterstützerIn können Sie mit Ihrem Da-sein ein Gegengewicht setzen. Sie können die Trauernde im Leben verankern, indem Sie durch Ihre Präsenz zeigen, dass es weiterhin Verbundenheit und Nähe gibt, auch wenn dieser eine besondere Mensch gestorben ist. Eine Klientin, die mir über die Gestaltung des Jahrestages mit vielen Freunden und Familienmitgliedern berichtete, habe ich gefragt, was Ihr wichtig sei an diesem Tag, was sie dort erleben wolle. »Gemeinschaft«, antwortete sie. »Gemeinschaft mit anderen, die ihn auch gekannt haben und die sich an ihn erinnern.« Die Gemeinschaft stellte sich für sie her, indem da Menschen zusammenkamen, die ihr eigenes Vermissen teilten. Sie sehnte sich nach anderen Trauernden, die den Verstorbenen mit ihr zusammen erinnern und ehren wollten, und weniger nach Unterstützern, die um ihretwillen kamen.

Trauerfacette Einordnen – Wertschätzung geben, genau hinsehen

Der erste Todestag ist eine Chance, Rückschau zu halten auf das erste Trauerjahr, zu sehen, welche Strecke der Trauernde schon zurückgelegt hat und welches Teilstück Sie mit ihm zusammen gegangen sind. Eine Klientin sagte mir: »Der Todestag und die Woche vorher waren richtig schwer. Ich bin da durchgegangen und habe mich an so viel erinnert, was im Jahr vor seinem Tod passiert ist, das war ein wichtiger Teil meiner Trauer. Das habe ich jetzt geschafft! Das Beste ist – nächstes Jahr werde ich mich an dieses Jahr erinnern können, nicht nur an vorletztes Jahr, als er noch lebte!«

Tipp

- *Zeigen Sie dem Trauernden Ihre Zuneigung und vor allem ihre Wertschätzung für die Art, wie er seinen individuellen Trauerweg geht.*
- *Nehmen Sie sich auch etwas Zeit für eine kleine Standortbestimmung Ihrer Unterstützung. Spüren Sie nach, ob Sie einverstanden sind mit Ihrer Rolle und sogar Freude und Dankbarkeit empfinden über die Nähe, die entstanden ist.*
- *Oder kommt Ihnen Ihr eigenes Tun wie »vergebliche Liebesmüh« vor, fühlen Sie sich überfordert? Ist Ihnen die Trauernde vielleicht fremd geworden? Erforschen Sie das für Sie selbst, vielleicht mithilfe anderer Freunde oder einer Beraterin.*

Geschichten über die Gestaltung von Jahrestagen

So etwas hat sie geliebt!

Christiane, deren Mutter gestorben war, schrieb mir: »Nun erlebten wir ihren ersten Todestag. Ich habe erst gedacht, das wird schwer, aber ich merkte im Voraus bereits, dieser Tag bereitete mir nicht solche Schwierigkeiten wie mein Geburtstag. Ich bin die Einzige, die eine ziemlich lange Fahrtstrecke zu meiner Familie hat, aber ich konnte es zu Hause mit meinem Mann und meinen Kindern einrichten, dass auch ich zu meiner Familie, zum Grab fahren konnte. Wir trafen uns alle vor dem Friedhofseingang. Seltsamerweise war keiner von uns bedrückt; im Gegenteil, es herrschte eine aufgelockerte Stimmung. Wir richteten ihr Grab mit unserem Blumenschmuck her, lachten, machten Witze und am Ende entstanden Fotos, die, glaube ich, so typisch für unsere Familie sind. Welche Familie, außer unserer, würde aus Menschen am Grab das Wort »Mama« stellen? Den Tag ließen wir mit Grillen ausklingen und haben gelacht wie schon lange nicht mehr. Schade, dass meine Mama nicht dabei sein konnte; so etwas hat sie geliebt!«

Diesmal mit Gitarre

Ludger aus Bochum schrieb mir: »Der Sterbetag meiner Schwester war ein Sonntag im April, es wurde ein sonniger Tag, so wie Marlies es liebte. Der Winter schien vorbei zu sein. Sie lag noch lange in ihrem Krankenbett, und wir hatten richtig viel Zeit, Abschied zu nehmen. Mit meiner Gitarre habe ich ihr noch Lieder mit auf den Weg gegeben. Inzwischen haben wir schon drei Jahrestage begangen und einen festen Ritus gefunden. Mit meinen Eltern treffen wir uns zum Kaffeetrinken und Kuchen essen. Auf dem Tisch brennt dann natürlich die eigens gestaltete ›Marlies-Kerze‹. Meine Eltern sind einfach todtraurig, aber so dankbar, dieses mit uns zu erleben. Dann fahren wir zum Friedhof, lesen einen Text, sprechen ein Gebet, geden-

ken still. Am Abend trifft man sich mit Freunden und dem Rest vom ›Team Dornröschen‹, so nannten wir uns, die wir sie auf dem letzten Weg unterstützt haben, erneut am Grab. Diesmal mit Gitarre, denn es gibt Liederzettel, kleine Texte und Musik aus der Konserve. Flying Wwish Paper werden angezündet, Blumen mit guten Wünschen aufs Grab gelegt, gesungen, geweint und gelacht. Es gab auch schon mal ein Gläschen Prosecco, denn den mochte Marlies ganz gerne. Auch wenn es immer wieder schmerzhaft ist, werde ich nicht müde, diesen Tag besonders zu gestalten und an meine Schwester zu denken.«

Acrylfarben und Leinwand

Christiane aus Gladbeck schrieb mir, wie sie das vierte Jahrgedächtnis ihrer Schwägerin gestaltete: »Unter dem Tod meiner Schwägerin Iris hat vor allem meine ältere Tochter gelitten, denn die beiden hatten eine sehr enge Bindung. Es war dennoch meine jüngere Tochter, die eine kleine Weile vor ihrem vierten Todestag bat, an diesem Tag zu Hause bleiben zu dürfen. Sie könne mit den blöden Sprüchen einer besonders unsympathischen Mitschülerin, die am selben Tag Geburtstag hat, nicht umgehen. Ich habe den Kindern den freien Tag also zugesagt unter der Bedingung, dass wir den Tag gemeinsam verbringen und etwas Besonderes unternehmen. Wir haben uns darauf geeinigt, zusammen ausgedehnt Frühstücken zu gehen und anschließend Acrylfarben und Leinwand zu kaufen. Wir sind künstlerisch nicht besonders begabt, aber wir haben jeder eine Farbe ausgesucht, die uns besonders gut gefiel, und gemeinsam eine zusätzliche Farbe, die die Mischung der ersten drei miteinander verbindet. Zu Hause haben wir in gemütlicher Atmosphäre die Leinwand in Quadrate unterteilt, und jeder hat ein paar davon nach seinem Geschmack bearbeitet und bemalt. Zum Schluss haben wir gemeinsam daran gearbeitet, den einzelnen Quadraten eine besondere Note zu verleihen. So haben wir an diesem traurigen Tag etwas Schönes geschaffen. Mein Mann hat das Bild im Flur aufgehängt und da hängt es nun seit über zwei Jahren und lädt uns hin und wieder ein, uns zu erinnern.«

Frische Luft

Franz aus Saarbrücken schrieb mir: »Ich habe es bis heute immer hinbekommen, sowohl am Todestag als auch am Geburtstag nicht arbeiten zu müssen (mein Sohn hat sich vor sieben Jahren das Leben genommen). Meine Frau und ich waren in der Regel an der frischen Luft, am liebsten Wandern. Meistens waren wir an einem anderen Ort, also nicht in der näheren Umgebung unseres Wohnortes (ein Dorf mit ca. vierhundert Einwohnern). Das hat uns geholfen, diese Tage einigermaßen gut zu überbrücken.«

»Ich werde dich nie vergessen-Buch!«

Jeanette, die zurzeit in Malaysia lebt, schrieb mir, wie sie nach dem Tod ihrer ältesten Tochter mit ihren drei jüngeren Kindern Erinnerungen und Jahrestage gestaltet: »Lasse, Kalle und Amelie hatten Sorge, sie könnten ihre Schwester vergessen und auch die Erinnerungen, die sie an sie hatten. Deshalb gestaltete ich gemeinsam mit den Kindern für jeden ein ›Ich werde dich nie vergessen-Buch‹. So entstand ein sehr schönes Buch mit vielen Fotos, Erinnerungen, Zeichnungen und einem persönlichen Brief an ihre Schwester, mit dem, was sie ihr noch gerne sagen wollten. Dieses Buch ist inzwischen ein großer Schatz für die Kinder geworden. Am ersten Jahrestag haben wir damit begonnen, ihr einen Brief zu schreiben, der dann in dem Buch aufbewahrt wird. Dies wiederholen wir nun an jedem Jahrestag! An ihrem Geburtstag und am Jahrestag ihres Todes darf jeder aus der Familie eine Ballonkarte mit einer ganz persönlichen Nachricht beschriften. Diese binden wir dann an einen roten Herz-Luftballon und schicken alle zusammen zu ihr in den Himmel hinauf.«

Die weiteren Trauerjahre

Verstehen hilft unterstützen!

Den meisten Trauernden geht es nach dem ersten Todestag etwas besser, das heißt: Sie fühlen sich etwas öfter entspannt, sie können etwas mehr Freude empfinden, sie entwickeln allmählich eine Vorstellung von ihrer Zukunft. Manche Trauernden sagen aber auch, dass das zweite Jahr nach einem Verlust sogar anstrengender und trauriger für sie ist als das erste. Für die Unterstützung dieser Trauernden sollten Sie sich auch im zweiten und dritten Trauerjahr am Kapitel »das erste Trauerjahr« orientieren. Forschungsergebnisse und Lebenserfahrung zeigen, dass man nach dem Tod eines sehr nahen Menschen drei bis fünf Jahre lang in weiter werdenden Kreisen auf dem Trauerweg unterwegs ist. Das ist normal und nimmt den allermeisten Trauernden nicht den Lebensmut. Es macht sie auch nicht automatisch einsamer oder verbitterter als andere Menschen. Man hat eher den Eindruck, dass Menschen auf ihren Trauerwegen wichtige Dinge lernen. Sie gewinnen im Lauf des langen Weges mehr Verständnis und Toleranz, sie werden oft sogar fröhlicher als zuvor, weil sie jeden schönen Moment doppelt wertschätzen. Dieses Kapitel beschreibt, was in den Facetten des Trauerns in diesen Jahren noch dazu kommt – und neben all das tritt, was im vorigen Kapitel über das erste Jahr beschrieben wurde. Vieles davon gilt auch in den folgenden Trauerjahren, blättern Sie für diese Themen einfach zurück in die vorigen Kapitel!

Mitmenschliche Normalität

In der zunehmenden Normalität des Alltags geht der Blick auf die innere Anspannung des Trauernden leicht verloren. Behandeln Sie ihn normal, Small talk ist ok, Witze und Feiern auch. Die übliche Aufgabenverteilung kann erwartet werden. Aber – Sie brauchen Toleranz, wenn das alles noch nicht vollkommen angenommen wird oder der Trauernde nach einer Weile plötzlich wieder mehr Rückzug und Anteilnahme braucht. Unterlassen Sie ungebetene Rat-Schläge und mitleidige Blicke. Probieren Sie weiter den Balance-Akt zwischen Normalität und mitfühlender Rücksichtnahme.

Praktische Unterstützung

Je nach Lebenssituation bleiben viele Alltagsbelange für Trauernde anstrengend. Verwitwete sind weiterhin mit bestimmten Teilen der Haushaltsarbeit überfordert. Alleinerziehende Eltern müssen weiterhin alle Entscheidungen allein treffen. Viele Trauernde leiden unter Einsamkeit. Urlaube, Freizeitaktivitäten und Festtage bleiben eine Hürde. Halten Sie die Augen offen, wo handfeste Hilfe nötig sein könnte und finden Sie Wege, diese unaufdringlich anzubieten.

Stabile Person

Trauernde leben auch noch Jahre nach einem einschneidenden Verlust in einem gewissen Ausnahmezustand. Auch wenn sich vieles neu sortiert hat, ist die Haut dünner als zuvor. Bleiben Sie geduldig, wenn eine Frage, ein Film oder ein Jahrestag die alten Wunden wieder aufreißen. Markieren Sie sich die voraussehbaren Termine für starke emotionale Reaktionen, um dafür innerlich vorbereitet zu sein. Wenn Sie sich überfordert fühlen, suchen Sie das offene Gespräch. Eventuell könnte nun der Zeitpunkt für mehr fachliche Unterstützung gekommen sein.

Selbstsorge

Wenn jemand lange und intensiv trauert, stellt sich für Sie die Frage, wie viel Unterstützung Sie weiter geben können und wollen. Wofür reichen Ihre Kräfte? Was können Sie geben oder tun, ohne ungeduldig zu werden? Wie viel von Ihren eigenen Lebensplänen bleibt auf der Strecke? Es kann z. B. sein, dass Sie nach dem Tod Ihres Vaters Ihr Elternhaus meiden, weil Sie die Traurigkeit Ihrer Mutter und Ihrer Geschwister nicht gut aushalten können, auch wenn Sie sie sehr vermissen. Vielleicht sind Sie ratlos Ihrem Partner gegenüber, der nach dem Tod eines Geschwisters oder Elternteils viel grübelt, allein sein möchte und Selbstzweifel zeigt, die er vorher nie kannte. Vielleicht vermissen Sie die entspannten Abende mit Ihrer besten Freundin, an denen Sie Tränen gelacht und alle Sorgen vergessen haben, während sie jetzt viele Gespräche als verkrampft oder einseitig empfinden.

Tipp

- *Seien Sie ehrlich mit sich selbst, spüren Sie ihre Bedürfnisse und Wünsche. Suchen Sie jemanden, mit dem Sie darüber sprechen können, entlasten Sie sich in einem Tagebuch, versuchen Sie herauszubekommen, was Sie brauchen.*

- *Wenn Sie sich ruhiger und klarer fühlen, suchen Sie das Gespräch mit dem Menschen, dem Sie Unterstützung geben.*

Geschichte vom Dasein auf Zeit

Bianca aus Hannover stellte mir diese Geschichte zur Verfügung: »Meine Kindergartenfreundin rief mich an und sagte, ihre Mutter sei tot. Sie hatte sich das Leben genommen, war vom Balkon der Wohnung gesprungen, in der die ganze Familie zusammen war. Ich habe angeboten zu kommen und bin gleich am nächsten Tag hingefahren. Ich kannte die ganze Familie und wir saßen lange zusammen, auch am darauffolgenden Tag. Zwischendurch kam mal dieser, mal jener, wir aßen etwas, redeten über alles, was aufkam. Ich hatte das Gefühl, mein Dasein war gut. Wie eine Art Absicherung, dass in Anwesenheit von Freunden/Partnern nicht noch etwas Schlimmes passieren kann. Es war die Sorge im Raum, dass der Mann oder meine Freundin oder ihr Bruder infolge dieser frischen schlimmen Erfahrung auch ›durchdreht‹.

In den folgenden Wochen, Monaten und inzwischen drei Jahren war ich zunächst häufig zu Besuch, dann peu à peu weniger, als sich neue Inhalte und Stabilität in das Leben der Einzelnen einschlichen. Ich hatte damals im Kopf: ›Ja, das ist jetzt so der Klassiker, dass sich die Freunde nach und nach wieder zurückziehen‹ – und hab es dann trotzdem so gemacht, es fühlte sich stimmig an.«

Trauerfacette Überleben – Kraft sammeln, Wohlfühlen, Halt geben

Das »Überleben« bekommt im zweiten und dritten Trauerjahr neue Aspekte, es geht nicht mehr nur um das rohe Durchkommen, sondern um das stückweise Zurückgewinnen von Lebensqualität. Begriffe wie »Kraftquellen« werden wichtig. Eine kleine Auswahl von Kraftquellen, die Menschen mit und ohne Trauer für sich nutzen:

Natur: z. B. Wandern, Segeln, Schwimmen, das Meer, die Berge, Spaziergänge, Zelten gehen, der Sternenhimmel, der eigene Garten, Gemüse anbauen, Hund und Katze als Haustiere, Reiten, schöne Landschaften usw.

Sport: Joggen, Walken, Radfahren, Fitness-Studio, Tanzen, Klettern, Bouldern, Rollerblades fahren, Surfen, Boxen, Fußball, Handball, Kegeln usw.

Kultur: Musik hören, Lesen, Konzerte besuchen in Hallen oder Clubs oder unter freiem Himmel, Theateraufführungen ansehen, Museen besuchen, selber malen, selber ein Instrument spielen, selber Theater spielen, Geschichten und Gedichte schreiben, Lieder komponieren usw.

Entspannung und Spiritualität: Yoga, Tai-Chi, Chi-Gong, Meditation, Achtsamkeitsübungen, Gebet, Kontemplation, Entspannungsmusik, Traumreisen, Sauna, Stille usw.

Tipp

- *Vieles macht gemeinsam mehr Spaß: Suchen Sie eine Aktivität, die Ihnen beiden Freude macht, und laden Sie dazu ein. Das tut Ihnen selbst gut und bringt Ihre Beziehung ein Stück weiter »auf Augenhöhe«.*

Geschichte vom ersten Saunagang

Eine Klientin erzählte zwei Monate nach dem ersten Todestag ihrer Tochter, sie habe sich zum ersten Mal wieder mit einer Freundin in der Sauna getroffen, etwas, das die beiden früher regelmäßig gemacht hatten. Dort in der Wärme und Ruhe hätte sie zum ersten Mal seit dem Tod der Tochter Momente von innerer Ruhe und Entspanntheit erlebt. Das sei wunderbar gewesen.

Überleben und die anderen Trauerfacetten

Manche Trauernde haben all ihre Energie in das Überleben und das Anpassen gesteckt, in diesen Trauerfacetten sind sie zu ExpertInnen geworden. Nun melden sich die anderen Trauerfacetten, die bisher zu kurz gekommen sind, und fordern mehr Beachtung. Die »ÜberlebensspezialistInnen« sind manchmal bis ins dritte Trauerjahr hinein mit ihren existenziellen Aufgaben beschäftigt, aber nun kommen immer mehr Gefühle und Gedanken an die Oberfläche, mit denen andere sich schon im ersten Trauerjahr befassen konnten. Jugendliche und junge Erwachsene oder Eltern, die Kinder versorgen, können sogar noch länger auf das Überleben und Anpassen konzentriert sein! Bei ihnen zeigt sich ab dem zweiten und dritten Trauerjahr eine wachsende Erschöpfung, und auch körperliche Probleme spiegeln den inneren Zwiespalt. Weitere Trauerfacetten blitzen zwar auf, werden aber sofort weggedrückt, denn im Lauf des ersten Jahres ist die Angst vor den anderen Teilen des Trauerweges gewachsen. Es »ging doch irgendwie schon so gut«. Manches, was bisher als Trittstein funktioniert hat, wird langsam, aber sicher zum Stolperstein. Das Ablenken, das zunächst dabei geholfen hat, die Wucht des Schmerzes abzufedern, wird zum Stopp-Signal vor jedem Gefühl, das sich meldet.

Vor diesem Stopp-Signal staut sich gewissermaßen eine lange Schlange von Gefühlen, die immer größer und drängender werden, je länger sie in der Warteschlange stehen. Das Festhalten an der alten Normalität und an den Abläufen aus der Zeit vor dem Tod wird immer hohler, denn es lässt sich nicht mehr übersehen, dass sich vieles verändert hat. Die alten Routinen geben immer weniger Halt und vermitteln immer mehr Ratlosigkeit und Frustration. Das Schweigen über das Sterben und die eigenen Trauer-Gefühle war erst zur Schonung da, es sollte Kinder, Ehepartner, Freunde und nicht zuletzt die Trauernde selbst vor Überforderung schützen. Doch nun fehlt ein Weg, das Schweigen zu brechen, nachdem es schon ein Jahr und länger anhält.

Als UnterstützerIn haben sie wenig Einfluss darauf, dass »ÜberlebensspezialistInnen« etwas ändern. Unterstützung heißt hier: geduldiges Dableiben und die Wege des Trauernden mitfühlend aushalten.

Bitte nicht

Manchmal ist es eine körperliche Erkrankung oder ein Schwächeanfall, mit dem der Körper des Trauernden signalisiert, dass die bisherigen Überlebensstrategien nicht mehr funktionieren. Reagieren Sie darauf bitte nicht mit einem »Habe ich dir doch gesagt...«, sondern geduldig und respektvoll. Bieten Sie praktische Unterstützung an wie in den ersten Tagen und Wochen, und recherchieren Sie weitere Hilfsangebote.

Es ist nie zu spät für eine Trauerbegleitung!

Vielleicht liegt der Todesfall bereits Jahrzehnte zurück, und erst jetzt möchte oder kann der Mensch, den Sie unterstützen, sich intensiv damit auseinandersetzen. Damals gab es keine Trauerbegleitung, oder der Trauernde war noch ein Kind und wurde von allem ferngehalten. Wenn jemand in seinem Leben weitgehend zurechtkommt, wenn er oder sie nur ab und zu von schweren Gedanken und Fragen über den damaligen Tod und die eigene Trauer belastet wird, dann kann eine erfahrene Trauerbegleiterin die Richtige sein. Es braucht vermutlich nur fünf bis zehn Gespräche, in denen die einzelnen Themen und Facetten des Trauerweges besprochen und offengebliebene Fragen geklärt werden können. Falls die Trauernde jedoch den Eindruck hat, dass das ganze bisherige Leben von einem weit zurückliegenden Todesfall belastet ist, dann könnte eine Psychotherapie hilfreicher sein. Da können der Todesfall und der Trauerprozess ausführlich besprochen werden, aber auch die Probleme, die dadurch im weiteren Leben entstanden sind. Im zweiten, dritten und vierten Trauerjahr kann es sein, dass Trauernde vor allem erschöpft sind von den Anstrengungen des Trauerweges. Möglicherweise haben sie sich intensiv um andere Familienangehörige gekümmert oder sehr hart in ihrem Beruf gearbeitet – die Abstecher auf einzelne Trauerfacetten waren nur Stippvisiten. Nun kann es an der Zeit sein, sich endlich eine Auszeit für sich selbst und den Trauerweg zu nehmen. »Überleben« allein ist kräftezehrend. Eine psychosomatische Kur könnte Zeit zum Aufbau neuer Energien geben. Wenn der Trauernde mit weiteren Schicksalsschlägen konfrontiert wird, kann sein

Trauerweg noch einmal an Stellen zurückkehren, die längst bewältigt schienen. Ein neues Unglück kann »das Fass zum Überlaufen bringen«. Zusätzliche Anstrengungen brauchen zusätzliche Unterstützung!

Tipp

- *Seien Sie geduldig und bringen Sie die Möglichkeit fachlicher Unterstützung immer wieder als Idee ein, aber üben Sie bitte keinen Druck aus. Unterstützung funktioniert nur dann, wenn jemand die Stütze annehmen möchte, sonst wehrt er sich so sehr dagegen, dass aus der geplanten Unterstützung eine zusätzliche Verunsicherung wird.*

- *Erinnern Sie sich und den Trauernden immer wieder an das Netzwerk aus der bisherigen Trauerzeit, aktivieren Sie andere UnterstützerInnen und ermutigen Sie die Trauernde, fachliche Hilfe in Anspruch zu nehmen. Mehr können Sie nicht tun!*

- *Erlauben Sie sich, »das Gartentor« auch dann immer wieder zu schließen, wenn das Leben des anderen erneut aus den Fugen gerät.*

Trauerfacette Wirklichkeit – Aushalten

Jeder Tag, der vergeht, macht für Trauernde den Tod eines geliebten Menschen wirklicher. Schöne Momente bergen einen Stich in sich, der sagt: »Und du kannst das jetzt nicht erleben« – oder: »Warum kannst du jetzt nicht hier sein?« – oder: »Ohne dich ist das nur halb so schön«. Für Unterstützende mag das seltsam sein, denn für Sie ist ein schöner Moment ein schöner Moment. Die Zerbrechlichkeit der Glücksmomente, die mit dem Trauernden geteilt werden, ist manchmal eine Herausforderung und kann eigene Traurigkeit auslösen.

Solche »bittersüßen Wirklichkeitsmacher« sind z. B.: Wenn die Freunde des verstorbenen Kindes sich auf ihre Abschlussfeier von der Schule vorbereiten und man all diese jungen Menschen sieht, wie sie gewachsen sind, sich entwickelt haben – und das eigenen Kind wird dieses Weitergehen in das eigene Erwachsenenleben niemals erleben. Oder: Wenn man einige Jahre nach dem frühen Tod eines Elternteils heiratet und die Lücke schon in den Vorbereitungen, aber besonders bei der Feier selbst so spürbar wird wie lange nicht mehr. Oder: Wenn neue Menschen in die Familie hineingeboren werden, denen man von den verstorbenen Familienangehörigen nur erzählen kann. Ihre Oma, ihren Onkel oder sogar die große Schwester werden sie nie kennenlernen. Man wird nur in der stillen Zwiesprache mit den Verstorbenen sprechen können über die Freuden und die Sorgen des Weiterlebens.

Tipp

- *Behalten Sie im Blick, dass auch durch und durch beglückende Ereignisse schmerzhaft an den Verlust erinnern können!*

- *Erinnern Sie sich und die Trauernden an kreative oder rituelle Formen, die schon mal geholfen haben, Kummer auszudrücken und vor allem dem Verstorbenen einen Platz beim Feiern des Lebens zu geben.*

Redeverbote und Tabus

Es gibt Familien, in denen der Vater, die Mutter oder der mächtige Großvater verboten hat, über den Verstorbenen zu sprechen. Der Name darf nicht genannt werden, es gibt nirgendwo ein Foto, und alle Erinnerungsstücke sind weggeworfen worden. Für Kinder, deren Elternteil oder Geschwisterkind sich vor zwanzig oder mehr Jahren das Leben genommen hat, gehörten sie zum Lebensalltag. Ihr Vater, ihre Mutter, die Schwester oder der Bruder waren dann wie ausgelöscht, und es wurde ihnen sogar suggeriert, das sei zu ihrem Besten, diese Menschen komplett zu vergessen.

Ohne eine Wirklichkeit des Lebens gibt es keine Wirklichkeit des Todes. Wer angeblich nicht existiert hat, ist auch nicht gestorben und hat keine Lücke hinterlassen. Solche extremen Redeverbote gibt es heute nur noch selten. Aber immer noch üben tonangebende Familienmitglieder Macht aus und verlangen von den andern, ihr eigenes Schweigen über den Verstorbenen und seinen Tod zu teilen. Das kann durch extremes Leiden geschehen: »Ich kann es nicht aushalten!«, begleitet vielleicht auch von Drohungen: »Ich komme nicht zu diesem Weihnachtsfest, wenn das nicht ein ganz normaler Abend wird!«, durch beharrliches Schweigen, wenn der Name des Verstorbenen doch einmal genannt wird, oder durch eine pseudosachliche Abwertung der Erinnerungen als albern, unpassend oder krank. In den ersten Monaten nach einem Tod kann eine solche vermeintlich Not-Lösung stillschweigend toleriert werden, und irgendwann ist es der übliche Umgang geworden, aus dem eine Familie nicht mehr herausfindet. Ein Familiengeheimnis ist entstanden!

Trittsteine, die Gespräche öffnen

- *Falls die Person, die Sie unterstützen, das in ihrer Familie erlebt, können Sie eine wichtige Verbündete sein, die ihre Wahrnehmung teilt.*

- *Sie können anregen, weitere Verbündete innerhalb der Familie oder im Freundeskreis bzw. in einer Gruppe von Betroffenen zu suchen.*

- *Auch eine Trauerbegleiterin oder Psychotherapeutin, die die Trauernde anerkennt und unterstützt, ist dafür sehr hilfreich.*

- *Falls Sie Schweige-Gebote und Tabus in Ihrer Familie erleben und selbst einigen Einfluss in dieser Familie haben, überlegen Sie, ob bzw. wie Sie Ihren Einfluss geltend machen können. Können Sie dafür sorgen, dass Sie selbst und andere, z. B. Ihre Kinder, mehr und unbefangener vom Verstorbenen sprechen können?*

- *Trauen Sie sich das zu! Suchen Sie Verbündete für Ihr Vorhaben, ermutigende Freunde oder einen Trauerbegleiter/Psychotherapeuten.*

- *Wenn Sie die Großeltern oder eine Freundin der Familie sind, und die Eltern dieser Familie verbieten den offenen Umgang mit der Todesursache oder dem Sterben überhaupt – versuchen Sie, diplomatisch zu bleiben. Es ist nämlich kaum auszuhalten für Kinder und Jugendliche, wenn andere wichtige Bezugspersonen offen gegen ihre Eltern agieren. Versuchen Sie lieber, die Eltern zu stärken, statt sie unter Druck zu setzen (Überleben hat Vorrang!). Versuchen Sie es behutsam mit Überzeugung und Hilfsangeboten, mit Formulierungsvorschlägen und Literaturtipps.*

Tipp

Halten Sie sich bereit, falls die größer werdenden Kinder sich mit offenen Fragen an Sie wenden. Füllen Sie dann die Informationslücken so sachlich, wie es geht. Bitte schimpfen Sie nicht auf die möglicherweise schweigsamen Eltern. Loyalitätskonflikte sind für trauernde Kinder und Jugendliche eine zusätzliche Belastung!

Trauerfacette Gefühle – Aushalten, Ermutigen, Abgrenzen

Die Trauerfacette »Gefühle« wird in den weiteren Trauerjahren von den Trauernden selbst oft als zunehmend »lästig« empfunden. Außenstehende sind eher verwundert und irritiert, wie lange intensive Gefühle immer wieder auftauchen können. Wie Wellen kommen sie – die Traurigkeit, die Sehnsucht, die Angst, vielleicht die Wut und all die anderen Gefühlszustände. Starke Gefühle, Konzentrationsstörungen und schnelle Ermüdbarkeit passen in den späteren Trauerjahren noch weniger in den Rhythmus des Arbeitsalltags, in der Schule oder an der Uni, weil die Umwelt nicht mehr mit ihnen rechnet. Schlimmstenfalls werden sie ohne eine Berücksichtigung des nun schon einige Jahre zurückliegenden Todesfalls als Zeichen einer ernsthaften psychischen Störung ansieht.

Manche Trauernde sind aber auch dankbar für starke Gefühle, denn in einem zunehmend neu geordneten Leben sind die starken Emotionen eines der Zeichen, dass dieser Mensch wirklich gelebt hat. Starke Gefühle schaffen innere Verbundenheit, und sie zeigen der Welt, dass eben nicht »alles wieder gut ist«, sondern immer noch jemand fehlt. Unabhängig davon, ob sie erwünscht oder unerwünscht sind – im Lauf der Jahre werden die Intervalle zwischen den Gefühlsaufwallungen des Trauerweges länger, es entstehen mehr »normale« Zeiträume, in denen Alltag, Karriere, Ausruhen, Freude, sogar Langeweile und alltägliche Unzufriedenheiten im Vordergrund stehen. Auf der Facette »Gefühle des Trauerweges« nehmen im Lauf der Jahre manche positiven Gefühle mehr Raum ein, die zu Beginn kaum wahrnehmbar waren:

- *Dankbarkeit für die gemeinsame Zeit.*
- *Ein Lächeln oder sogar Lachen bei der Erinnerung an Verrücktheiten des Verstorbenen.*

- *Liebe, die einfach nicht aufhört.*
- *Berührtsein und Verbundenheit über den Tod hinaus.*
- *Stolz, von diesem Menschen geliebt worden zu sein.*
- *Zusätzliche Kraft (»Stark wie zwei« nennt Udo Lindenberg das in einem Lied über den Tod seines Bruders).*
- *Das Gefühl, behütet und beschützt zu sein.*
- *Stolz auf sich selbst, den Lebensweg und auch den Trauerweg weitergehen zu können.*

Der starke Schmerz, der zu Beginn vielleicht jeden Atemzug begleitet hat, lässt mehr oder weniger nach. Da, wo er stark bleibt, gewöhnt man sich vielleicht an ihn, und es gelingt, ihn zu einem Grundton der eigenen Lebensmelodie zu formen. Immer da, aber selten im Vordergrund. Manchmal bricht er auf, an Jahrestagen oder zu anderen Zeiten, wenn der Verstorbene besonders spürbar fehlt. War der Mensch, den Sie unterstützen, deutlich jünger als die/ der Verstorbene? Dann wird der Tag kommen, an dem der Trauernde älter wird als der Mensch, um den er trauert. Wenn das die Mutter oder der Vater waren, kann das Überschreiten dieser Altersgrenze eine Krise auslösen. Oft unbemerkt von den Betroffenen baut sich ein starkes Gefühl von Unmöglichkeit auf. Es kann einfach nicht sein, dass man älter wird, als der so früh verstorbene Vater! Erinnern Sie den Trauernden behutsam an die unsichtbare »Altersgrenze«, denn eine Trauerbegleitung kann zu diesem Zeitpunkt eventuell hilfreicher sein als eine Therapie wegen Depressionen oder Burnout.

Tipp

- *Merken Sie sich langfristig Daten und Orte, die besonders eng mit Erinnerungen an die Verstorbenen und auch mit Erinnerungen an deren Sterben verbunden sind. Jahrestage der Geburt und des Todes, manchmal der Hochzeits- oder Kennenlerntag. Urlaubs- und Ausflugsorte, die besonders geliebt wurden – sie alle können schon im Vorfeld meist unbewusst Schmerz und Gereiztheit verursachen. Erinnern Sie sich jedes Jahr wieder daran, bieten Sie behutsam ein Gespräch oder ein kleines Ritual an.*

Trauerfacette Sich anpassen – Hilfe zur Selbsthilfe

Die helfenden Hände und die klugen Worte der Verstorbenen fehlen für immer. Die Mutter, der Onkel, die Freundin, die mit Freuden auf die Enkelkinder aufgepasst hätte. Der Vater, die Schwester, der Partner mit dem handwerklichen Geschick. Die lebenskluge Großmutter, der belesene Freund, die krisenerprobte Partnerin – sie fehlen mit ihrem Rat und ihrer Stabilität. Es fehlt der Mensch, der einen richtig gut und schon sehr lange kannte, der wusste, was zu tun und zu sagen war. Die Lücken, die jemand hinterlassen hat, werden im Lauf der Trauerjahre spürbarer. Gleichzeitig wächst das Repertoire der Möglichkeiten, mit diesen Lücken umzugehen. Der Trauernde lernt, es selbst zu tun, was vorher die Verstorbene erledigt hat. Das können viele verschiedene kleine und große Dinge sein wie: Kochen, Geldgeschäfte erledigen, Urlaube buchen, lange Autostrecken fahren oder die Ostereier für die Kinder verstecken. Die Hinterbliebene lernt auch, die Dinge, die vorher der Verstorbene erledigt hat, an »Profis« abzugeben. Diese können z. B. Steuerberater sein, ein Reisebüro, eine Putzfrau, ein Handwerker. Es kann auch befreiend sein, dass die neue Steuerberaterin viel schneller und freundlicher arbeitet als der alte, über den man sich sowieso nur geärgert hat. Es kann wunderbar sein, das Weihnachtsfest im Elternhaus, das man als sehr anstrengend empfunden hat, durch eine gemeinsame Reise mit Familie und Freunden zum Ski-Fahren oder ans Meer zu ersetzen. Sie als UnterstützerIn können ermutigen, Dinge selber zu probieren oder an andere HelferInnen abzugeben. Vielleicht haben Sie sogar Lust, gemeinsam mit dem Trauernden einen Kurs zu besuchen, in dem Sie auch noch etwas lernen, z. B. mit dem Computer umzugehen oder vegetarisch zu kochen. Der Tod eines vertrauten Menschen kann das eigene Lebenskonzept in Frage stellen. Im Lauf der Trauerjahre wird alles überprüft – der Beruf, die Partnerschaft und Familienkonstellation, der Wohnort, die Aufteilung der eigenen Zeit zwischen Job und Familie und dem, was man nur für sich selbst tut. Die Trauer-Facette »Einordnen« und die Trauer-Facette »Sich Anpassen« arbeiten hier Hand in Hand. Manches geht nicht mehr so wie zuvor. Manche Trauernde reduzieren ihre Arbeitszeit langfristig. Manche wechseln den Beruf oder beginnen eine neue Ausbildung. Werte verändern sich – was einem früher ungeheuer wichtig war, wird bedeutungslos.

Beziehungen verändern sich

Manche Beziehungen verändern sich. Es wurde lange behauptet, dass Eltern sich nach dem Tod eines Kindes viel häufiger trennen als andere; das ist aber nur ein Gerücht. Es scheint eher so zu sein, dass alle Streitpunkte und Differenzen, die ohnehin in einer Beziehung da waren, durch den Tod eines Kindes verstärkt werden. Die alte Strategie, »Dinge unter der Decke zu halten«, funktioniert auf dem Trauerweg nicht mehr. Man muss sich stellen – und kommt sich dabei meistens näher. Viele Paare erleben, dass die alten Differenzen nicht mehr so viel Bedeutung haben, die Werte verschieben sich, und wer welches Hobby ausübt oder den Müll runterbringt, ist für viele nicht mehr wichtig. Wenn diese Themen aber symbolisch für mangelnde Rücksicht oder Sehnsucht nach mehr Aufmerksamkeit stehen, dann werden diese zugrundeliegenden Probleme deutlich.

Trittsteine für Beziehungen

Nähe, Austausch, Gemeinsamkeit und Vertrauen sind die großen Unterstützer im Trauerprozess. Paare, Geschwister, Familien und Freundeskreise profitieren davon, wenn sie

- *sich miteinander austauschen,*
- *Gedenktage und Feiertage gemeinsam gestalten,*
- *rücksichtvoll auf alle Bedürfnisse eingehen und Kompromisse schließen*
- *die Hilfe, die jede/r Einzelne bei anderen »stabilen Personen«, Mitmenschen und Unterstützern findet, ohne Angst zuzulassen.*

Und wenn es nicht funktioniert? Wenn das Gespräch nicht in Gang kommt und keine Gemeinsamkeiten zu finden sind? Der Begriff »Sekundärverluste« oder »Folgeverluste« beschreibt die Verluste, die nach einem Tod noch auftreten – ausgelöst durch den Tod und die darauffolgende Trauer. Die Entfremdung in einer lebenslangen Freundschaft oder innerhalb der Familie und Partnerschaft können solche Sekundärverluste sein. Sie sind besonders schmerzhaft, weil man auf dem Trauerweg Mitgefühl und Unterstützung braucht und nicht noch mehr Kummer und Alleinsein.

Trittsteine für unbefriedigende Zeiträume in Beziehungen

- *Ermutigen Sie sich selbst und die anderen, darauf zu vertrauen, dass sich im Lauf der Jahre wieder mehr Gemeinsamkeiten finden lassen.*

- *Erinnern Sie sich und die anderen daran, wie Sie »früher« mit Differenzen umgegangen sind. Wenn die »Ecken und Kanten« der anderen früher besser aushaltbar waren, geht das vielleicht jetzt auch?*

- *Die »Dünnhäutigkeit« des Trauerweges kann auch die Chance bieten, eingefahrene Wege zu verlassen und sich in einer Paartherapie oder Mediation grundsätzlich neu auf einander einzulassen.*

Trauerfacette Verbunden bleiben – Annehmen, Fördern, Interesse entwickeln

Im Kapitel über das erste Jahr habe ich viele verschiedene Wege geschildert, wie man mit dem verstorbenen Menschen verbunden bleiben kann. Diese Wege gelten alle auch in den weiteren Trauerjahren. Für manche Trauernde beginnt die bewusste Suche nach verschiedenen Wegen erst im zweiten, dritten oder vierten Jahr, weil der Schmerz und das Überleben vorher alles andere überdeckten. Für Unterstützende kann es verwirrend sein, dass scheinbar plötzlich wieder Sehnsucht auftaucht und eine intensive Suche nach Erinnerungen oder einem Vermächtnis. Falls Sie Kinder und Heranwachsende unterstützen, ist es völlig normal, dass sich mit dem Älterwerden neue Fragen und auch neue Verbindungsfaktoren einstellen. Wenn Sie Menschen nach einer plötzlichen oder tabuisierten Todesursache unterstützen, kann es sein, dass erst Jahrzehnte nach dem Tod eines nahen Menschen endlich Selbsthilfegruppen, Literatur und gesellschaftliche Akzeptanz für die Trauer entstanden ist. Ich habe z. B. viele Suizidhinterbliebene getroffen, die jahrzehntelang nicht über Ihre Eltern, Geschwister oder Ehepartner gesprochen haben, die sich selbst töteten. Dann fanden Sie ein Buch oder eine Gruppe und widmeten sich nach so vielen Jahren ihrer Trauer und fanden eine Bestätigung dafür, dass sie liebevoll mit Ihren Lieben verbunden sein können.

Tipp

Die kostbarste Unterstützung in allen weiteren Jahren nach dem Tod ist Ihre Bereitschaft als UnterstützerIn, den Verstorbenen weiterhin in Gesprächen lebendig werden zulassen, seinen Namen zu nennen, über Anekdoten zu schmunzeln, die Lebensdaten im Kopf zu haben. Ein Gruß am Geburts- und Todestag ist eine große Wertschätzung, das Angebot eines gemeinsamen Grabbesuchs kann Balsam für die Seele des Trauernden sein. Es tut unendlich gut, die Verbundenheit mit den Verstorbenen unverkrampft und selbstverständlich mit anderen Lebenden teilen zu können.

Geschichte von hellen und dunklen Erinnerungen

Hape Kerkeling, dessen Mutter sich das Leben nahm, als er zehn Jahre alt war, beschreibt seine innere Verbundenheit mit ihr, und wie er seine Erinnerungen bewusst gestaltet:

»Dann wieder sitzen wir zwei in meiner Erinnerung auf der Rückbank unseres alten Renaults. Mama hält mir während der Fahrt die Augen zu und amüsiert sich prächtig. ... Sie flötet mir in einem albernen Singsang ins Ohr: ›Das ist eine Überraschung! Wo wolltest du denn unbedingt mal hin?‹ Mit diesem Satz stoppt der Wagen auch schon. ›Ans Meer! Da war ich noch nie!‹ ... Mama zieht ihre Hände blitzartig von meinen Augen und schreit begeistert wie ein kleines Mädchen und klatscht dabei

in die Hände: ›Und bitte, der Herr, das Meer! Freust du dich?‹ Vor mir die wild sprudelnde und sich aufbäumende Nordsee. ... Banale, schöne und ganz selbstverständliche Episoden zwischen Mutter und Sohn. So will ich meine Mutter in Erinnerung behalten und nicht, wie sie in der Leichenhalle aussah. Auch unsere gemeinsame düstere Zeit will ich auf keinen Fall dauerhaft im Kopf behalten, auch wenn es mir schwerfällt, diese schrecklichen Bilder ganz auszublenden. In den vergangenen 42 Jahren ist kein einziger Tag vergangen, an dem ich meiner Mutter nicht in irgendeiner Form gedacht habe!« (Der Junge muss an die frische Luft. S. 238)

Geschichte von einer großen Schwester

Familie Teufert, die hier schon vom Sterben und der Abschiedsfeier Ihrer Tochter Finja erzählt hat, schrieb mir: »Den ersten Geburtstag nach ihrem Tod haben wir mit Hilfe unserer Trauerbegleitung gefeiert. Wir haben die Menschen eingeladen, die uns auf ihrem Weg begleitet haben. Es gab eine Torte, Kerzen und ihren Geburtstagszug. Wir haben zusammen an sie gedacht, geweint, aber auch viel gelacht. Es war wunderschön, von ihr zu erzählen und sich die Erinnerungen der anderen anzuhören. Dann hat jeder einen Schmetterling für sie ausgemalt, und wir haben sie an Luftballons gehängt und steigen lassen. Wir hatten vorher Angst vor diesem Tag, weil wir nicht einschätzen konnten, wie es wird. Es war genau das Richtige. Ihr Geburtstag ist der Tag, an dem sie zu uns gekommen ist und somit ein Tag zum Feiern. In einem Monat ist es wieder soweit, und wir wurden schon gefragt, ob wir ihn wieder feiern. Und das werden wir tun. Alle, die letztes Jahr dabei waren, werden auch dieses Mal kommen, und wir freuen uns sehr darauf. Diesmal völlig ohne Angst. In etwa fünf Monaten bekommen wir unser zweites Kind, und eines wissen wir ganz sicher: Wir werden ihr von ihrer großen Schwester erzählen. Finja soll auch ein Teil ihres Lebens werden. Natürlich im richtigen Maß, aber ich bin mir sicher, wir werden auch dann den richtigen Weg finden.«

Neue Verbindungen

Für Verwitwete ist es eine große Frage, ob sie sich wieder auf eine neue Partnerschaft einlassen wollen oder können. Je jünger sie sind, desto selbstverständlicher wird von ihnen erwartet, sich innerhalb der ersten Jahre wieder zu binden und damit ihre Trauer zu beenden. Sich neu zu verlieben bedeutet aber nicht, das Trauern zu beenden. Eine neue Liebe kann eine Kraftquelle sein, eine Ermutigung und Belebung. Neue Anziehungen bedeuten aber auch nicht immer gleich eine neue »große Liebe«. Das ist vor dem Tod des bisherigen Partners genauso wie nach seinem Tod. Manche Verliebtheiten sind genau wie früher kurze Schwärmereien. Manche Verliebtheiten sind ein Anker in schwerer Zeit, ein Grund weiterzuleben. Es hebt den Selbstwert, geliebt und begehrt zu werden. Trost und Nähe sind in einer sexuellen Beziehung konkret zu fühlen. Man ist nicht so allein, wenn jemand Neues da ist. Sich neu zu verlieben ist aber nicht so, als würde man vom Trauerweg einfach auf den neuen Partnerschaftsweg abbiegen. Die Trauer geht mit in die Verliebtheit und macht sie komplizierter. Man öffnet sich für einen neuen Menschen und lernt, ihn immer näher an sich heranzulassen, und gleichzeitig ringt man mit den Erinnerungen, Gefühlen und Einordnungen, die den verstorbenen Partner betreffen. Man versucht, mit der/dem Verstorbenen innerlich verbunden zu bleiben und sich gleichzeitig neu zu binden. Wie kann das gehen? Die Liebe zum Verstorbenen hört nicht einfach auf. Auch wenn man sie unter Wut vergraben hat, bleibt von jedem, den wir mal geliebt haben, eine Spur der Zärtlichkeit in unserem Herzen. Es hilft der neuen Liebe, wenn die alte Liebe sein darf und gut verortet ist.

Die Formulierung »den Verstorbenen einen neuen Platz zuweisen« passt auf die Situation von Verwitweten besonders gut. Angesichts einer neuen Liebe braucht es eine neue Definition und einen neuen Platz für die Person, die man bis dahin als »einzige Liebe meines Lebens« angesehen hat. Es kann helfen, sich an eine Jugendliebe zu erinnern, die damals auch wie »die einzige, die große, die ewige« erschien. Diese Jugendliebe bleibt etwas Besonderes, wird es immer bleiben, auch wenn eine oder mehrere Lieben danach kamen. Der neue Mensch im Leben des Trauernden könnte seine zweite (oder dritte) große Liebe werden. Oder eine kleine Liebe. Als Unterstützerin haben Sie auch mit den »neuen Lieben« zu tun und finden es vielleicht befremdlich, wenn da plötzlich eine neue Person an der Seite der oder des Trauernden sitzt. In die Freude, dass der Trauernde ein neues Glück gefunden hat, mischt sich manchmal auch Misstrauen – passen die beiden zusammen? Vielleicht empfinden Sie keine Sympathie zu »der Neuen«, vielleicht finden Sie, es sei zu früh für den Trauernden, sich neu zu binden? Vielleicht spüren Sie auch, dass der Trauernde sich in eine neue Richtung entwickelt, und fürchten, dass Ihre Gemeinsamkeit und Nähe darunter leiden könnte? Vielleicht tut es Ihnen in der Seele weh, dass jemand, den Sie unersetzlich fanden, so schnell »ersetzt wird«?

Geschichte einer Annäherung

Eine Klientin erzählte zwei Jahre nach dem Tod ihrer Mutter unter Tränen, ihr Vater habe eine neue »Bekannte«. Sie war hin- und hergerissen zwischen der Erleichterung, sich weniger Sorgen um ihren Vater zu machen und dem tiefen Bewusstsein von Ungerechtigkeit ihrer verstorbenen Mutter gegenüber. »Davor hatte sie ihr Leben lang Angst, dass mein Vater sie betrügt – und jetzt das. Ich kann das nicht aushalten. Wenn er diese Frau zum Übernachten nach Hause bringt, ziehe ich sofort aus!« In kleinen Schritten konnte sie sich der neuen Partnerin Ihres Vaters nähern: »Eine wirklich nette, warmherzige Frau; die hat auch verstanden, dass ich erst mal nur geweint habe.« Doch auch im dritten Trauerjahr konnte sie sich nicht vorstellen, als Patchwork-Familie ein Weihnachtsfest in ihrem Elternhaus zusammen zu verbringen. »Sie tut meinem Vater wirklich gut, aber ...«, dabei blieb es noch ein weiteres Jahr.

Trauerfacette Einordnen – Zuhören, Gestalten, Dableiben

In den weiteren Trauerjahren dreht sich vieles um die Einordnung der Erfahrungen mit Tod und Trauer. Sie haben in den Beschreibungen der anderen Facetten immer wieder den Hinweis darauf gelesen. Menschen beobachten und bewerten sich ständig. Das, was man tut, was man fühlt, was man erlebt, wird beurteilt und eingeordnet. Viele Trauernde empfinden sich als »weniger wert« im Vergleich zu ihrem Leben vor dem Verlust. Sie möchten ihr altes Leben zurück oder wenigstens wieder so sein wie zuvor. Andere sprechen von Reifung und innerem Wachstum. Manche Trauernde sagen sogar, es sei viel Gutes aus dem Verlust erwachsen. Menschen mit einem unzerstörten Gottvertrauen sagen: »Gott gibt, Gott nimmt« – und fügen sich ohne Fragen und Anklagen in ihr Schicksal. Wieder andere vermuten einen Sinn in dem Unglück, den sie erleben und empfinden. Solche Einordnungen sind wichtig für uns. Es gibt dabei Ordnungsversuche, die das weitere Leben schwer, bitter und von Grund auf unglücklich machen. Es gibt andere Deutungsmuster, die den Schmerz und das Glück nebeneinander platzieren. Manche Menschen entdecken alte Träume, die sie in ihrem bisherigen Leben nicht verwirklicht haben. Andere entwickeln neue Träume, die mutiger und ungewöhnlicher sind als das, was sie vorher gewagt haben. Manche Menschen entdecken widerstrebend, dass es auch Freiraum bedeutet, wenn sie nach dem Tod des Partners oder des einzigen Kindes allein leben. In die Traumstadt ziehen, Auswandern oder weit weg in der Entwicklungshilfe arbeiten, das sind plötzlich Lebensmöglichkeiten, mit denen niemand verletzt und alleingelassen wird.

Tipp

Die Aufgabe der privaten Unterstützerin ist wieder einmal das Zuhören und Spiegeln. Es braucht keine Belehrungen, Missionierungsversuche oder Schönrederei. Ihr Dasein, Ihre Zuneigung und Treue sind vielleicht die überzeugendsten Gründe für Trauernde, dem Leben erneut zu vertrauen und sich selbst wieder als liebenswürdig zu begreifen.

Die folgenden drei Geschichten zeigen ganz unterschiedliche Wege, wie Trauernde Ihre Werte und Ihr Leben nach einem einschneidenden Verlust neu definieren.

Geschichte von veränderten Werten einer ganzen Familie

Einer meiner Kursteilnehmer erzählte mir, dass seine Familie nach dem Tod einer Tochter genau überlegt habe, was jetzt wichtig sei. Beide Elternteile wollten mehr Zeit für sich, die Familie und den Trauerprozess haben. Auch die Kinder waren damit einverstanden, weniger Taschengeld zu bekommen und eine Weile keine weiten Urlaubsfahrten mehr zu machen. Auf Zeit mit ihren Eltern und miteinander wollten sie auf keinen Fall verzichten! So reduzierten beide Eltern ihre Arbeitszeit, verkauften ein Auto und sparten an allen Stellen, wo sie sparen konnten. »Zeit ist das Wichtigste und der größte Luxus«, darin waren sich alle einig.

Geschichte von alten Träumen und neuen Freuden

Eine Klientin erzählte mir, wie sehr sie ihren verstorbenen Mann vermisste und wie sie ihre Tage kaum zu füllen wusste. »Immer nur auf dem Sofa sitzen und aus dem Fenster sehen – das ist doch nichts!« Sie hatte ihren Beruf immer gern und mit viel Leidenschaft ausgeübt und verschiedene Ehrenämter ausgefüllt. Nach ihrer Pensionierung hatte sie sich intensiv um ihren erkrankten Mann und eine pflegebedürftige Tante gekümmert. Nun war ihr Mann verstorben und ihre Tante in einem Pflegeheim. »Ich will mich um keinen mehr kümmern, ich mach kein Ehrenamt mehr! Meine Tante, die besuche ich, und der junge Mann aus Syrien, den meine Schwägerin mir geschickt hat, mit dem mache ich Deutschunterricht, das reicht!«, sagte sie. Es stellte sich heraus, dass sie die Zeit, die sie auf dem Sofa verbrachte, eigentlich genoss. Es war ihr nur sehr fremd, einfach genüsslich herumzusitzen, sich Tagträumen hinzugeben und nichts zu tun. Daneben entwickelte sie große Reisepläne: »Über Weinachten fahre ich in die Antarktis. Da wollte ich schon immer hin! Mein Vater hat schon gesagt, das seien doch Hirngespinste. Mein Mann wollte das auch nie, das war ihm zu kalt und zu abenteuerlich. Jetzt habe ich die Reise gebucht, es kann mir ja niemand mehr widersprechen.«

Geschichte von sinnstiftendem Engagement

Auf einer Tagung nahm ich an einem Workshop über Musik und Trauer teil. Das Seminar wurde von einem US-amerikanischen Ehepaar geleitet. Sie stellten sich kurz vor und wiesen dann auf das Foto eines jungen Mannes, das sie an eine Wand des Workshop-Raums geklebt hatten. Das Foto zeigte ihren verstorbenen Sohn, dem sie diesen Workshop widmeten. Später erzählten sie, dies sei bereits ihr 32. Workshop, und sie wären damit schon durch die ganze Welt gereist. Sein Tod hätte dazu geführt, dass sie diesen besonderen Ansatz der Verbindung von Trauer und Musik entwickelten, und bei ihren Seminaren berührten sie damit Menschen in verschiedenen Ländern. Ihr Sohn war ihnen dabei besonders nah – und kam auch den Teilnehmenden nah.

Wir brauchen einander

Die Lebenden und die Toten kann man beide lieben und sich selbst auch. In meiner ganz persönlichen Lebens- und Trauergeschichte ist mir das im Lauf von vielen Jahren und Versuchen in sehr kleinen Schritten gelungen. Ich bin schließlich zur beruflichen Unterstützerin geworden, und natürlich gibt es auch in meinem privaten Leben immer wieder FreundInnen und Familienmitglieder, die Verluste erleben. Die private Unterstützung von Menschen auf einem anstrengenden Trauerweg empfinde ich persönlich als Herausforderung, die mir oft schwerer fällt als die Unterstützung, die ich in meiner Praxis oder bei Seminaren geben kann. Deshalb wollte ich dieses Buch für die privaten UnterstützerInnen schreiben. Denn unsere FreundInnen und die Mitglieder unserer Familien brauchen uns – und wir brauchen sie.

Danksagung

Ich danke Sigrid Fortkord und dem Team vom Gütersloher Verlagshaus für die Idee, dieses Buch zu schreiben, und die gute Zusammenarbeit! Ich danke meiner Lektorin Cornelia Schäfer für Ermutigung und viele wertvolle Anregungen! Meine Kollegin Mechthild Schroeter-Rupieper hat die Bitte um Geschichten innerhalb ihres Projekts weitergegeben und mich darin bestärkt, die Buchvorstellungen mit meiner Liebe zur Musik zu verknüpfen. Ida Maria Paul war unermüdlich unterstützend und liebevoll für mich da. Danke!

Die Lebens-Trauer-Geschichten von vielen Menschen sind in diesem Buch enthalten. Manche dieser Geschichten habe ich ein wenig abgeändert erzählt, um die Privatsphäre zu schützen. Andere sind mir im Wortlaut zur Verfügung gestellt worden, dafür danke ich: Bettina und Anna-Alina Alex, Ludger Krüger, Bärbel Riegert-Boos, Melanie Fuchs, Martin Antonin, Bianca Streicher, Jeanette Colmsee, Franz Liessmann, Kerstin Winkel, Barbara Mühlberger, Carolin Siebert, Christiane Knabenschuh, Familie Teufert und Familie Robertz.

Chris Paul
März 2021

Literaturhinweise

Es gibt viele wertvolle Bücher über Trauerprozesse, hier nenne ich nur die Titel, auf die ich mich in diesem Buch beziehe und aus denen ich Wesentliches gelernt habe:

Sigmund Freud: Trauer und Melancholie. In: Gesammelte Werke Bd. 10, Fischer 1969.

Roland Kachler: Hypnosytemische Trauerbegleitung. Carl Auer Verlag, 4. Auflage 2016.

Antoine Leiris: Meinen Hass bekommt ihr nicht. Blanvalet 2016.

Robert Neimeyer: Eine Umarmung des Himmels. In: Chris Paul (Hg.): Neue Wege in der Trauer und Sterbebegleitung. Vollständig überarbeitete Neuauflage Gütersloher Verlagshaus 2011.

Robert A. Neimeyer, ed.: Meaning Reconstruction & the Experience of Loss. Washington, APA 2003.

Chris Paul: Warum hast du uns das angetan? Völlig überarbeitete und ergänzte Neuauflage Gütersloher Verlagshaus 2018.

Chris Paul: Schuld Macht Sinn. 4. Auflage Gütersloher Verlagshaus 2015.

Luise Reddemann: Imagination als heilsame Kraft. Vollständig überarbeitete Neuauflage KlettCotta 2016.

Ruth Marijke Smeding / Margarete Heitkönig-Wilp (Hg.): Trauer erschließen, eine Tafel der Gezeiten. HospizVerlag 2005.

Margret Stroebe / Henk Schut: Kultur und Trauer. In: Chris Paul (Hg.): Neue Wege in der Trauer und Sterbebegleitung. Vollständig überarbeite Neuauflage Gütersloher Verlagshaus 2011.

William J. Worden: Begleitung und Therapie in Trauerfällen. 4. vollständig überarbeitete Auflage Huber 2010.

Internetressourcen

www.chrispaul.de
www.trauerkaleidoskop.de
Social Media:
Facebook: Chris Paul (Trauer)
Instagram: chrispaul_trauerkaleidoskop.de

MIX
Papier | Fördert gute Waldnutzung
FSC® C004378

Penguin Random House Verlagsgruppe FSC® N001967

4. Auflage der vollständig überarbeiteten und ergänzten Ausgabe, 2026

in der Penguin Random House Verlagsgruppe GmbH,
Neumarkter Straße 28, 81673 München
produktsicherheit@penguinrandomhouse.de
(Vorstehende Angaben sind zugleich Pflichtinformationen nach GPSR.)

Umschlagmotiv: © Harald Biebel/Fotolia.com
Druck und Bindung: PB Tisk, a.s., Pribram
Printed in Czech Republic
ISBN 978-3-579-01459-3
www.gtvh.de